DIE WELT IST BUNT!

KUNST

GEGEN RASSISMUS

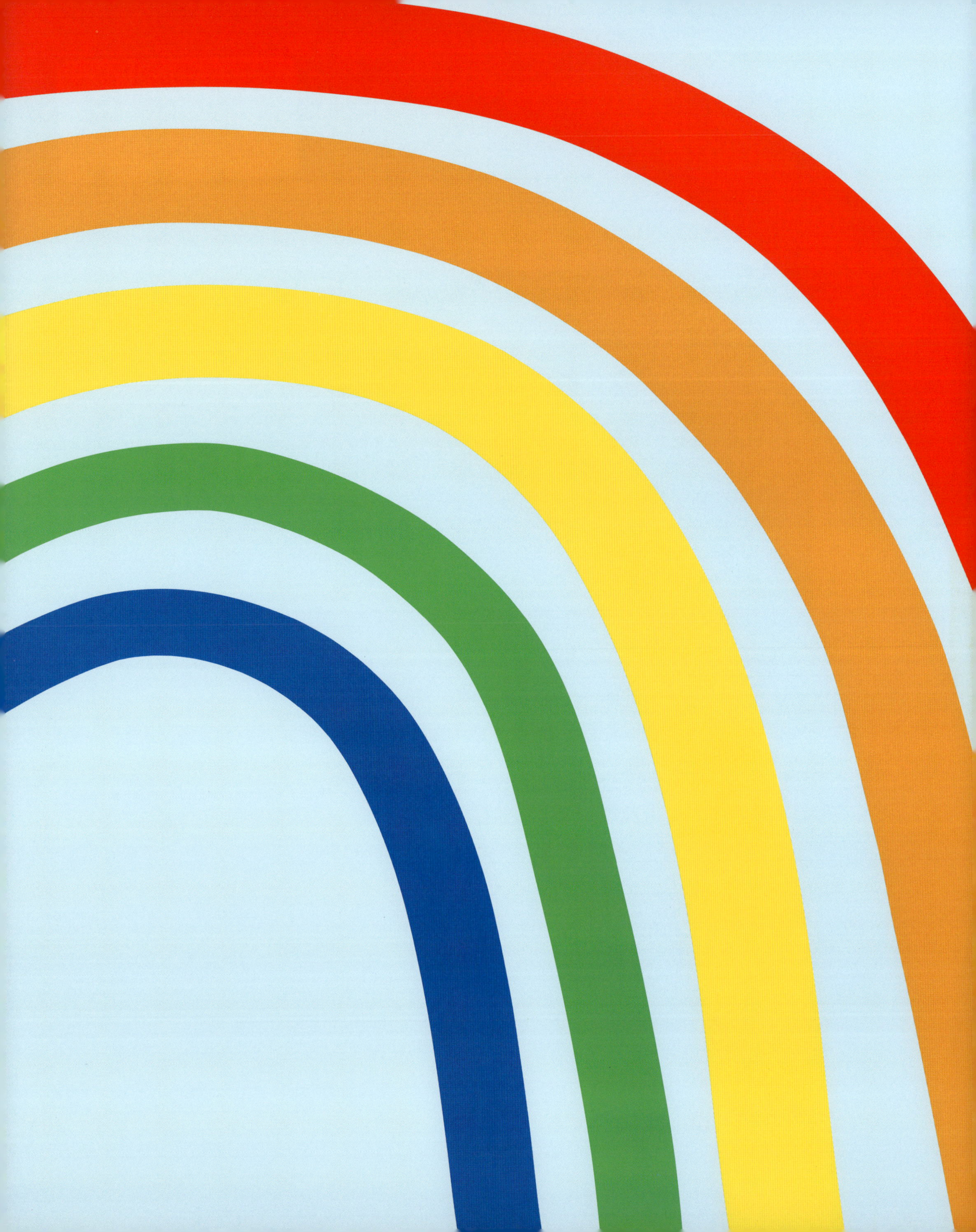

DIE WELT IST BUNT! KUNST GEGEN RASSISMUS

30 KREATIVE PROJEKTE FÜR KINDER AB 8 JAHREN

CV

Impressum

Originalausgabe unter dem Titel *anti-racist art teachers* 2023 bei Quarry Books, an imprint of The Quarto Group, 100 Cummings Center, Suite 265-D, Beverly, MA 01915, USA erschienen.

Texte & Fotos © 2023 Abigail Birhanu; Khadesia Latimer; Paula Liz; Lori Santos, PhD; Tamara Slade; Anjali Madan Wells
Fotos & Design © Thames & Hudson 2023
Design und Layout: Mattie Wells Design
Cover Bild: Oben: Paula Liz; unten von links nach rechts: Lori Santos, PhD; Khadesia Latimer; Khadesia Latimer; Anjali Madan Wells und Abigail Birhanu
Fotografie: Abigail Birhanu; Khadesia Latimer; Paula Liz; Lori Santos, PhD; Tamara Slade und Anjali Madan Wells
Illustrationen: Mattie Wells Design

Für die deutsche Ausgabe:
Produktmanagement: Johanna von Pechmann
Übersetzung: Christophorus Verlag
Lektorat: Karin Weidlich
Korrektorat: Mareike Weber
Satz: satz & repro Grieb, München
Umschlaggestaltung: Regina Degenkolbe
Herstellung: Julia Hegele
Printed in China

★★★★★

Sind Sie mit diesem Titel zufrieden? Dann würden wir uns über Ihre Weiterempfehlung freuen. Erzählen Sie es im Freundeskreis, berichten Sie Ihrem Buchhändler oder bewerten Sie bei Onlinekauf. Und wenn Sie Kritik, Korrekturen, Aktualisierungen haben, freuen wir uns über Ihre Nachricht an: Christian Verlag, Postfach 40 02 09, D-80702 München oder per E-Mail an lektorat@verlagshaus.de.

Unser komplettes Programm finden Sie unter

www.christophorus-verlag.de

Die Deutsche Nationalbibliothek verzeichnet diese Publikation in der Deutschen Nationalbibliografie; detaillierte bibliografische Daten sind im Internet über www.dnb.de abrufbar.

ISBN 978-3-8411-0301-7

MIX
Papier | Fördert gute Waldnutzung
FSC® C016973

Kreativ-Service

Sie haben Fragen zu unseren Büchern und Materialien? Wir beraten Sie gern rund um alle Kreativthemen. Rufen Sie uns einfach an. Wir interessieren uns auch für Ihre eigenen Ideen und Anregungen. Sie erreichen uns per E-Mail kreativ-service@c-verlag.de oder unter der Telefonnummer 0049-89-1306 99 577.

Besuchen Sie uns im Internet: **www.christophorus-verlag.de** & **www.selbstgemacht.de**

WIDMUNG

Für alle Künstler*innen, Aktivist*innen, Schüler*innen, Pädagog*innen und Führungspersönlichkeiten von gestern, heute und morgen, die sich für die Befreiung und soziale Gerechtigkeit eingesetzt haben und dies weiter tun. Dieses Buch wäre ohne ihr Wirken nicht möglich gewesen ...

INHALT

LEKTION 1: IDENTITÄT / 15

LEKTION 2: KULTUR / 39

LEKTION 3: GEMEINSCHAFT / 55

LEKTION 4:
EMPATHIE / 73

LEKTION 5:
GERECHTIGKEIT / 91

LEKTION 6:
AKTIVISMUS / 103

EINLEITUNG

WERDE WOKE!

WAS BEDEUTET KUNST GEGEN RASSISMUS?

WER SIND DIE KÜNSTLERINNEN?

Woke Künstler*innen sind ganz auf BUNT eingestellt. Sie sehen Schönheit, die in ihnen und anderen steckt.

Durch Kunst gegen Rassismus erfahren alle Menschen, so unterschiedlich sie auch sein mögen, volle Wertschätzung.

Woke Künstler*innen schaffen einen MUTRAUM für eine Zukunft der Toleranz. Ihre Vision ist es, Verbundenheit und Gemeinschaftsgefühl zu schaffen.

Woke sein heißt, eine gerechtere Zukunft GESTALTEN. Die Künstler*innen werden aktiv, wenn sie Ungerechtigkeit sehen.

Anti-rassistische Künstler*innen verstehen die TEXTUR des Lebens. Sie würdigen andersartige Identitäten und Kulturen.

Woke Künstler*innen handeln PROAKTIV. Sie mischen sich ein und finden kreative Wege, um Menschen in Not zu helfen.

Künstler*innen gegen Rassismus lernen, neue Perspektiven zu SCHAFFEN. Sie ändern ungerechte Regeln und vermitteln ihre Vision von Gleichberechtigung.

WARUM IST DAS WICHTIG?

Kunst vermag Standpunkte zu verändern, Gemeinschaften zu heilen, Ungerechtigkeiten zu beleuchten, andere aufzuklären und zum Handeln anzuspornen. Gemeinsam können wir eine bessere Welt erfinden und schaffen.

VORAB BEMERKT

Die Kunstaktivitäten in diesem Buch zielen darauf ab, Vorurteile abzubauen, Veränderungen zu fördern und euch zu ermutigen, aktiv zu werden. Doch lasst uns zunächst einmal einige wichtige Begriffe klären!

WAS IST RASSE?

Die Bezeichnung »Rasse« entwickelte sich aufgrund von Aussehen, Abstammung und Bräuchen verschiedener Menschengruppen. In den USA können das Indianerstämme oder die Ureinwohner*innen Alaskas und Hawaiis sein sowie Afroamerikaner*innen, Pazifikinsulaner*innen und Weiße, so wie es in jedem anderen Land Alteingesessene und Zugewanderte gibt. All diese Zuordnungen sind aber unzureichend und wir müssen die selbstgewählten Identitäten respektieren.

Der Begriff »Rasse« basiert nicht auf wissenschaftlichen Fakten und ist eine relativ neue Idee. Erst im ausgehenden 16. Jahrhundert wurde das Wort häufiger verwendet, um Menschen in Gruppen einzuteilen. Rein biologisch gesehen ist kein Mensch besser oder schlechter als ein anderer. Der Begriff Rasse« wurde erfunden, um die Machtverhältnisse zu bestimmen. Im Laufe der Zeit und in verschiedenen Kulturen hat sich das Verständnis gewandelt. Viele finden den Begriff »Asiaten« angesichts der Bevölkerungsvielfalt zu eng gefasst.

»Rasse« ist auch ganz schön verzwickt. Menschen können die gleiche Hautfarbe und unterschiedliche Identitäten haben oder auch umgekehrt. Wie du siehst, ist es unmöglich, ein strenges Raster anzuwenden. Unsere Identität ist etwas Ureigenes und wir alle haben die freie Wahl, so oder anders zu sein.

WAS IST RASSISMUS?

Rassismus ist, wenn Menschen aufgrund ihrer Herkunft und Gruppenzugehörigkeit schlecht behandelt werden. Dies äußert sich oft in fremdenfeindlichen Gesetzen, Regeln und Staatsformen unter Weißer Vorherrschaft. Rassismus entspringt der irrigen Vorstellung, dass Farbigen Menschen weniger Macht und Privilegien zustehen.

Andere aufgrund ihrer Herkunft zu verurteilen, ist ein rassistisches Vorurteil. Im Laufe der Geschichte wurden dergleichen Vorurteile als Mittel zur Macht benutzt. Durch die Gesetzgebung und politische Maßnahmen wurden bestimmte Menschen begünstigt und andere benachteiligt. Das kann von der Rassentrennung im Schulsystem bis hin zu strengen Kleider- und Frisurenvorschriften reichen.

WAS IST ANTI-RASSISMUS?

Anti-Rassismus bedeutet, etwas gegen Rassismus zu unternehmen. Wenn wir uns dagegen einsetzen, billigen wir allen Menschen gleiche Rechte und Chancen zu. Wir tun dies, indem wir den Rassismus unter Menschen und in ihren Organisationsformen benennen und verhindern. Es ist ein lebenslanger Prozess des Weiter- und Umlernens, des Nachdenkens und des Wachstums.

ZUM EINSTIEG

WIE DU DIESES BUCH BENUTZT

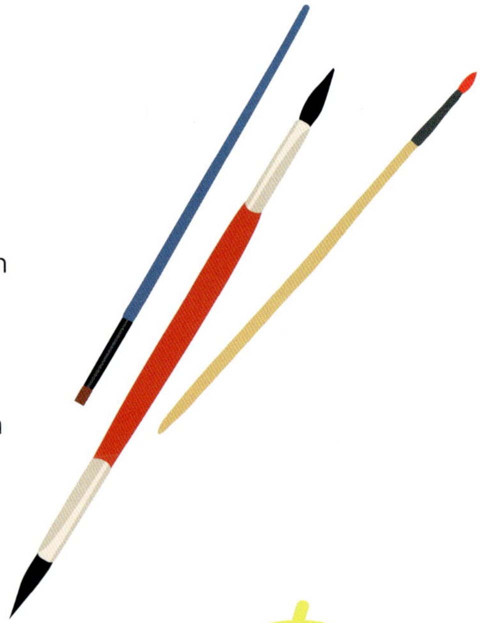

Dieses Buch richtet sich an alle, die mit Kunst die Welt verbessern wollen. Es gibt sechs Lektionen mit Aktivitäten, die dir helfen können, woke zu werden. Sie beginnen damit, dass du über dich selbst und deine Gemeinschaft nachdenkst, und weiten sich dann auf die Suche nach Gerechtigkeit, die Aufklärung anderer und das Handeln in einem größeren Rahmen aus. Diese Aktivitäten können zu Hause, in deiner Schule oder anderswo durchgeführt werden, allein oder zusammen mit anderen. Einige der Aktivitäten machen Spaß und sind einfach, während andere kniffliger und herausfordernder sind. Obwohl einige Projekte aufeinander aufbauen, kannst du überall beginnen. Finde heraus, was dich begeistert!

WIE EIN*E KÜNSTLER*IN DENKEN

Künstler*innen auf der ganzen Welt nutzen viele Werkzeuge und Strategien, um durch ihre Kunst etwas mitzuteilen. Sie nehmen sich Zeit, um darüber nachzudenken, was sie mit ihrem Kunstwerk erreichen wollen und wie sie es schaffen. Dieser Prozess ist für jeden anders und es gibt keine richtige oder falsche Methode.

Obwohl es für jede Aktivität visuelle Beispiele gibt, solltest du bedenken, dass keine zwei Künstler*innen oder Kunstwerke gleich sind. Nimm dir Zeit, um über deine persönlichen Ziele nachzudenken. Überlege, wie du deine einzigartigen Blickwinkel, dein Wissen und deine Erfahrung nutzen kannst, um mit deiner Kunst Veränderungen zu bewirken. Dieses Buch dient dir nur als Starthilfe.

ES KÖNNTE UNBEQUEM WERDEN, UND DAS IST OKAY!

Das menschliche Gehirn will die Informationen, die es aus der Welt erhält, einstufen und zuordnen. Als Anti-Rassist*innen müssen wir aktiv daran arbeiten, dieses Schubladendenken zu verlernen, Voreingenommenheit und Vorurteilen entgegenzusteuern.

Im Zuge dieser Aktivitäten wirst du vielleicht feststellen, dass deine Weltsicht ins Wanken gerät. Vielleicht merkst du körperliche Anspannung oder Abwehr. Es ist okay, sich so zu fühlen. Wir ermutigen dich, zuzuhören, zu lernen und mit uns zu wachsen.

Jeder Mensch hat unbewusste Vorurteile. Vielleicht gibt es ein solches auch in diesem Buch, dessen wir uns nicht bewusst sind. Fühl dich also aufgefordert, uns zu helfen, voneinander zu lernen. Unser Denken ist nicht starr, es entwickelt sich mit der Zeit weiter. Willkommen auf dieser Reise des Lernens und Wachsens!

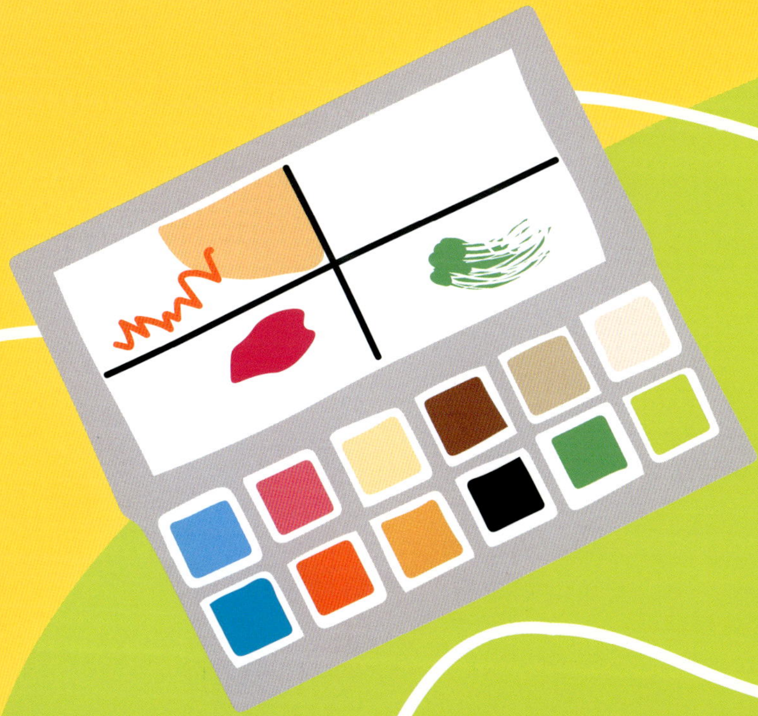

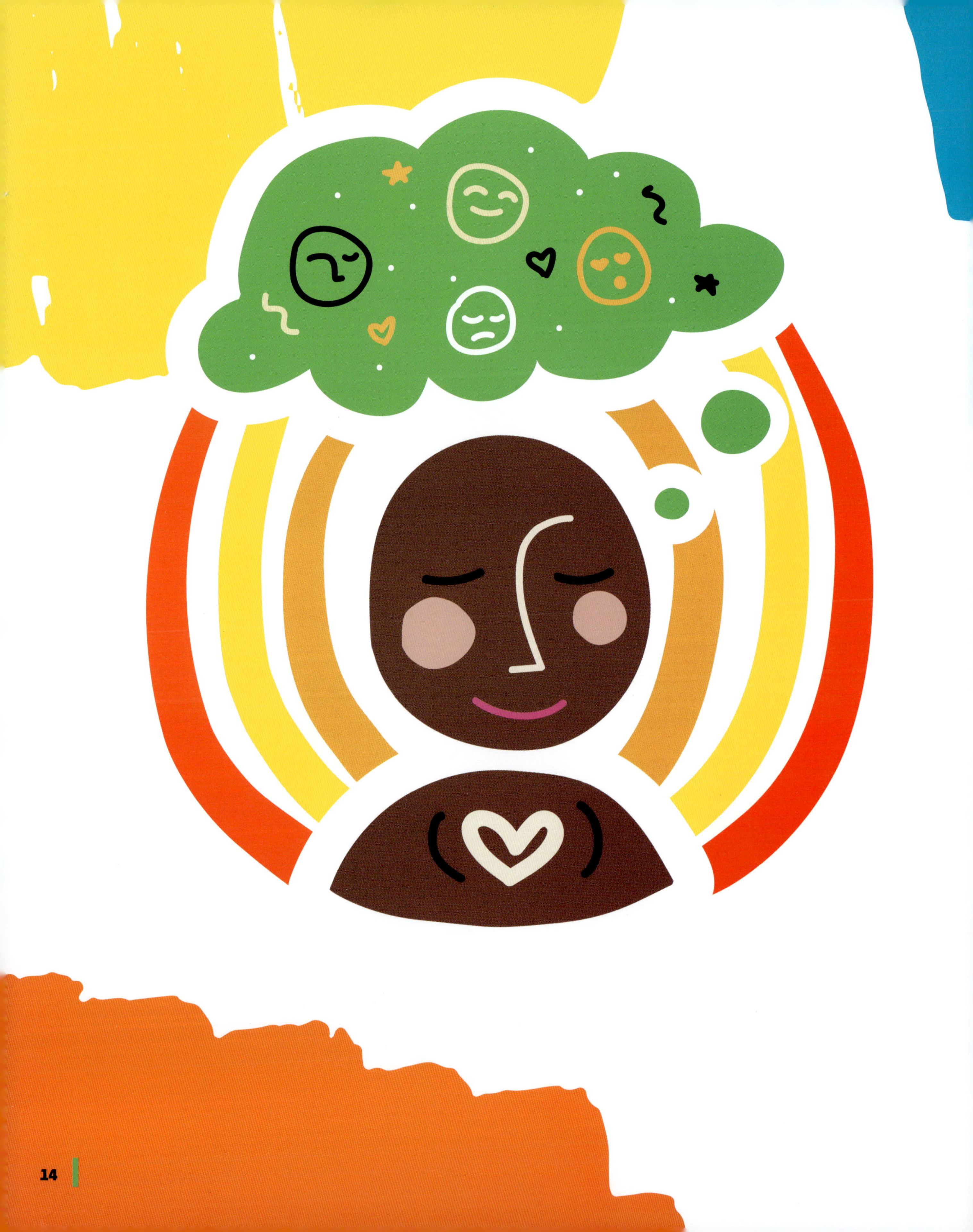

LEKTION 1

IDENTITÄT

In diesem Kapitel dreht sich alles um Identität. Sie ist das Sprungbrett für jede Art von sozialer Gerechtigkeit oder Arbeit gegen Rassismus. Um andere zu verstehen und ihnen auf tiefgreifende und sinnvolle Weise zu helfen, musst du zuerst dich selbst kennen und besser verstehen. Identitätsarbeit ist die beste Möglichkeit, deine Reise als anti-rassischer*r Künstler*in zu beginnen.

Die Aktivitäten und Projekte helfen dir herauszufinden, was dich ausmacht, um die Aspekte deiner Identität zu bestimmen. Außerdem erfährst du, wie verschiedene Identitätsanteile zusammenhängen und sich überschneiden, um die vielschichtige Person zu schaffen, die du bist. Wenn du deine ureigenen Wesens- und Charakterzüge kennenlernst, wirst du dich selbstbewusst und stolz fühlen, ohne deswegen eingebildet zu sein und dich über andersartige Mitmenschen zu erheben.

WAS IST IDENTITÄT?

Unsere Identitäten herauszufinden, ist für Kunst gegen Rassismus ungemein wichtig.

Wir müssen uns selbst verstehen, ehe wir andere verstehen können. Unsere Identitäten sind die verschiedenen Teile von uns, die uns zu dem machen, was wir sind. Jede*r ist viele. Es gibt nicht nur eine Sache, die dich ausmacht. Wir werden zunächst die vielen Schichten erforschen, die uns zu dem machen, wer oder was wir sind. Lass uns das mal mit einem Apfel vergleichen …

IDENTITÄTSSCHICHTEN

Die äußere Schicht ist die Schale, die unser Aussehen bestimmt; dazu zählen Gesichtszüge, Haare, Hautfarbe, Alter, Größe, Gewicht, Kleidung, Körperschmuck und vieles mehr. Sie ist das Erste, was ins Auge springt und die Fremdwahrnehmung bestimmt.

Die zweite Schicht ist dein Fruchtfleisch bzw. die Dinge, die du gerne tust. Gemeint sind Interessen, Talente, Fertigkeiten, Sprachen und mehr. In beiläufigen Gesprächen und im Umgang mit Freund*innen, Klassenkamerad*innen, Teammitgliedern oder Lehrkräften treten diese oft zutage.

Deine innerste Schicht ist das Kerngehäuse mit all deinen Gedanken und Überzeugungen. Es beherbergt deine Werte, Kultur, Religion,

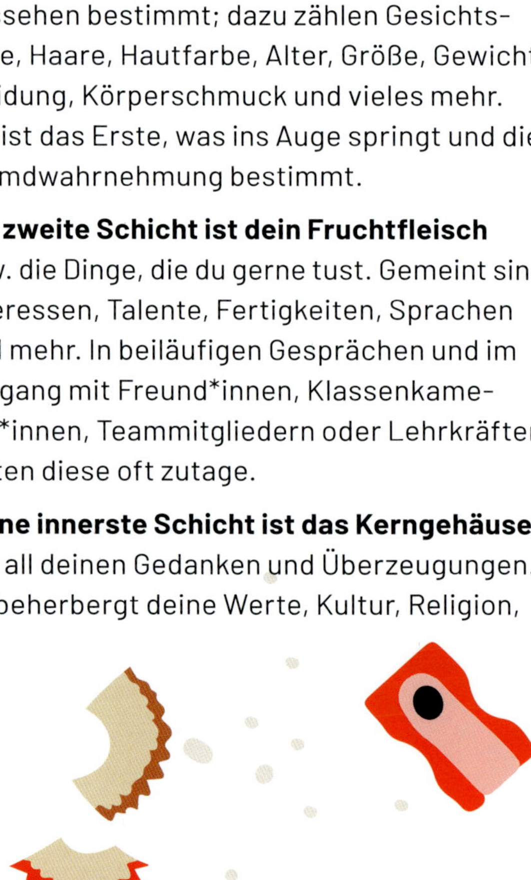

Traditionen, Hoffnungen, Gefühle und vieles mehr. In der Regel dauert es eine Weile, bis diese Schicht aufgedeckt wird, und manchmal offenbart sie sich nur innerhalb deiner Familie oder im engeren Freundeskreis.

Es braucht Zeit, bis jemand dich kennenlernt und deine Identität versteht. Auch wenn die meisten Mitmenschen nicht alle Schichten unserer Identität sehen werden, sind sie alle wichtig. Behalte sie stets im Hinterkopf, während du die Aktivitäten in dieser Lektion durchführst.

INTERSEKTIONALITÄT...

besagt, dass sich verschiedene Formen der Diskriminierung überschneiden oder miteinander verbunden sind. Diskriminierung liegt vor, wenn eine Person aufgrund von ethnischer Gruppenzugehörigkeit, Geschlechtsidentität, Alter, Fähigkeiten, Körpergröße usw. unfair behandelt wird. Der Begriff wurde 1989 von der US-amerikanischen Bürgerrechtlerin Kimberlé Crenshaw geprägt.

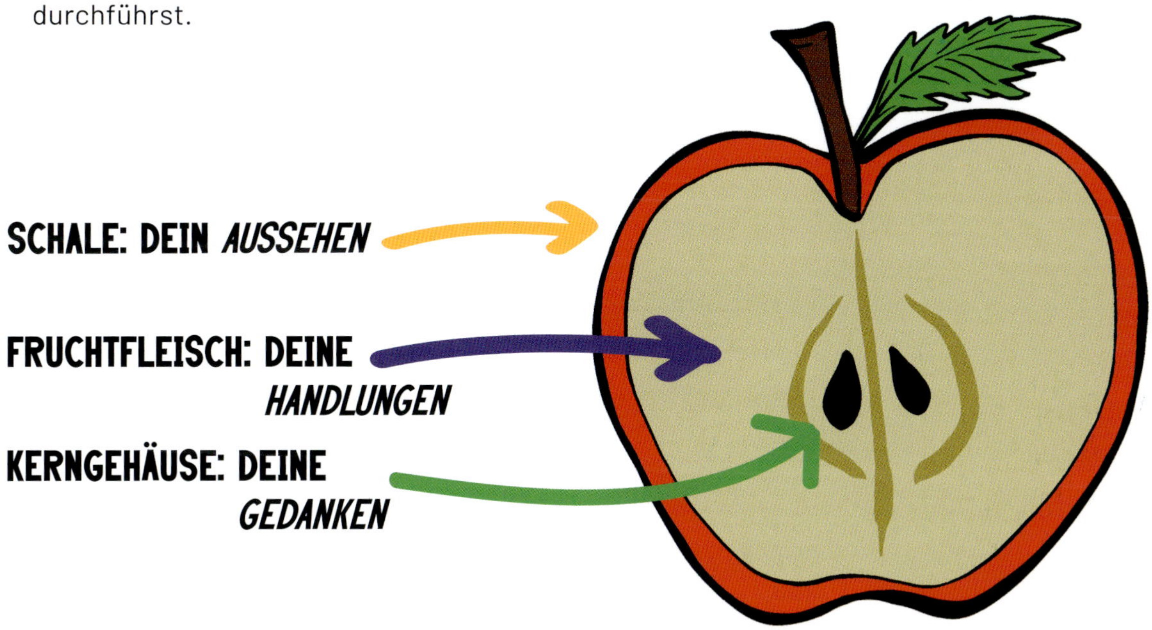

DISKRIMINIERUNG SCHON MAL (MIT)ERLEBT?

Das kann dich traurig, einsam, wütend, beschämt oder verärgert machen. Wenn wir Diskriminierung erfahren oder mitbekommen, ist es wichtig, dass wir uns zu Wort melden und aktiv werden. Wir alle verdienen es, mit Fairness und Respekt behandelt zu werden.

AKTIVITÄT

01

IDENTITÄTSPUZZLE-COLLAGE

MATERIALIEN

+ Bastelkarton
+ Buntstifte oder Malstifte
+ Filzstifte
+ Wasserfarben
+ Schere
+ Klebestick
+ Bilder aus Zeitschriften und Zeitungen

HIER LERNST DU,

dir eine Collage in Form eines Identitätspuzzles zu gestalten.

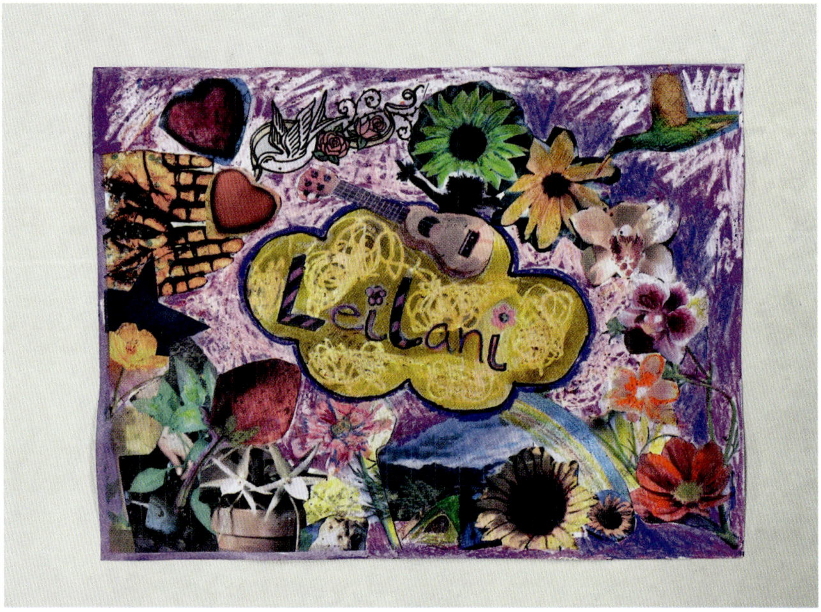

WARUM DAS WICHTIG IST

Deine Identität ist eine Kombination aus den Menschen, Orten, Dingen und Ideen, die du in deinem Leben erlebt hast. Diese Erfahrungen umfassen dein Weltverständnis und deine Kultur. All diese verschiedenen Teile bilden deine einzigartige Identität. Dich selbst zu verstehen hilft dir, mit anderen in Kontakt zu treten und Unterschiede zu erkennen und wertzuschätzen.

UND LOS GEHT'S!

1. Schreibe deinen Namen in die Mitte des Papiers, zeichne eine einzigartige Form um deinen Namen herum und male die Form aus. Mache sie bunt und besonders für dich. **Abb. 1**

2. Schreibe auf ein separates Blatt Papier Worte, die dein Aussehen, deine Hobbys und deine Interessen beschreiben, sodann die Menschen und Orte deiner Kultur, Ethnie und deines Erbes, also Familiengeschichte, Essen, Traditionen, Erinnerungen und vieles mehr.

3. Finde entsprechende Bilder aus Zeitschriften, schneide sie aus und klebe sie um deinen Namen herum. Du kannst auch Bilder malen oder Bilder vom Computer ausdrucken.

4. Ummale die aufgeklebten Bilder mit Buntstiften, Filzstiften und Wasserfarben in deinen Lieblingsfarben. **Abb. 2**

5. Drehe dein Papier um und zeichne ein Symbol, das dich darstellt. **Abb. 3**

6. Überziehe deine Zeichnung mit einem Aquarellton. **Abb. 4**

7. Schneide die Formen des Symbols aus, um ein zweiseitiges Puzzle zu erstellen. **Abb. 5**

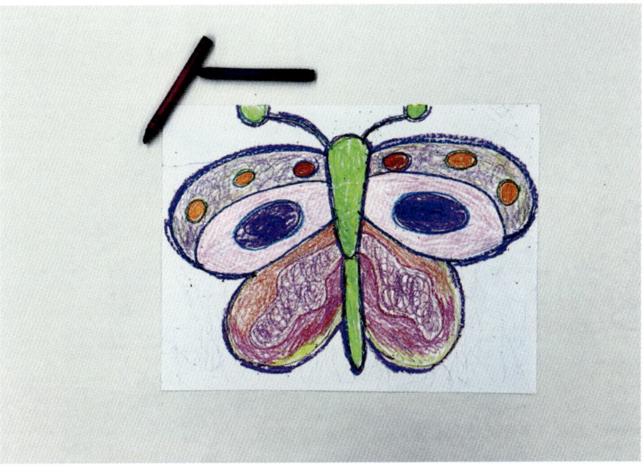

Abb. 3: Zeichne ein Symbol auf die Rückseite.

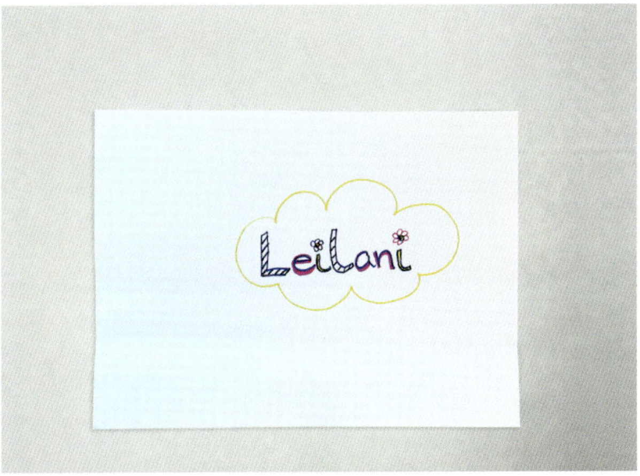

Abb. 1: Schreibe deinen Namen mit einzigartiger farbiger Umrandung.

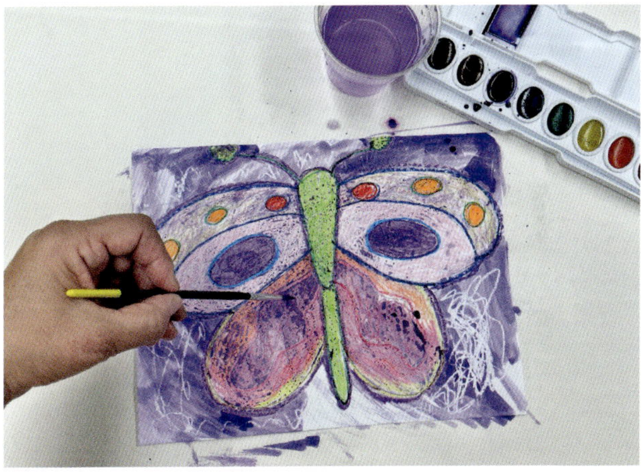

Abb. 4: Trage einen Aquarellton auf.

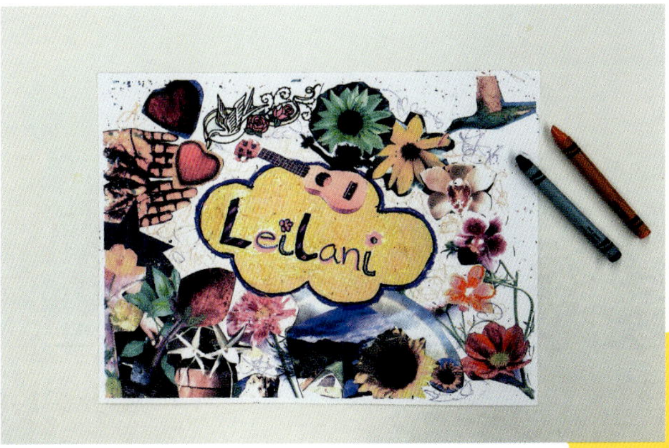

Abb. 2: Ummale deine collagierten Bilder in deinen Lieblingsfarben.

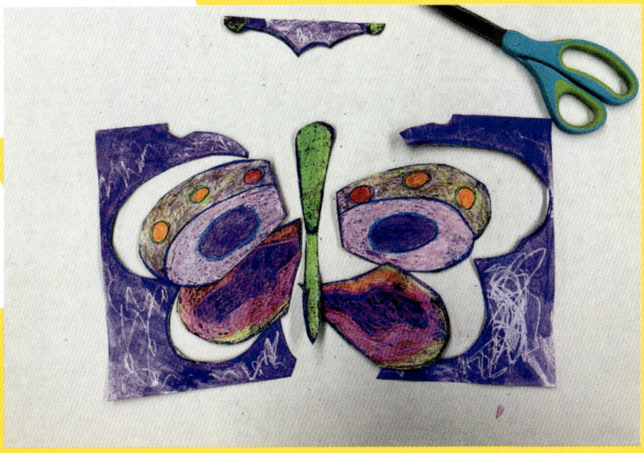

Abb. 5: Schneide Formen für ein Puzzle aus.

AKTIVITÄT 02

IDENTITÄTSSYMBOLE

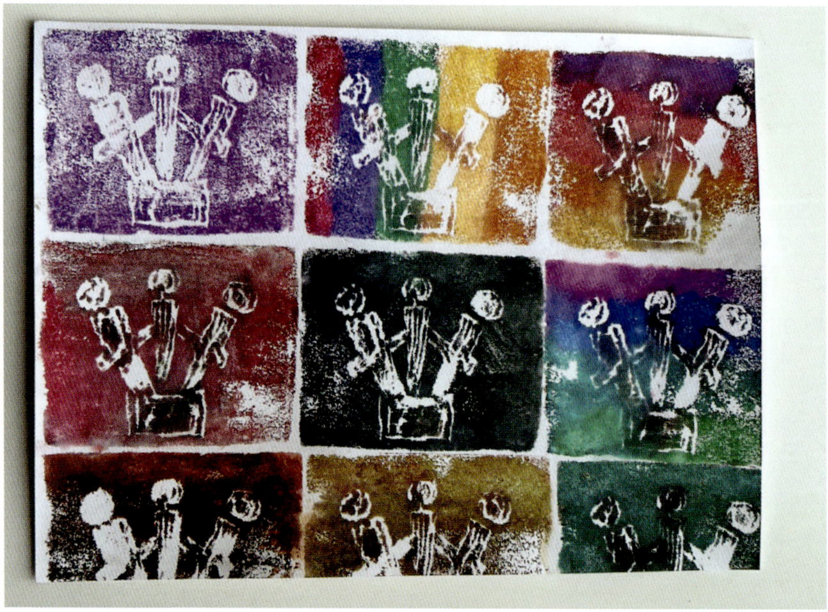

MATERIALIEN

+ Styropor
+ Pauspapier
+ Papier
+ Bleistift
+ Abwaschbare Filzstifte
+ Schere
+ Kugelschreiber
+ Schwamm/Handtuch
+ Sprühflasche/Wasserbecher

HIER LERNST DU

deine Identität erforschen und mithilfe von Drucktechniken ein persönliches Symbol erschaffen.

WARUM DAS WICHTIG IST

Vielfalt wertschätzen bedeutet, anzuerkennen und zu sehen, wie unsere Unterschiede uns einzigartig machen und identitätsstiftend sind. Identitäten sind überaus vielschichtig und keine zwei Menschen machen dieselben Erfahrungen. Bei dieser Aktivität werden wir uns von den Adinkra-Symbolen des Ashanti-Volkes in Ghana, einem Land in Westafrika, inspirieren lassen. Adinkra-Symbole werden auf Stoffe und andere Materialien gedruckt, um Werte und das, was dem oder der Träger*in wichtig ist, zu vermitteln. Sie helfen den Menschen, sich von anderen abzuheben und sich auf gemeinsame Werte zu einigen.

TIEFER GESCHÜRFT!

Welche Symbole gibt es in deiner Kultur? Welche Symbole hast du in deinem Umfeld gesehen, die Menschen auf der Kleidung, auf ihrem Auto oder auf ihren Rucksäcken tragen? Solche symbolhafte Bilder nennt man auch Piktogramme. Man findet sie auf Straßenschildern, bei den Olympischen Spielen in verschiedenen Sportarten oder sogar in Zoos, um bestimmte Tiere auf dem Gelände zu finden.

UND LOSGELEGT!

1. Mache dich im Netz zu den Adinkra-Symbolen schlau oder finde ein entsprechendes Buch, um mehr über die einzelnen Symbole und ihre Bedeutungen zu erfahren. Wie vermitteln die Symbole, was den Ashanti wichtig ist? Woher weißt du das? Wie könntest du ihre Strategien nutzen, um deine eigenen Symbole zu schaffen? Wir sollten niemals solche Symbole kopieren, denn das käme einer kulturellen Aneignung gleich (= Übernahme von Elementen einer anderen Kultur, um diese auszubeuten oder zum eigenen Vorteil zu nutzen). Stattdessen können wir uns inspirieren lassen und sehen, wie wir damit unsere einzigartige Identität und unsere Werte darstellen können. **Abb. 1**

2. Du kannst auch das Identitätspuzzle (Seite 18) ausfüllen und überlegen, wie sich mehrere Teile deiner Identität überschneiden.

Wähle die Aspekte deiner Identität aus, die du gerne darstellen möchtest. Du kannst alles, was du an dir selbst schätzt, in einem Symbol darstellen oder ein oder zwei Dinge besonders hervorheben. Auf meinem Symbol wollte ich zum Beispiel zeigen, wie sehr ich die Arbeit in meiner Gemeinde schätze, weil ich Menschen um mich herum ermutige. Ich habe ein Symbol entworfen, das wie drei Menschen aussieht, die aus einem Block oder einer Stiftung kommen. Weil der erste Teil meines Symbols die Zusammenarbeit in der Gemeinschaft ist, zeigt der zweite Teil die Person in der Mitte, die die beiden anderen Personen auf jeder Seite hochhält. Sie stehen für Ermutigung und Unterstützung. Achtung: Symbole dürfen keine Details wie Gesichter oder proportionale Körperformen wiedergeben.

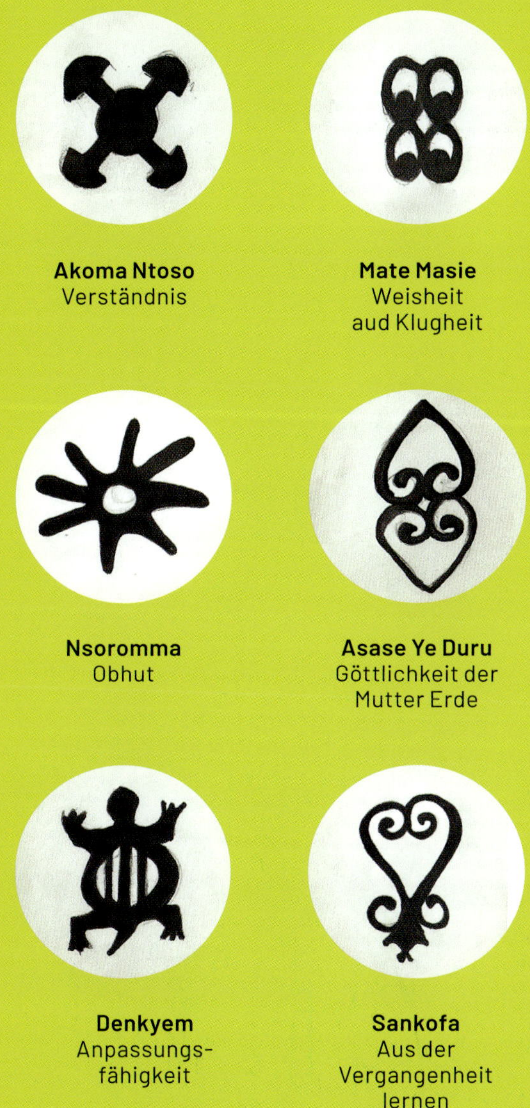

Abb. 1: Einige Adinkra-Piktogramme. Es gibt über 100 Adinkra-Symbole.

(WEITER)

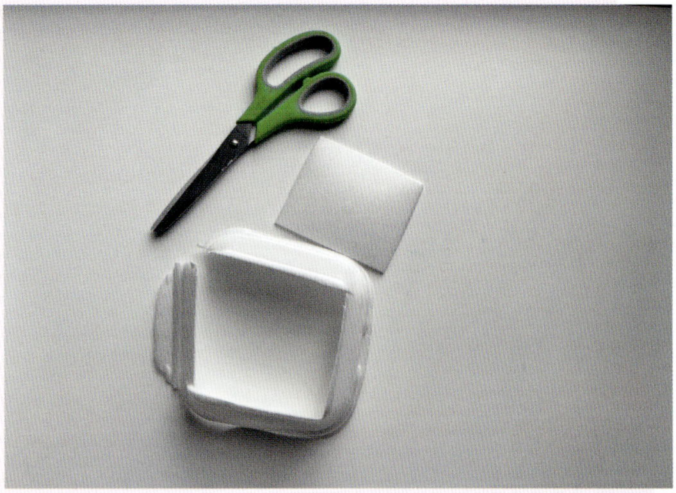

Abb. 2: Schneide dir aus einer Styroporschachtel ein flaches Stück aus.

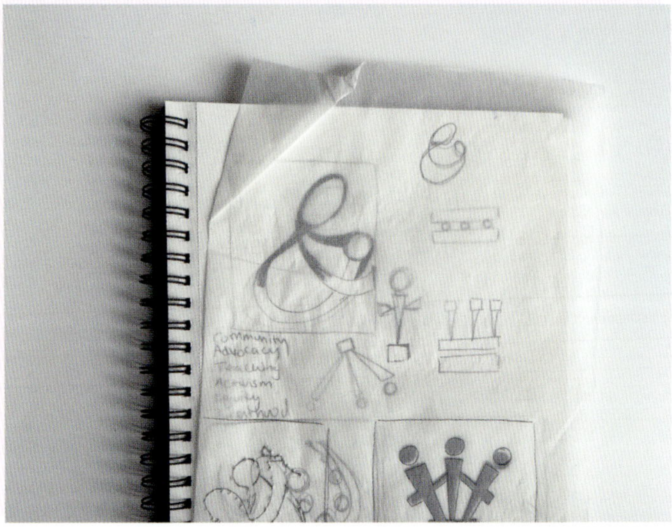

Abb. 3: Skizziere ein paar Ideen für dein Symbol und wähle eines aus.

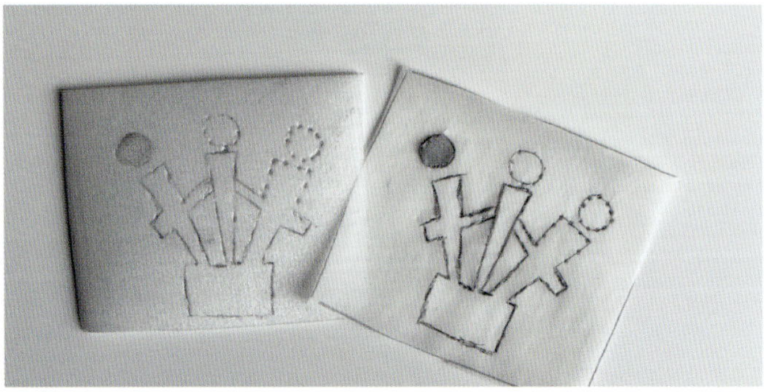

Abb. 4: Übertrage das Bild auf Styropor (Druckstock).

3. Schneide aus einer Pausenbrotbox ein flaches Stück Styropor aus. **Abb. 2**

Styropor belastet die Umwelt, da es nicht biologisch abbaubar ist. Seine Wiederverwendung hilft uns Abfall reduzieren.

4. Zeichne auf einem Stück Pauspapier die Umrisse des Styoporstücks nach, um einige Bereiche zum Skizzieren zu schaffen, die die Größe der Druckplatte haben. Entwirf darin Ideen für dein Symbol. **Abb. 3**

Symbole sollen einfache Bilder sein, verwende also dicke, fette Linien ohne winzige Details. Die Adinkra-Symbole sind ein wunderbares Beispiel. Stelle sicher, dass dein Symbol die gesamte Fläche der Styroporplatte einnimmt.

5. Wähle ein Symbol aus, das du auf Pauspapier übertragen möchtest. Platziere diese Zeichnung auf dem Styropor. Dein Design wird seitenverkehrt gedruckt, also drehe dein Pauspapier um, bevor du dein Bild überträgst. **Abb. 4**

Übe beim Durchpausen Druck aus, um das Bild vom Pauspapier auf die Platte zu übertragen. Dein Styropor sollte sich uneben anfühlen, aber pass auf, dass die Löcher, die du gemacht hast, nicht auf die andere Seite der Platte durchgehen. Du hast nun eine robuste Reliefdruckplatte (auch: Druckstock) erstellt.

6. Verwende abwaschbare Filzstifte, um deine Platte zu färben. Du kannst nur eine Farbe verwenden oder Farben kombinieren. **Abb. 5**

7. Nun geht's ans Drucken! Befeuchte ein Blatt Papier mit einem Schwamm oder einer Sprühflasche mit Wasser. Achte darauf, dass die Papieroberfläche nicht zu nass ist, damit die Tinte nicht verläuft.

Lege deine Platte mit dem Druckmotiv nach unten auf das Papier und übe gleichmäßigen Druck aus. **Abb. 6**

Erweiternde Aktivität: Experimentiere mit anderen Materialien wie Stoff und nimm dafür Textilfarbe auf Acrylbasis. Du kannst auch eine Weichgummiplatte statt des Styropors verwenden.

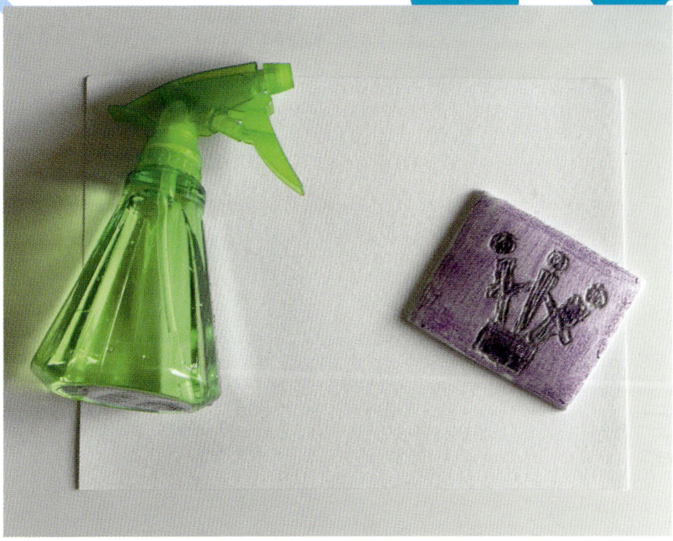

Abb. 5: Färbe deine Druckplatte mit abwaschbaren Filzstiften ein.

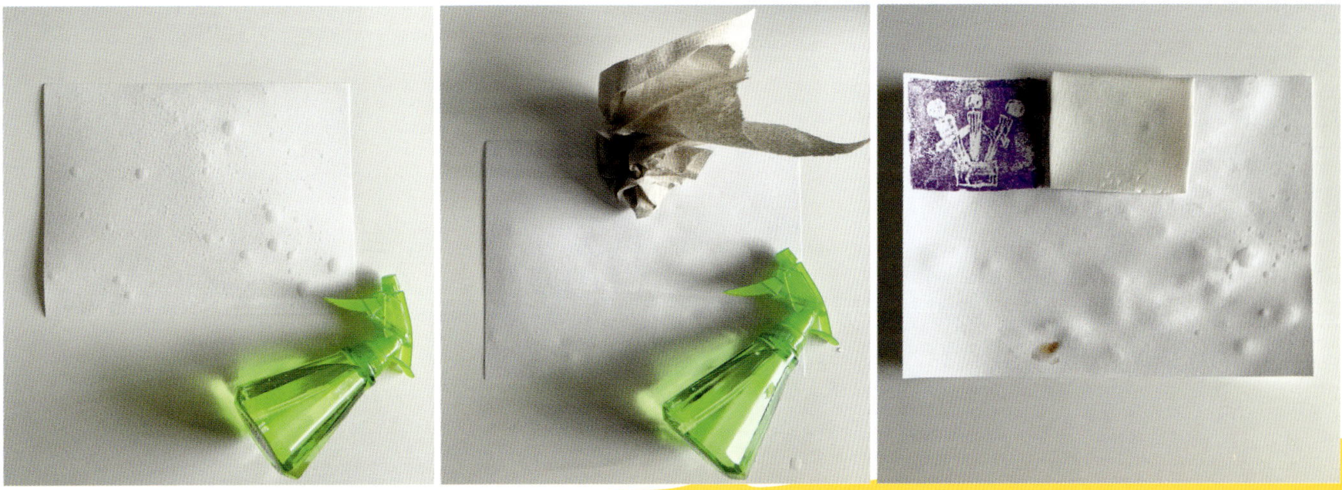

Abb. 6: Drucke dein Symbol.

AKTIVITÄT 03

DEIN NAME IST EIN KUNSTWERK

MATERIALIEN

+ Weißes Zeichenpapier
+ Bleistift
+ Schwarzer Permanent Marker
+ Filzstifte und Buntstifte
+ Gelbes Bastelpapier
+ Schere
+ Kleber
+ Pfeifenreiniger
+ Klebeband
+ Perlen (wahlweise)

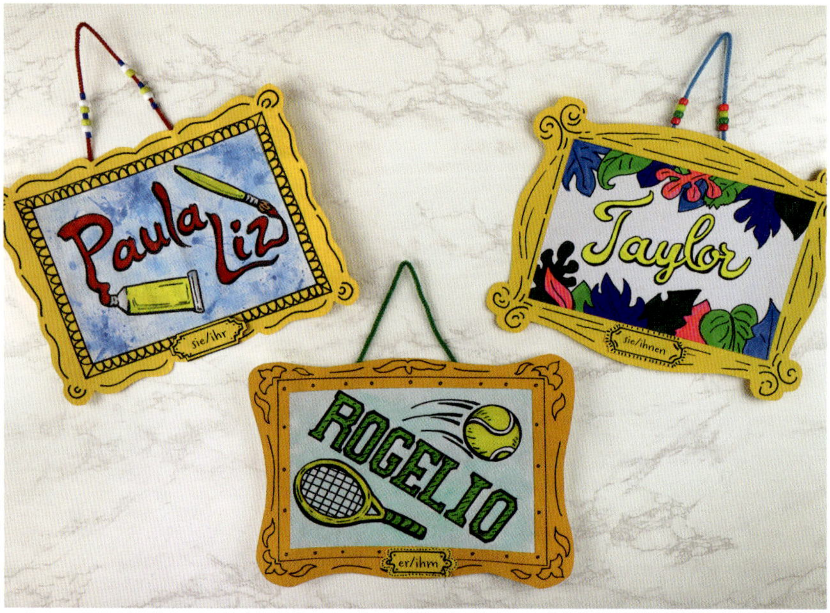

HIER LERNST DU,

deinen Namen in ein Kunstwerk zu verwandeln.

WARUM DAS WICHTIG IST

Ein Name ist ein wichtiger Teil dessen, wer wir sind. Deshalb kommt es auch auf die richtige Aussprache an. Wenn du das nächste Mal jemanden kennenlernst, dessen Name dir neu ist, frag ihn, wie sich sein Name ausspricht und sag auch du, wie sich dein Name ausspricht.

UND LOS GEHT'S!

1. Stell dir vor, wie du deinen Namen in ein Bild verwandeln kannst. Zeichne jeden Buchstaben einzeln oder verwende eine einheitliche Schrift.

2. Skizziere deinen Namen auf ein weißes Blatt Papier. Überlege, wie du verschiedene Identitätselemente drumherum einbauen kannst. Mit Permanent Marker nachzeichnen. **Abb. 1**

3. Verwende beliebige Materialien, um deinem Kunstwerk Farbe zu geben. **Abb. 2**

4. Falte das gelbe Papier hälftig und schneide einen welligen Rand. Auffalten und schon hast du einen Rahmen! **Abb. 3**

5. Klebe deinen Namen in die Mitte des Rahmens. Verwende einen Filzstift, um den Rahmen zu verzieren. **Abb. 4**

6. Füge ein Etikett hinzu, um deine Pronomen mitzuteilen. Menschen benutzen anstelle von Namen Geschlechtspronomen wie z. B. sie/ihr, sie/er, er/ihr und andere. Denk daran, dass du nicht immer aufgrund des Aussehens einer Person auf deren Geschlechtspronomen schließen kannst. Es ist wichtig, die richtigen Pronomen zu verwenden. **Abb. 5**

7. Knicke einen Pfeifenreinigerstiel in der Mitte und klebe ihn auf die Rückseite des Rahmens.Du kannst den Aufhänger auch mit Perlen verzieren. **Abb. 6**

Dein Kunstwerk ist jetzt ausstellungsreif! Übe dich vorzustellen und anderen beizubringen, deinen Namen zu sagen und deine Pronomen zu nennen. So forderst du auch die anderen auf, sich vorzustellen.

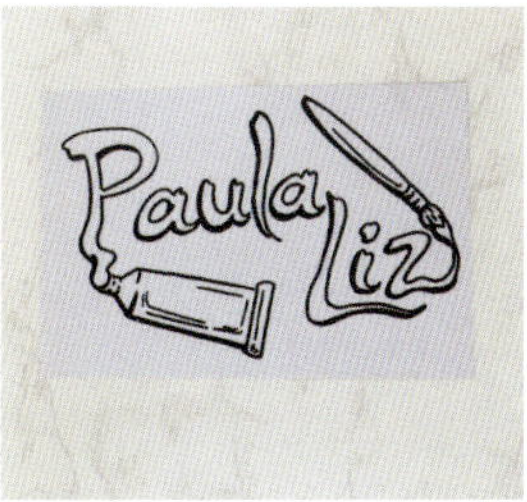

Abb. 1: Zeichne deinen Namen.

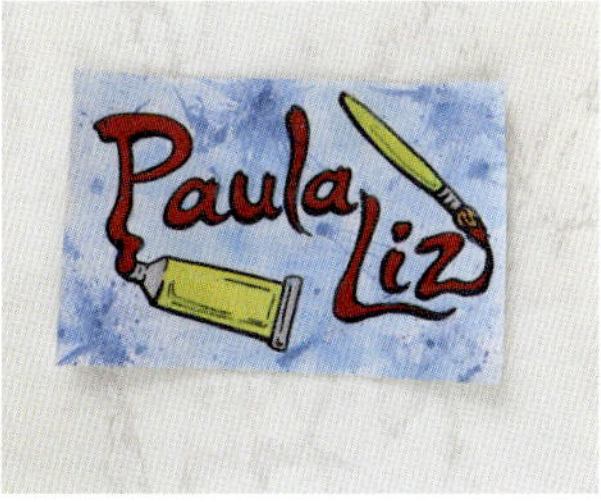

Abb. 2: Koloriere ihn.

Abb. 3: Schneide einen Bilderrahmen zu.

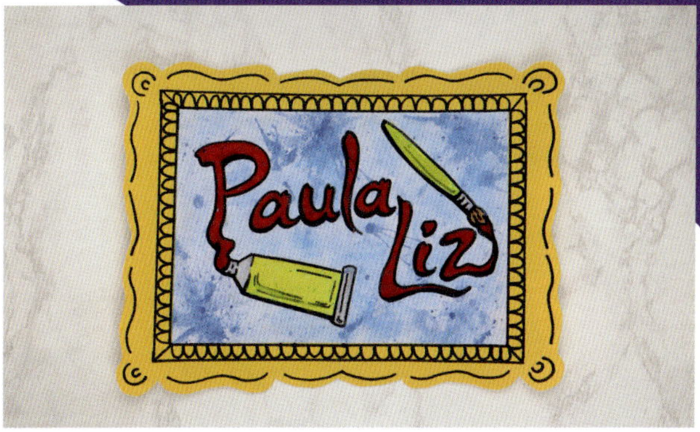

Abb. 4: Klebe deinen Namen auf den Bilderrahmen und verziere ihn.

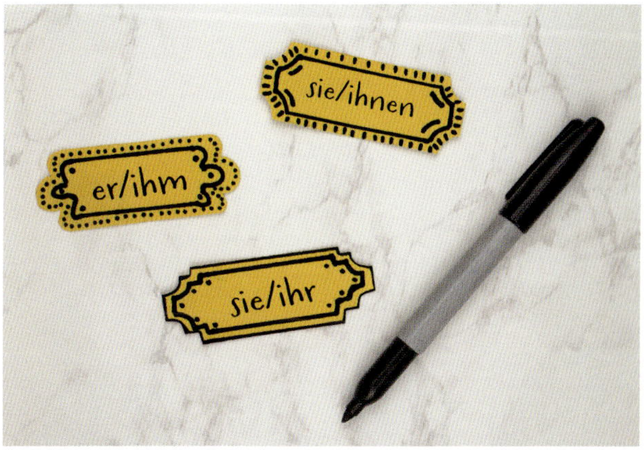

Abb. 5: Etiketten mit Pronomen versehen.

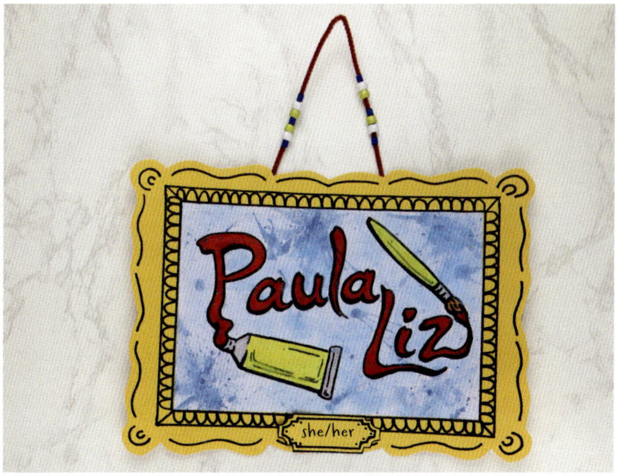

Abb. 6: Bringe einen Aufhänger an, um dein Bild auszustellen.

AKTIVITÄT 04

UNSERE VIELEN HAUTTÖNE

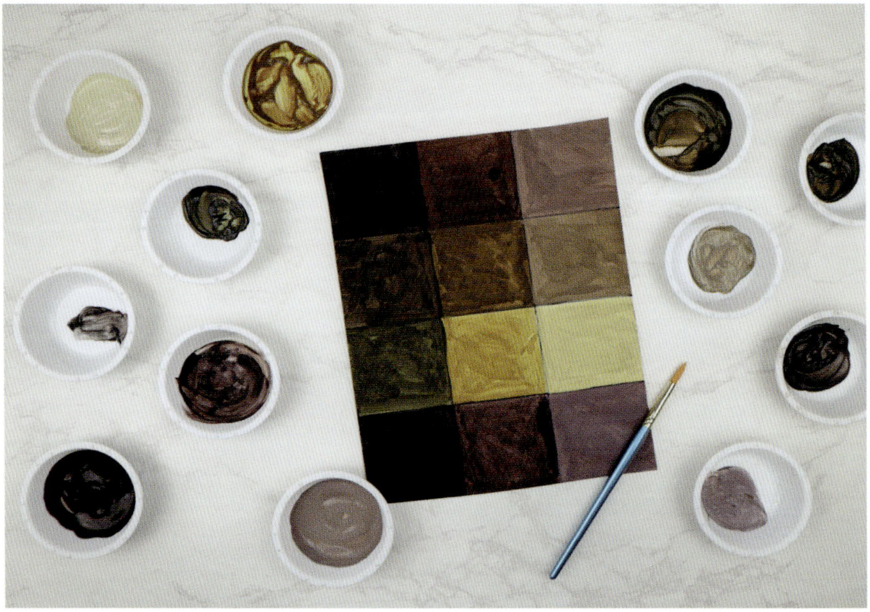

MATERIALIEN

+ Aquarellpapier
+ Permanent Marker
+ Lineal
+ Farben (rot, gelb, blau, orange, grün, violett, schwarz und weiß)
+ Malpinsel
+ Mischbecher (zum Anmischen)
+ Wasser und Schwamm (zum Reinigen des Pinsel)

HIER LERNST DU,

wie du verschiedene Brauntöne hinbekommst.

WARUM DAS WICHTIG IST

Einer der vielen Unterschiede zwischen uns ist unsere Hautfarbe. Wenn du dich umschaust, wirst du feststellen, dass wir verschieden getönt sind. Unsere Hautfarbe ist einzigartig; nicht jeder Mensch hat die gleiche Hautfarbe wie aus dem Malkasten. Manchmal lässt die Hautfarbe auch auf die Herkunft schließen. Es gibt aber nicht nur ein einziges körperliches Merkmal, das eine bestimmte Rasse ausmacht.

WOHER KOMMT UNSERE HAUTFARBE?

Unsere Haut enthält Melanin, ein Pigment, das unsere Haut vor der Sonne schützt. Je mehr Melanin, desto dunkler die Haut. Je weniger Melanin, desto heller die Haut. Wie viel Melanin wir haben, hängt oft davon ab, wo unsere Vorfahren gelebt haben. Wenn sie in warmen Gegenden der Welt lebten, hatten sie wahrscheinlich mehr Melanin und eine dunklere Haut. Wenn sie in kälteren Gefilden lebten, hatten sie eher weniger Melanin und eine hellere Haut. Sonnenlicht kann die Haut eines Menschen unterschiedlich beeinflussen; bei vielen Menschen wird die Haut dunkler, je mehr sie der Sonne ausgesetzt sind.

UND LOS GEHT'S!

1. Zeichne zwei vertikale und drei horizontale Linien, um ein Raster mit zwölf Quadraten zu erstellen.

2. Die Grundfarben ergeben zusammengemischt Braun. Gib etwas Rot, Gelb und Blau in einen Becher und mische die Farben zu einem schönen Braun. Male das obere mittlere Quadrat an.

3. Teile das Braun in zwei Hälften. Gib etwas Schwarz hinzu, um ein dunkleres Braun zu mischen und male das obere linke Quadrat an. Reinige deinen Pinsel. Helle das Braun mit etwas Weiß auf und male das obere rechte Quadrat an.

4. Du kannst auch Komplementärfarben mischen, um Braun zu erhalten. Es sind Farben, die sich auf dem Farbkreis gegenüberliegen.

Mische Blau und Orange, Violett und Gelb, Grün und Rot. Male die drei mittleren Quadrate damit an. Beachte die leichten Unterschiede in jedem Braun.

5. Wiederhole Schritt 3 mit diesen neuen Brauntönen. Teile jedes Braun in zwei Hälften. Gib etwas Schwarz hinzu, um die dunkleren Töne zu mischen. Füge etwas Weiß hinzu, um aufzuhellen. Male die restlichen Quadrate an.

Dies sind nur zwölf Beispiele für einige der vielen schönen Hauttöne. Versuche, noch mehr Hautfarben zu gestalten!

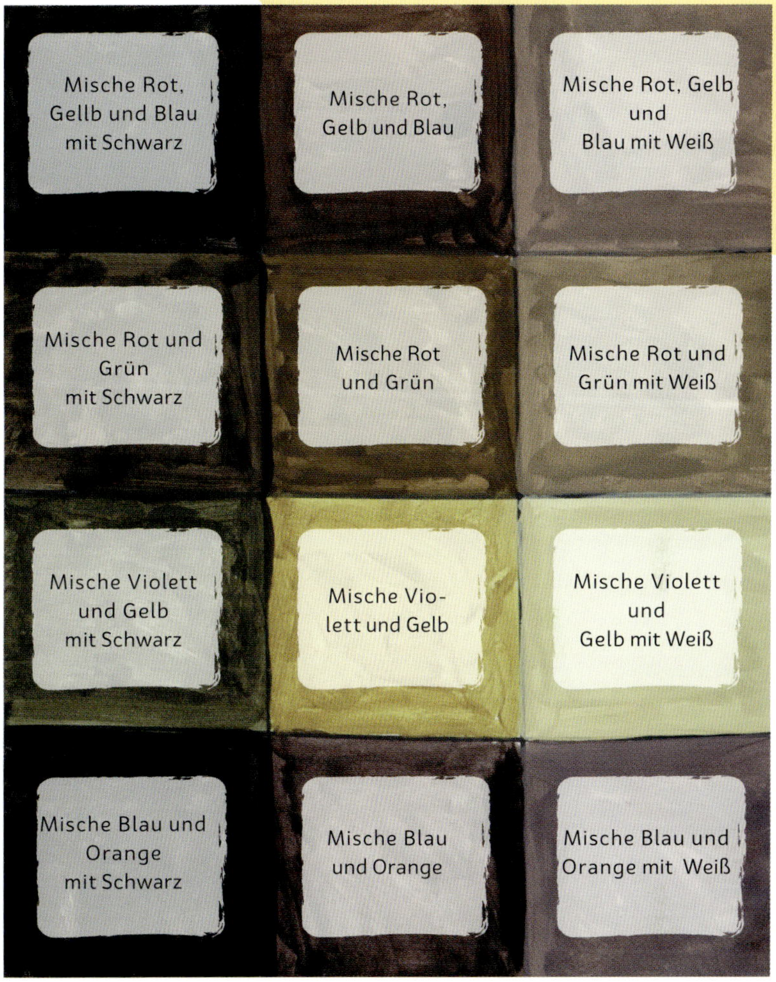

Das Farbrad

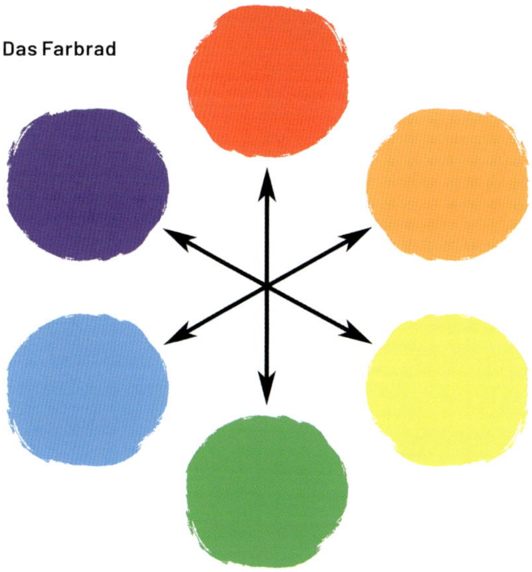

TIPP: Reinige deinen Pinsel gründlich. Wenn du das nicht tust, wird aus dem Schwarz und Weiß ein Grau, das das Braun verfälscht bzw. bricht.

DEINE EINZIGARTIGE FARBENCOLLAGE

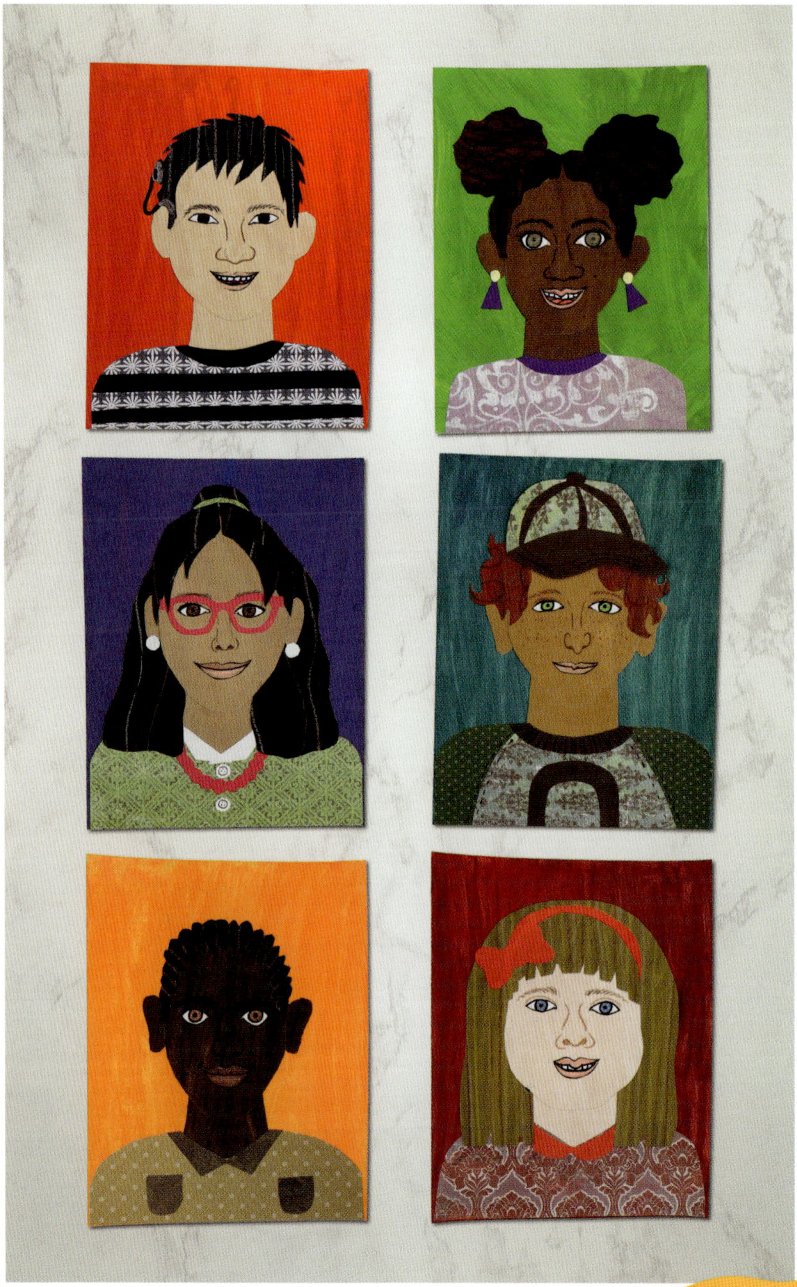

MATERIALIEN

- Spiegel
- 3 Blatt Aquarellpapier
- Malfarbe
- Pinsel
- Palette
- Weißes Zeichenpapier
- Bleistift
- Buntstifte oder Malstifte
- Permanent Marker
- Schere
- Kleber
- Bastel- Motivpapier

HIER LERNST DU,

eine ICH-Collage zu erstellen, die zeigt und feiert, was dich einzigartig macht.

WARUM DAS WICHTIG IST

Wir sind alle anders! Wir leben in einer vielfältigen Welt und haben ständig mit unterschiedlichen Menschen zu tun. Unsere Unterschiede machen uns zu dem, was wir sind, und es ist wichtig, dass wir sie erkennen, akzeptieren und würdigen.

UND LOS GEHT'S!

1. Male auf ein Blatt Aquarellpapier einen Hintergrund für dein Selbstbildnis. **Abb. 1**

2. Einer der Unterschiede, die man sehen kann, ist unsere Hautfarbe und die kommt nicht aus der Tube. Deinen eigenen Hautton musst du selbst anmischen (siehe Seite 27). Bemale ein Blatt Aquarellpapier mit deiner besonderen Hautfarbe. **Abb. 2**

3. Wie unsere Hautfarbe ist auch unsere Haarfarbe unterschiedlich. Mische verschiedene Farben, die zu deinen Haaren passen, und bemale ein Blatt Aquarellpapier damit. Manche Menschen haben auch gar keine Haare. Jeder Mensch ist anders, und das ist etwas, das man würdigen sollte! **Abb. 3**

4. Betrachte dich im Spiegel. Zeichne auf der Rückseite deines Hautfarbenbildes Kopf, Hals und Ohren. Schneide sie sorgfältig aus und ordne sie auf deinem Hintergrund an.

Als Nächstes nimmst du ein Stück Bastel- oder Motivpapier. Schneide ein Rechteck aus, das breiter als dein Kopf ist, und runde die Kanten oben ab, um deine Schultern zu bilden. Klebe alle Teile fest. **Abb. 4**

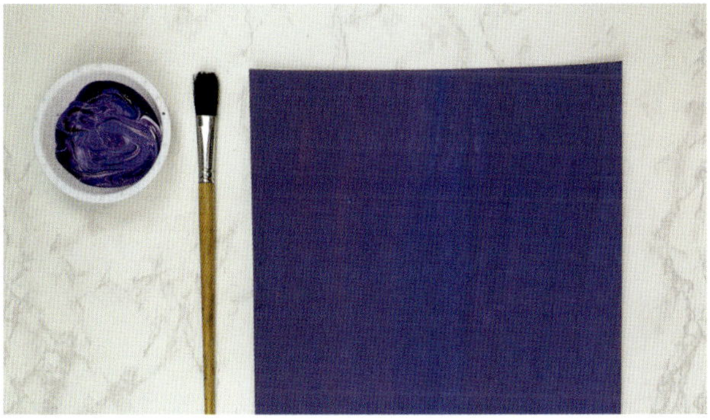

Abb. 1: Male einen Hintergrund.

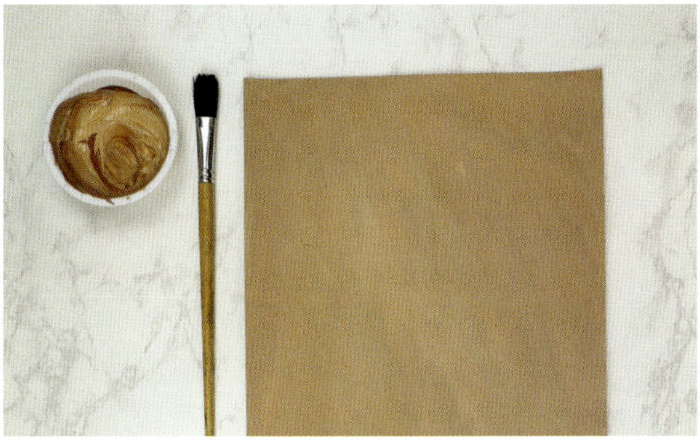

Abb. 2: Male deine Hautfarbe.

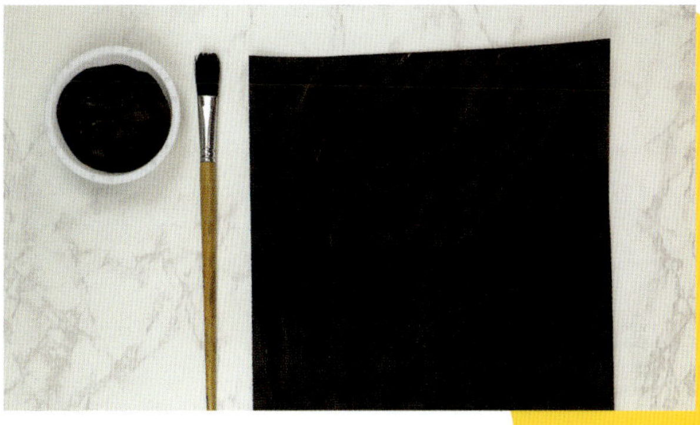

Abb. 3: Male deine Haarfarbe.

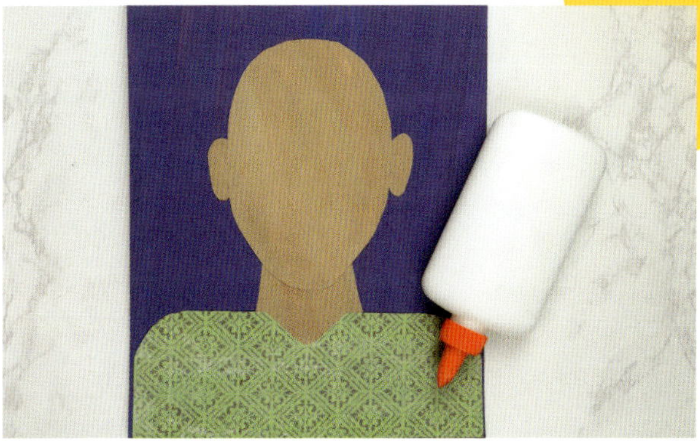

Abb. 4: Schneide Kopf, Hals, Ohren und Schulterpartie aus und klebe sie auf.

(WEITER)

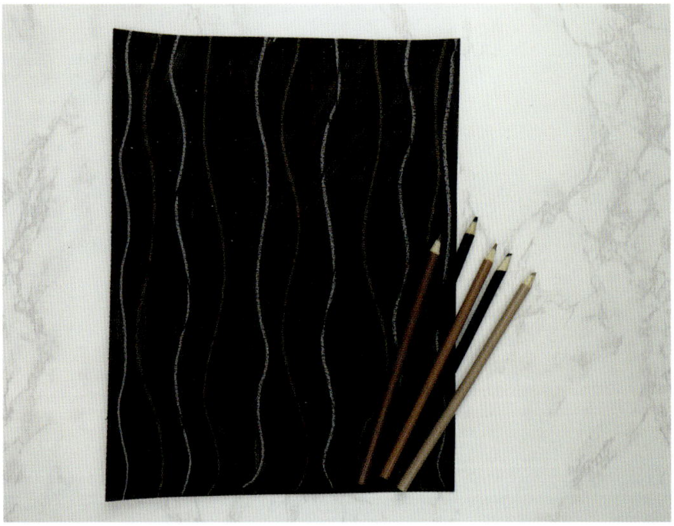

Abb. 5: Zeichne Linien für die Haartextur.

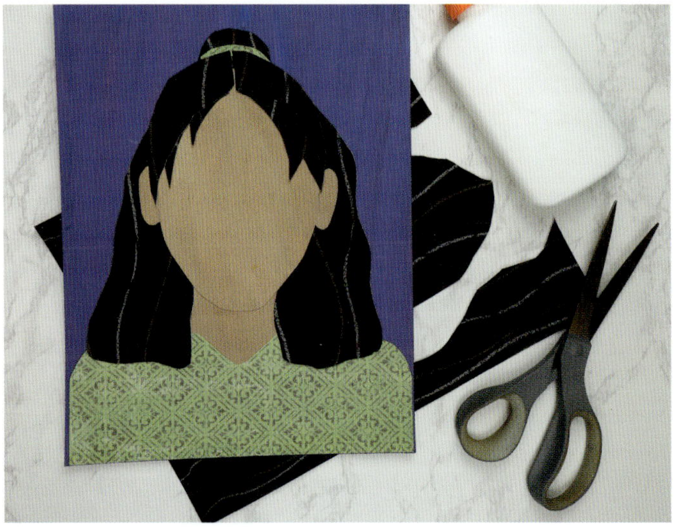

Abb. 6: Schneide dein Haar aus und klebe es auf.

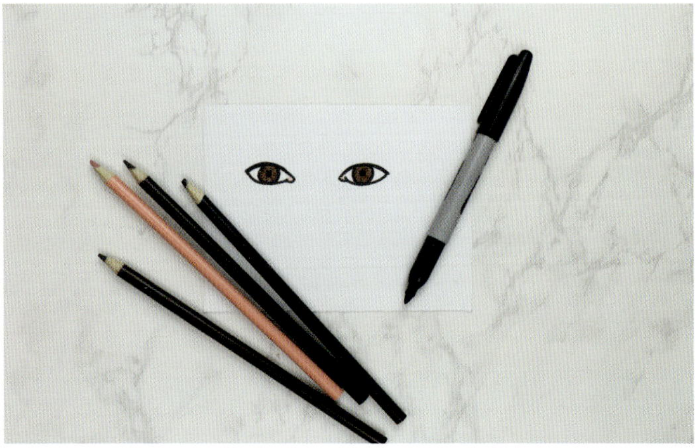

Abb. 7: Zeichne deine Augen und male sie aus.

5. Fühle deine Haartextur. Wir haben glattes, gewelltes, lockiges oder krauses Haar. Stell dir eine Haarsträhne als Linie vor und zeichne diese Linie mit den Buntstiften auf das Haarfarbenbild. Fülle die ganze Seite im Zickzackstil mit den entsprechenden Linien aus. **Abb. 5**

6. Wir verändern und tragen unser Haar auf vielerlei Art. Schneide und klebe dein Haarfarbenpapier so voll, dass es deiner aktuellen Frisur ähnelt. Du kannst kurze, gerade Kanten, lange Zickzackkanten oder dünne wellige Ränder verwenden. **Abb. 6**

Alternativen: Verwende Bastelpapier, um einen Hut, ein Stirnband, einen Hijab, eine Patka oder eine andere Kopfbedeckung zu gestalten.

7. Unsere Augen können verschiedene Größen, Formen und Farben haben. Sieh dir deine Augen im Spiegel an und folge den Tipps auf Seite 129. Zeichne sie zuerst mit einem Permanent Marker vor und fülle sie dann mit Farbe aus. **Abb. 7**

Schneide deine Augen sorgfältig aus und klebe sie schön angeordnet auf. Verwende Buntstifte oder Malstifte, um deine Augenbrauen und Wimpern hinzuzufügen.

8. Wie unsere Augen können auch unsere Münder verschiedene Größen, Formen und Farben haben. Unser Mund ist auch eines der ausdrucksstärksten Merkmale unseres Gesichts. An einem Stirnrunzeln, einem Grinsen oder einem Lächeln kann man oft erkennen, wie sich jemand fühlt. **Abb. 8**

Überlege dir, welche Emotion du in deinem Selbstbildnis darstellen möchtest und schaue in den Spiegel, während du diesen Gesichtsausdruck machst. Betrachte die Form deines Mundes und folge den Tipps auf Seite 131. Zeichne deinen Mund auf ein Blatt Papier und zeichne ihn mit einem Permanent Marker nach, bevor du Farbe hinzufügst. Schneide deinen Mund aus und klebe ihn auf dein Selbstporträt.

9. Auch Nasen sind unterschiedlich und können eine der größten Herausforderungen beim Zeichnen von Gesichtszügen sein. Betrachte die Form deiner Nase und nimm die Vorlagen auf Seite 130. Zeichne deine Nase mit einem braunen Mal- oder Buntstift. **Abb. 9**

10. Verwende Buntstifte und Papier, um deine letzten Details hinzuzufügen. **Abb. 10**

Suche dir jemanden, mit dem du dein Selbstporträt teilen kannst und besprecht, was ihr gelernt habt. Nehmt euch einen Moment Zeit, um euch gegenseitig anzuschauen. Welche Gemeinsamkeiten stellt ihr fest? Welche Unterschiede können besonders gepriesen werden? Denkt daran, dass wir alle unterschiedlich, einzigartig und schön sind!

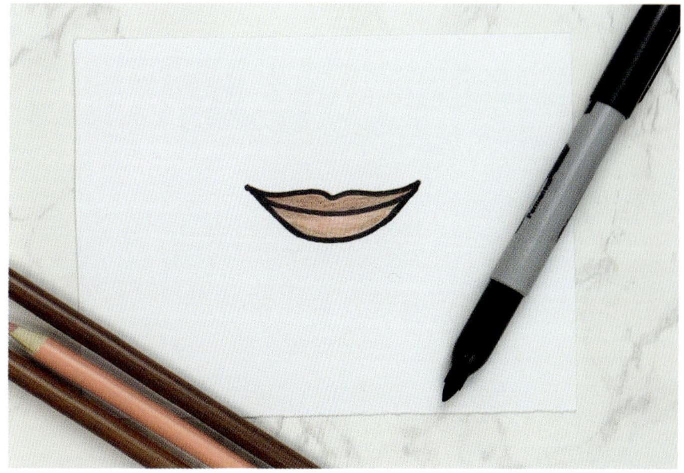

Abb. 8: Zeichne deinen Mund.

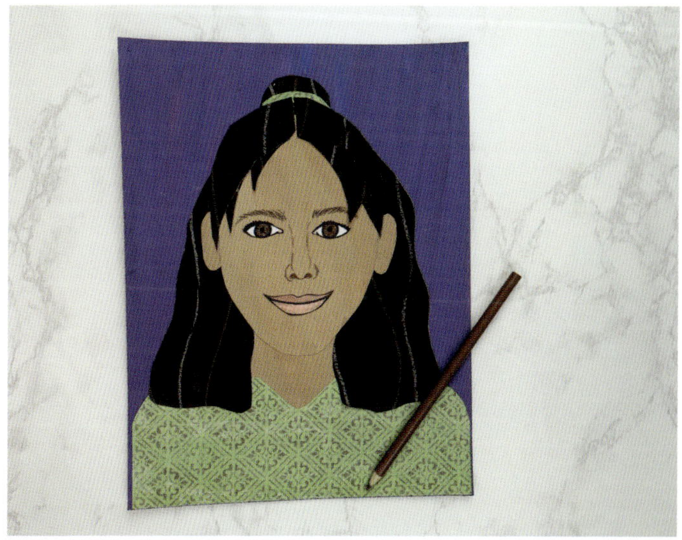

Abb. 9: Klebe deine Augen und deinen Mund auf. Zeichne deine Nase und deine Augenbrauen.

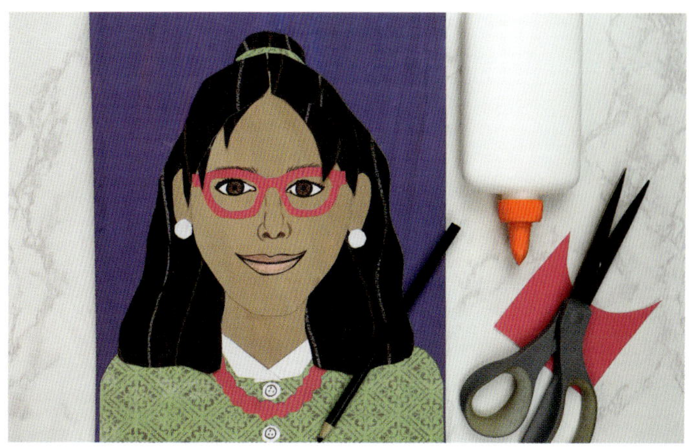

Abb. 10: Füge deine letzten Details hinzu.

AKTIVITÄT 06

SILHOUETTENPORTRÄT

MATERIALIEN

+ Papier
+ Bleistift
+ Filzstifte
+ Wasserfarben
+ Malpinsel
+ Wasser
+ Palette
+ Weißer Gelstift

HIER LERNST DU,

ein Scherenschnittporträt von dir zu erstellen und Symbole hinzuzufügen, die wichtige Teile deiner Identität und deines Selbstkonzepts darstellen.

WARUM DAS WICHTIG IST

Unsere Identität ist mehr als unser Aussehen oder unser Name. Viele Teile machen uns zu dem, was wir sind. Unsere Beziehungen, Ideen, Verhaltensweisen, Interessen und vieles mehr sind wichtig, um uns zu verstehen. Wenn wir uns fragen: »Wer bin ich?«, dann bauen wir unser Selbstkonzept auf.

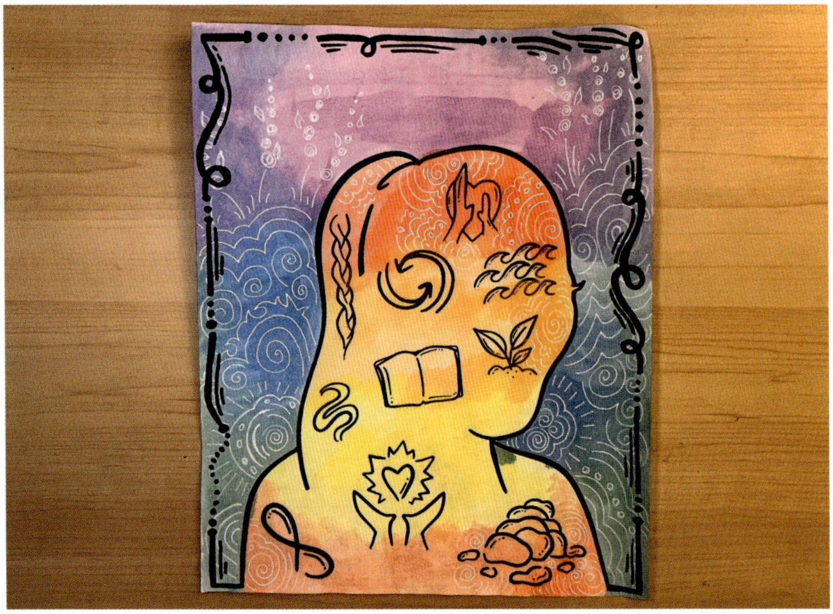

UND LOS GEHT'S!

1. Zeichne eine Silhouette von dir mit einem Bleistift. Zeichne sie dann mit einem Permanent Marker nach. **Abb. 1**

2. Erstelle Symbole für dein Selbstkonzept. Die Symbole sollten dein ideales Selbst und dein Selbstwertgefühl darstellen.

Skizziere deine Ideen auf einem separaten Blatt Papier.

Auf meinem Brainstorming-Blatt habe ich jedes meiner Symbole gezeichnet und darüber nachgedacht, wie jedes einzelne mit meinem Selbstkonzept zusammenhängt. Das Pflanzensymbol steht zum Beispiel in Verbindung zu meinem Selbstbild. Ich liebe es, Pflanzen zu versorgen. Ich sehe eine wachsende Pflanze als Teil meines Selbstbildes, d. h. ich möchte mich zu einem fürsorglichen und hilfsbereiten Menschen entwickeln.

Übertrage die Symbole auf deine Silhouette. **Abb. 2**

3. Male mit Wasserfarbe die Silhouette und den Hintergrund aus. Beachte, dass ich kontrastreiche Komplementärfarben verwendet habe, damit sich meine Silhouette hervorhebt. **Abb. 3**

4. Nachdem die Farbe getrocknet ist, nimmst du einen weißen Gelstift und zeichnest Details und Muster auf dein Bild, um Text und Bewegung hinzufügen. Zeichne mit einem Filzstift schwarze Ränder. **Abb. 4**

SELBSTKONZEPT

Das Selbstkonzept ist eine Reihe von Überzeugungen, die wir von uns selbst haben. Es wurde von dem Psychologen Carl Rogers entwickelt. Der Aufbau deines Selbstkonzepts besteht aus drei Teilen.

1. Dein Ideal-Selbst: Wer du gerne sein möchtest.

2. Dein Selbstbild: Wie du dich selbst siehst.

3. Dein Selbstwertgefühl: Wie sehr du dich selbst schätzt.

Ein Selbstkonzept im Kopf zu haben motiviert dich herauszufinden, wer du bist und wer du sein willst. Es hilft dir auch, darüber nachzudenken, was dir am wichtigsten ist.

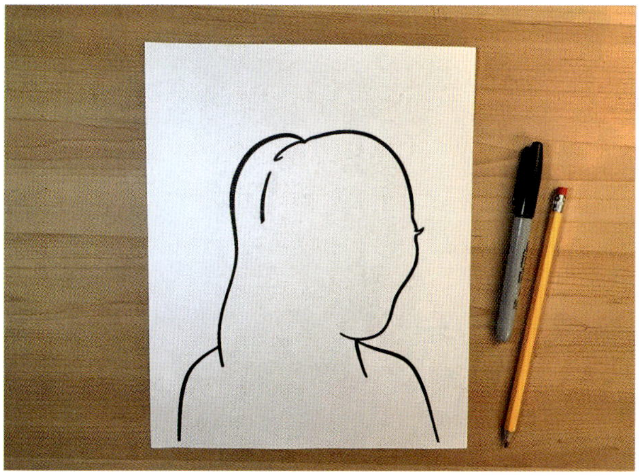

Abb. 1: Skizziere eine Silhouette und zeichne sie mit einem Filzstift nach.

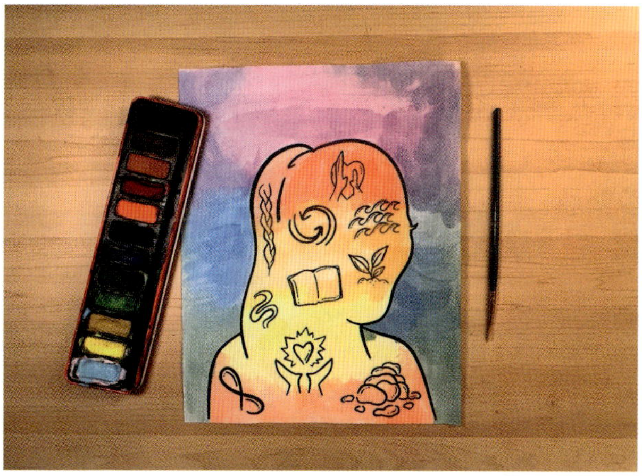

Abb. 3: Male Silhouette und Hintergrund aus.

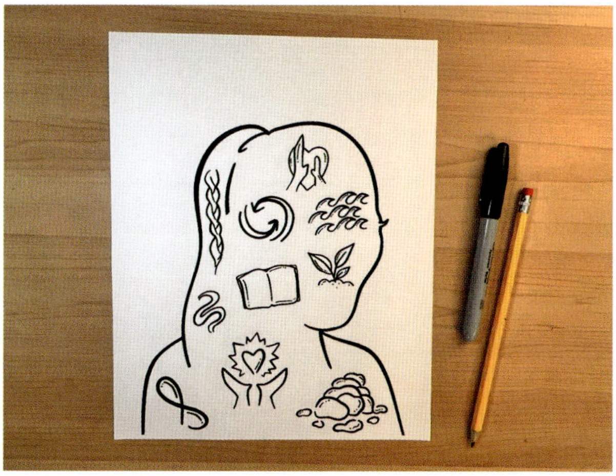

Abb. 2: Zeichne Symbole innerhalb der Silhouette.

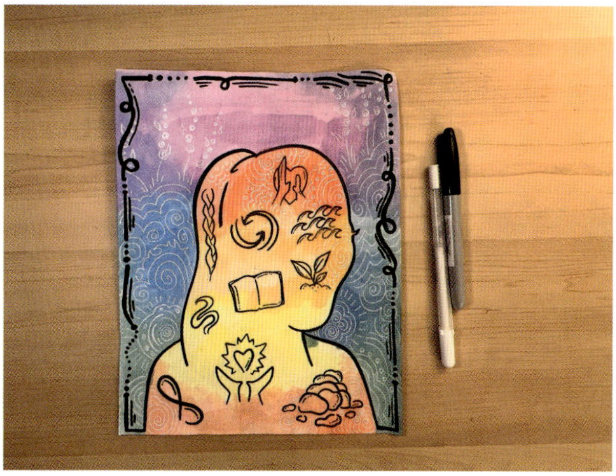

Abb. 4: Zeichne Details und Motive mit einem weißen Gelstift. Füge einen Rand hinzu.

AKTIVITÄT

07

ME-SHIRT

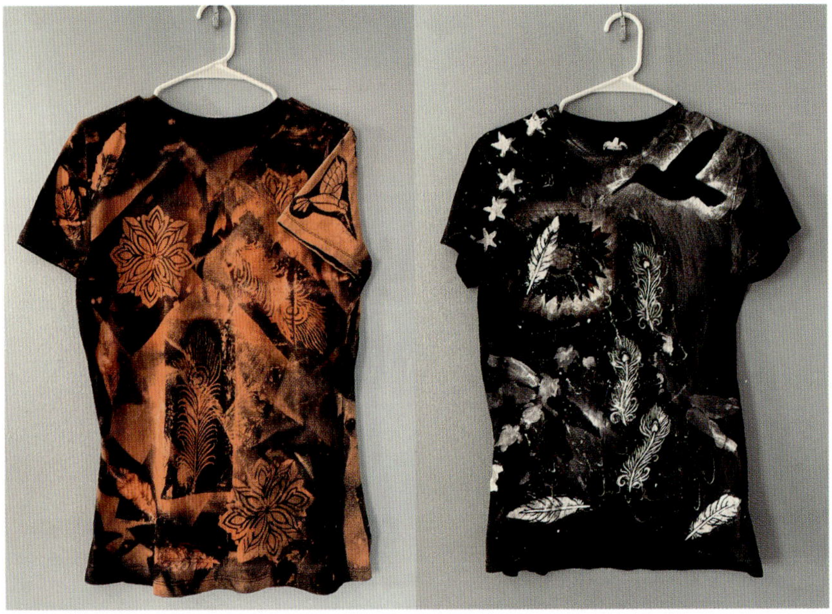

MATERIALIEN

+ Einfarbiges Baumwoll-T-Shirt (farbecht)
+ Pappe (in T-Shirt-Größe)
+ Bleichstift oder weiße Farbe
+ Malpinsel
+ Wasser
+ Schablonen
+ Pappkarton
+ Bleistift
+ Schere
+ Klebeband

HIER LERNST DU,

ein ME-Shirt mit Motiven rund um dich selbst zu gestalten.

WARUM DAS WICHTIG IST

Wir sind alle einzigartig und besonders. Jede*r von uns hat Eigenschaften, die anderen sagen, wer wir sind, damit sie uns besser kennenlernen können. Es ist wichtig, stolz darauf zu sein. Du bist eine einmalige Person, deren Identität eine Kombination aus den Einflüssen der Menschen, Orte, Dinge und Ideen deiner Kultur ist.

UND LOS GEHT'S!

1. Wähle drei Wörter oder Ideen aus, die dir am besten gefallen, z. B. Hobbys, Interessen oder Herkunft.

2. Überlege dir verschiedene Symbole, um jedes Wort über dich darzustellen. Skizziere jedes Motiv auf Pappkarton und schneide es aus. Das werden deine Schablonen sein. Ebenso kannst du auch vorgefertigte Schablonen verwenden. Beispiel: Eine Vogelfeder steht für meine Liebe zu Vogelbeobachtung. **Abb. 1**

3. Suche dir ein einfarbiges Baumwoll-T-Shirt, das nicht farbecht ist. Das bedeutet, dass es die Farbe abgibt, wenn wir unsere Motive bleichen. Lege dein T-Shirt auf den Tisch und schiebe ein Stück Pappe in das T-Shirt. **Abb. 2**

4. Wähle eine Stelle an deinem T-Shirt, lege deine Schablone darauf und befestige sie mit dem Klebeband. **Abb. 3**

5. Drücke eine kleine Menge der Flüssigkeit aus dem Bleichstift (oder der Farbe) auf die Lücken in der Schablone. Benutze einen Pinsel, um das Bleichmittel oder die Farbe gleichmäßig zu verteilen. Wiederhole den Vorgang an anderen Stellen. Du kannst dieselbe Schablone mehrmals verwenden oder verschiedene Schablonen kombinieren. **Abb. 4**

Bitte bei Verwendung eines Bleichstifts eine*n Erwachsene*n um Hilfe.

6. Warte 15 Minuten und wasche dein T-Shirt in kaltem Wasser aus. Bei Farben musst du nur warten, bis sie getrocknet sind. **Abb. 5**

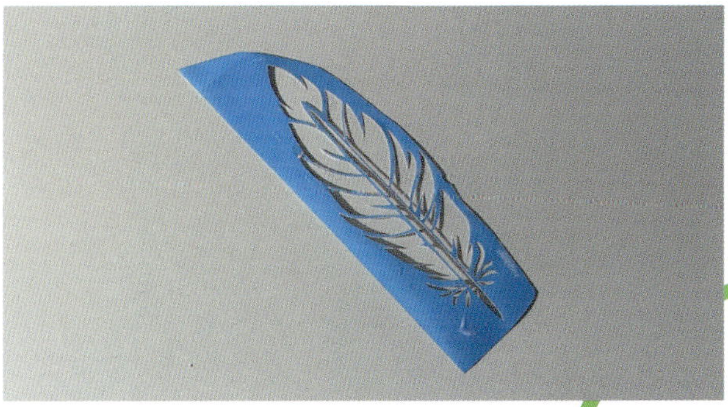

Abb. 1: Fertige eine Schablone an.

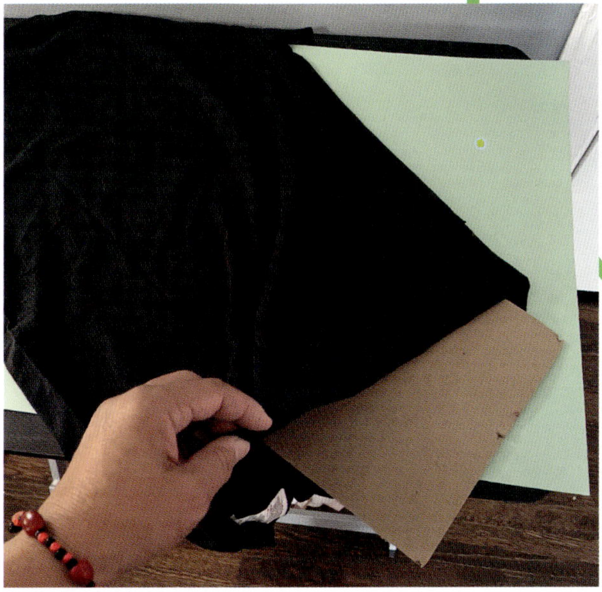

Abb. 2: Platziere die Einlage aus Pappe.

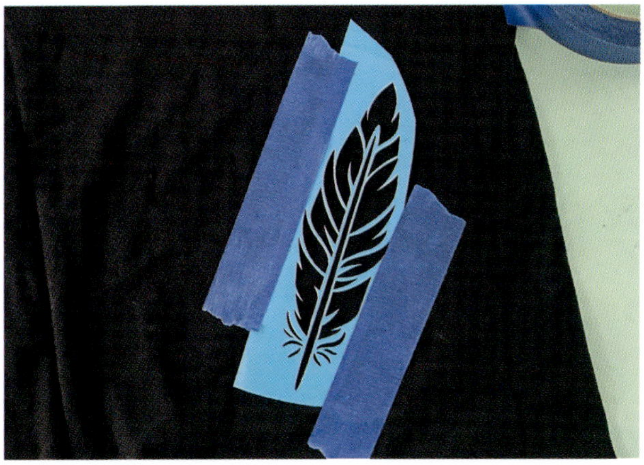

Abb. 3: Schablone platzieren und festkleben.

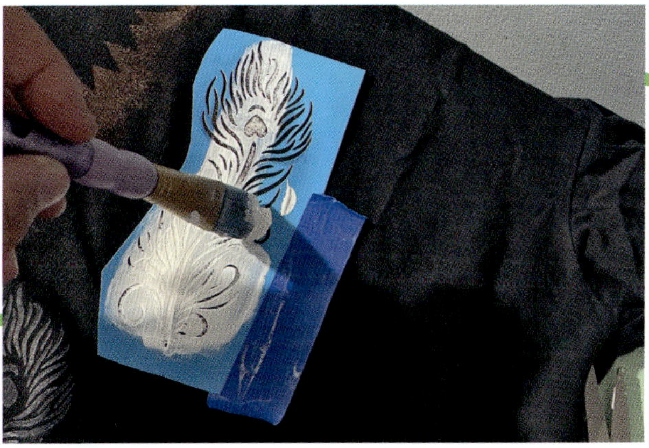

Abb. 4: Bleiche oder Farbe auftragen.

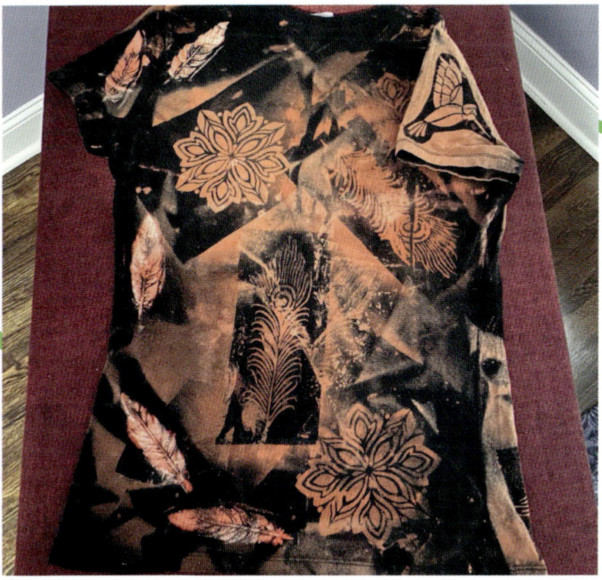

Abb. 5: Auswaschen oder warten, bis die Farbe getrocknet ist.

AKTIVITÄT 08

AFFIRMATIONSTIERE

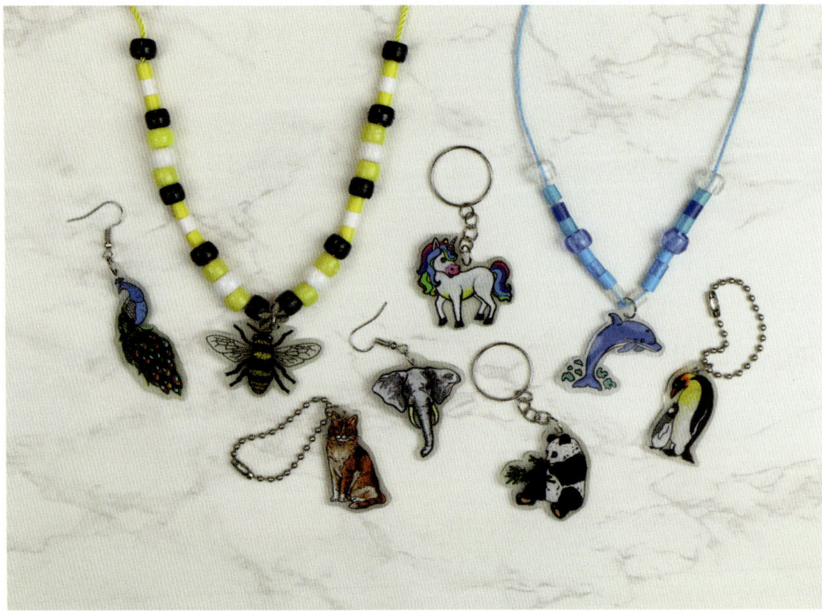

MATERIALIEN

+ Bleistift
+ Papier
+ Schrumpfschlauch
+ Füller, Kuli oder Filzstift
+ Buntstifte
+ Locher
+ Acrylfarbe
+ Malpinsel
+ Garn oder Schnur
+ Perlen und anderes Zubehör zur Schmuckherstellung (wahlweise)

HIER LERNST DU,

eine Tiermaskottchen-Halskette mit einer positiven Aussage über dich selbst zu basteln.

WARUM DAS WICHTIG IST

Positive Affirmationen (Aussagen, die das Selbstwertgefühl steigern) entstehen, wenn wir nette Dinge über uns sagen oder denken. Es ist wichtig, sich an all die Dinge zu erinnern, die jede*n von uns großartig machen! Wir können Vertrauen in uns selbst und in andere aufbauen, indem wir positive Selbstaussagen treffen und miteinander teilen.

LEGEN WIR LOS!

1. Schreibe eine Liste deiner positiven Eigenschaften mit »Ich bin«-Aussagen auf. Diese Liste kann Persönlichkeitsmerkmale, Fähigkeiten, Interessen und vieles mehr enthalten; z. B. Ich bin selbstbewusst, ich bin nett, ich bin kreativ, ich bin sportlich.

2. Wähle eine Affirmation aus, die für dich am wichtigsten ist. Denke an ein Tier, das diese Eigenschaft symbolisiert. Fertige eine Zeichnung von diesem Tier an. (z. B. ich bin schlau wie ein Delfin, fleißig wie eine Biene, neugierig wie eine Katze.) **Abb. 1**

3. Lege eine Schrumpfschlauchfolie über deine Zeichnung und zeichne sie mit einem Füller, Kuli oder Filzstift nach. Verwende Buntstifte, um deine Tierzeichnung zu vervollständigen.

4. Stanze ein Loch über dein Tier. Schneide vorsichtig und mit kleinem Abstand zu den Rändern deine Zeichnung aus. **Abb. 2**

5. Gib deine Schrumpfplastik in den Backofen und backe nach Packungsanleitung. Auskühlen lassen. **Abb. 3**

6. Nimm dein Tiermaskottchen heraus und bemale die Rückseite mit Acrylfarbe. Sobald die Farbe getrocknet ist, schreibst du mit einem Füller oder einem Filzstift deine Selbstaffirmation nach Schritt 1. **Abb. 4**

7. Verwende Garn oder Schnur und Perlen, um eine Halskette zu basteln. Trage dein Tiermaskottchen als ständige Erinnerung daran, wie toll du bist! **Abb. 5**

Denke darüber nach, Tiermaskottchen für deine Freunde und Familie zu basteln. Du kannst auch Armbänder, Schlüsselanhänger, Ohrringe und vieles mehr basteln.

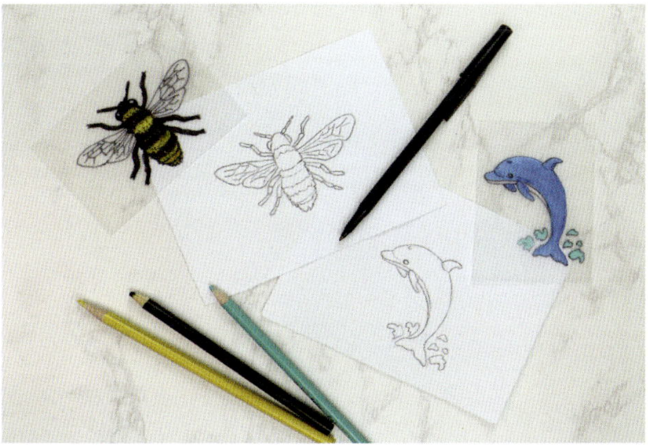

Abb. 1: Zeichne dein Tiermaskottchen.

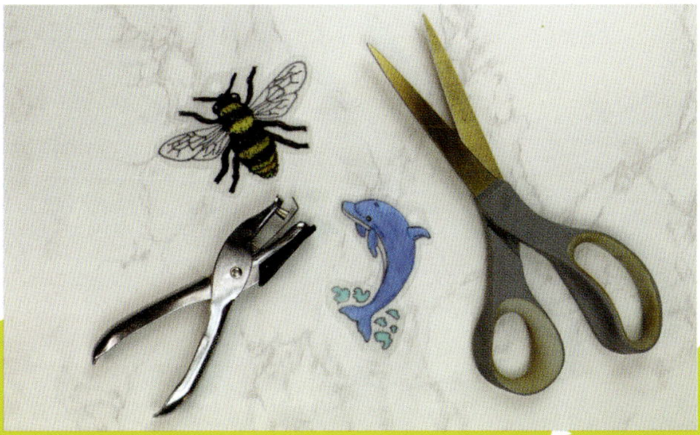

Abb. 2: Stanze ein Loch und schneide dein Tier aus.

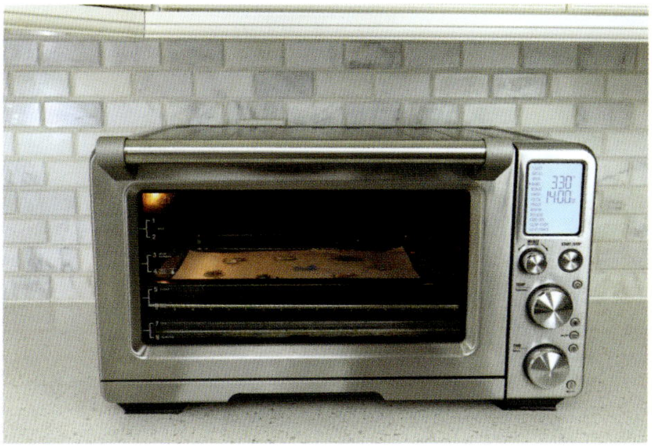

Abb. 3: Backe das Schrumpfschlauchmaterial genau nach Packungsanleitung.

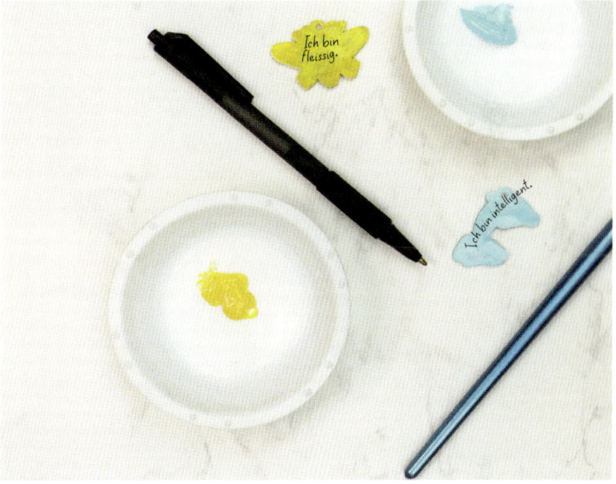

Abb. 4: Male die Rückseite an und füge deinen Spruch hinzu.

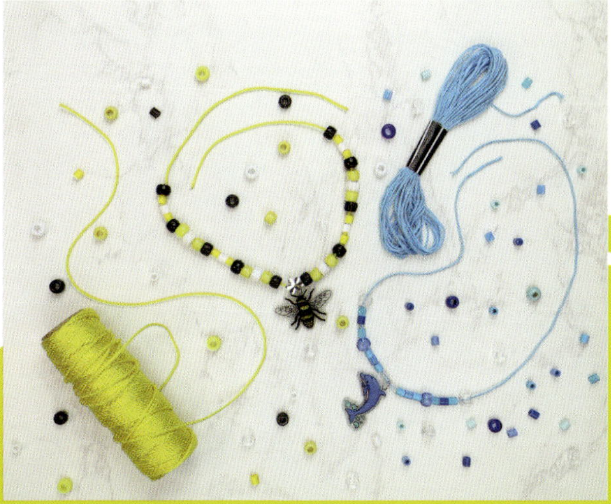

Abb. 5: Füge deine letzten Details hinzu.

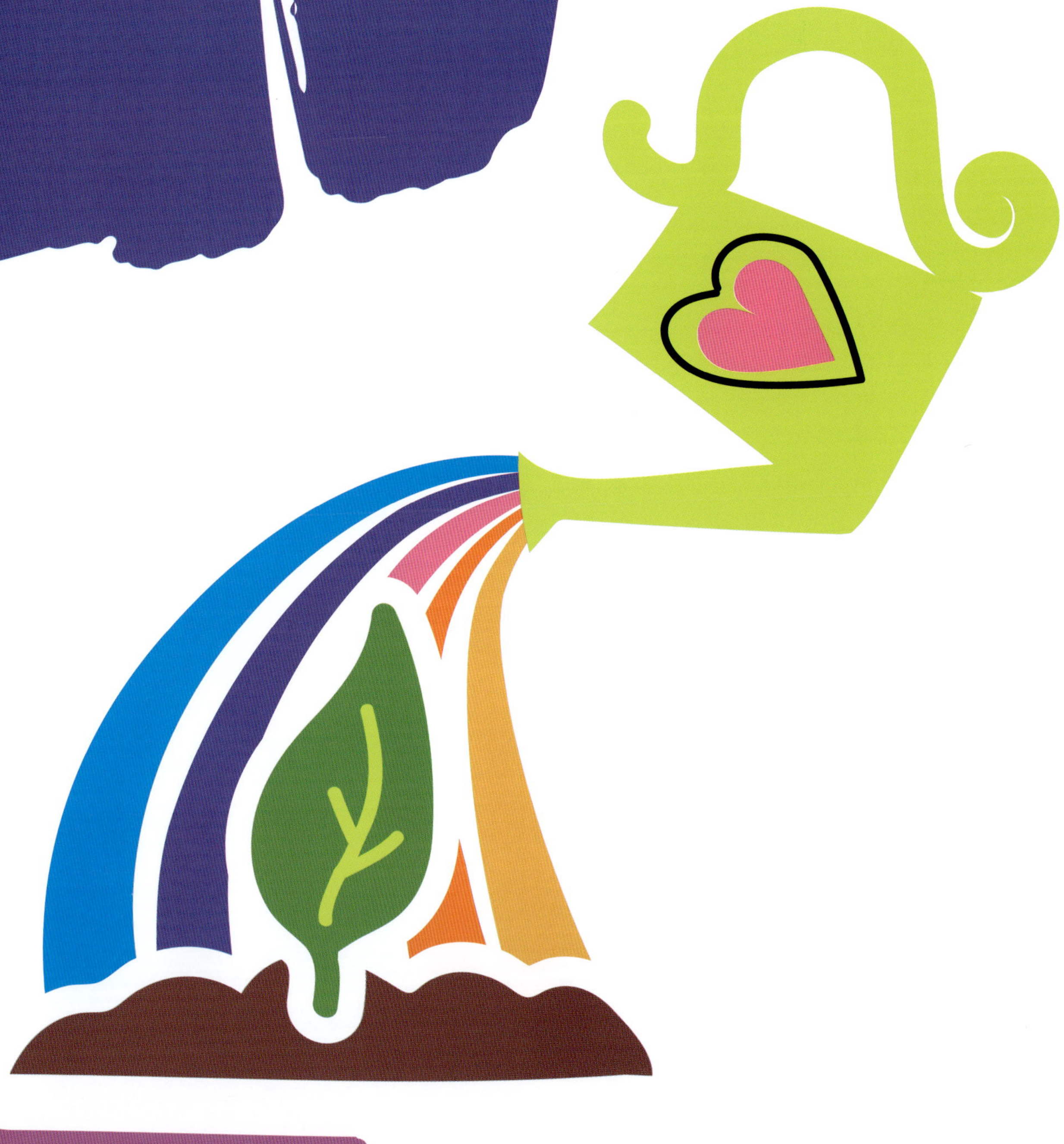

LEKTION 2

KULTUR

In diesem Kapitel steht die Kultur im Mittelpunkt. Kultur ist die gelebte Verbindung zwischen Menschen und ihren Gemeinschaften. Sie ist unser gemeinschaftliches Gedächtnis, unser gemeinsamer Erfahrungshintergrund, die Art und Weise, wie wir Liebe zeigen und uns mitteilen, was uns am wichtigsten ist. Wie unsere Identität beeinflusst auch unsere Kultur, wie wir die Welt sehen und denken. Wenn wir die Kultur anderer nicht respektieren, kann das den Menschen schaden. Kulturaustausch ist wichtig. Es braucht jedoch Zeit, bis man eine Kultur auf tieferer Ebene kennen- und verstehen lernt.

Die folgenden Übungen helfen dir herauszufinden, zu welchen Kulturen du gehörst und wie du die Dinge, die deine Kulturen ausmachen, erklären kannst. Du wirst über die Menschen und die Geschichte nachdenken, die deine Kulturen geprägt haben. Du wirst lernen, wie sich dein Kulturkreis von anderen unterscheidet. Du wirst auch die Kulturen anderer auf eine Weise verstehen, die sie ehrt und respektiert.
Die eigene Kultur zu kennen und zu verstehen ist der erste Schritt.

WAS IST KULTUR?

Kultur ist eine allumfassende Lebensweise: Dazu gehören Werte, Geschichte, Essen, Religion, Sprache, Humor, Kleidung, Haare, Kunst, Musik, Wissen, Tradition, Geschichten, Technologie, Werkzeuge, Umgangsformen, Feste, Fähigkeiten und vieles mehr.

KULTUR VERSTEHEN

Kultur ist kompliziert und kann sich mit der Zeit verändern. Einige Teile der Kultur sind äußerlich und können gesehen und gehört werden. Andere Teile existieren vielleicht nur in unseren Herzen und Köpfen. Um eine Kultur zu verstehen, ist es wichtig, sie innerlich und äußerlich zu kennen.

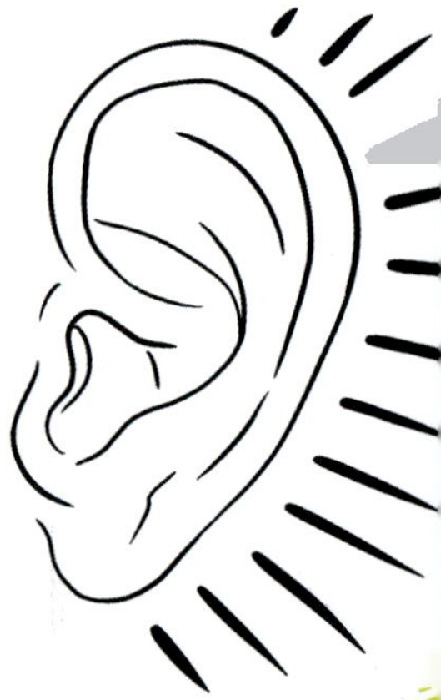

Kultur, die gesehen und gehört werden kann, zeigt sich in der Regel nur oberflächlich. Du kannst sie zum Beispiel an ihrem Essen, ihren Festen, ihrer Kleidung und ihrer Kunst und auch an ihren Gotteshäusern erkennen. Deshalb weißt du aber noch lange nicht, warum und wie die Menschen diese Kultur pflegen.

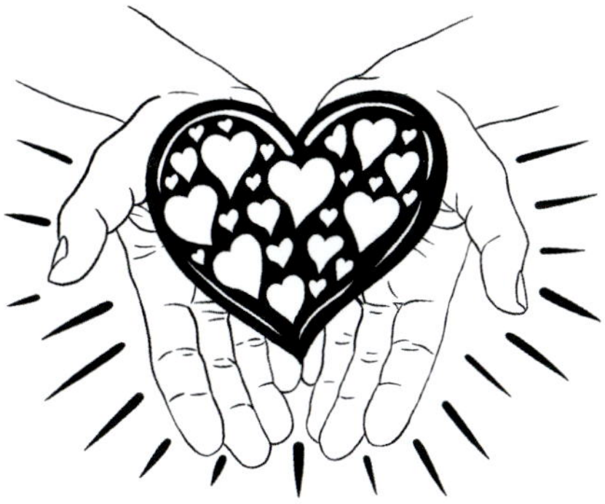

Kultur lebt in unseren Herzen. Manche Kulturen essen zum Beispiel mit den Händen, manche mit Stäbchen und manche mit Gabeln. Je nach Kultur kann das Füttern mit den Händen üblich sein, Zuneigung zu einem geliebten Menschen oder auch Respektlosigkeit bedeuten. Man kann sehen, was wir essen, aber die Bedeutung liegt in unserem Herzen.

Auch die Art und Weise, wie wir unser Haar frisieren, wird kulturell gesehen, hat aber eine tiefere Bedeutung. Schützende Frisuren wie Zöpfe, Rastalocken und Bantu-Knoten sind in der Schwarzen Kultur wichtig. Solche Frisuren helfen den Menschen, die Textur ihres Haares anzunehmen, ihre Haarpracht zu schützen und das Erbe der Schwarzen Diaspora zu bewahren.

Auch Religion kann kulturell sein. Sie legt fest, wie du dein Leben lebst, was du in deinem Herzen als richtig und falsch empfindest, was Gerechtigkeit bedeutet und was du glaubst, was passiert, wenn du stirbst.

Kultur existiert in unseren Köpfen. Ähnlich wie bei der Identität dauert es seine Zeit, bis man eine Kultur kennen- und verstehen lernt. Die Erwartung, wer kocht, ist kulturell bedingt. In manchen Kulturen wird von den Kindern erwartet, dass sie bei der Zubereitung des Essens helfen. Die Grundprinzipien einer kulturellen Gruppe prägen die Traditionen. Diese Überzeugungen bestimmen, wie Ereignisse und (Familien-)Feste gefeiert werden.

In manchen Kulturen trägt man bei einer Beerdigung schwarz, um Trauer auszudrücken. In anderen Kulturen tragen die Menschen dagegen weiß oder sind der Meinung, dass man im Andenken an den Verstorbenen feiern und ihn mit einer Party ehren sollte.

Schönheitbegriffe oder visuelle Dinge sind kulturell. Die Designs, die wir in der Kunst, in der Mode, in der Dekoration oder in anderen sichtbaren Dingen schön finden, sind ebenfalls kulturell geprägt. Die Wertschätzung von Schönheit wird als Ästhetik bezeichnet. Wir dürfen nicht das eine oder das andere bevorzugen, sondern müssen von verschiedenen Kulturen lernen und an ihnen wachsen.

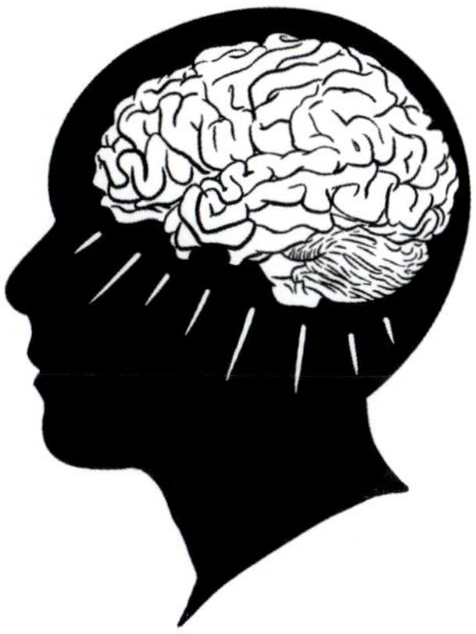

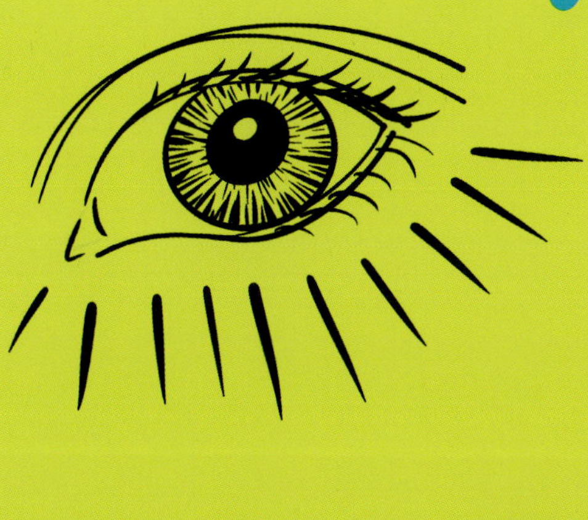

AKTIVITÄT 09

LESEZEICHEN FÜR KULTURELLE WERTSCHÄTZUNG

MATERIALIEN

- Müslischachtel
- Papier
- Schere
- Lineal
- Bleistift
- Buntstifte, Filzstifte oder Malstifte
- Locher
- Garn oder Bänder
- Perlen (wahlweise)

HIER LERNST DU,

ein Lesezeichen zu gestalten, das eine Person / Künstler*in aus einer anderen Kultur würdigt.

WARUM DAS WICHTIG IST

Jeder Mensch hat eine Kultur. Kulturelle Aneignung bedeutet, Bilder oder Ideen aus einer anderen Kultur zu übernehmen und sie ohne Erlaubnis oder vollständiges Verständnis zu verwenden. Lasst uns stattdessen kulturelle Wertschätzung praktizieren, in dem wir andere kennenlernen und in all ihrer Unterschiedlichkeit würdigen und ehren.

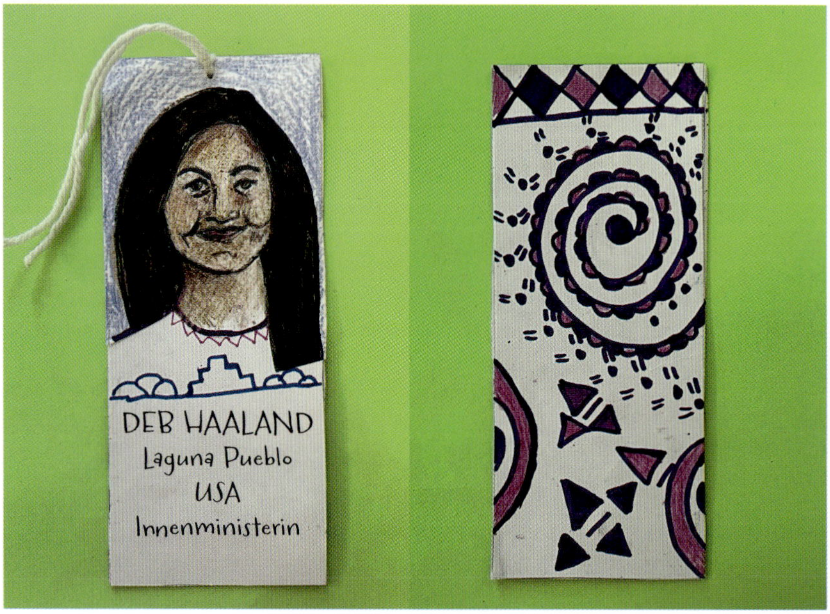

FANGEN WIR AN!

1. Wähle eine Kultur, über die du nicht viel weißt, und bitte einen Erwachsenen um Hilfe bei der tieferen Recherche. Suche nach kulturellen Büchern und Infos, die von Menschen aus der Kultur, die du erforschst, geschrieben und erstellt wurden.

2. Schneide die Seitenwände der Müslischachtel auseinander. Schneide sie in Streifen von etwa 7 x 18 cm; die Größe kann variieren. Du kannst mehr als ein Lesezeichen anfertigen. **Abb. 1**

Die Streifen werden zu deinen Lesezeichen. Wenn du ein Lesezeichen anfertigst, hast du ein Kunstwerk, mit dem du die Seiten einmerken kannst und etwas über eine neue Kultur lernst.

3. Zeichne dein Lesezeichen nach. Schneide zwei Stücke Papier aus, die vorne und hinten draufpassen. Klebe sie beidseitig auf, damit ein Platz für dein Kunstwerk entsteht. **Abb. 2**

4. Finde eine*n Künstler*in oder eine historische Person aus der Kultur, die du in Schritt 1 erforscht hast. Erstelle ihnen zu Ehren ein Mini-Porträt. Lass unten Platz, um den Namen und nähere Infos anzugeben.

5. Schreibe nun Fakten über die Kultur und die Person auf. Welche neuen Dinge hast du gelernt? Welche Art von Kunst wird in dieser Kultur geschaffen? **Abb. 3**

6. Überlege dir, wie diese*r Künstler *in oder diese Kultur dich bei deiner Kunst inspirieren könnte, und erstelle einen Entwurf oder eine Zeichnung. Wenn du ein Kunstwerk erstellst, das von einem anderen Künstler inspiriert ist, vermeide es, irgendetwas zu kopieren; das ist kulturelle Aneignung. Stattdessen kannst du dich vielleicht von den Farben oder Themen inspirieren lassen, die du in dem Kunstwerk gefunden hast. Ich habe mich zum Beispiel davon inspirieren lassen, die Anzahl der Farben zu begrenzen, kühne Formen zu verwenden und negativen Raum einzubauen.

7. Stanze oben ein Loch ein. Fädle ein Stück Garn / Band durch das Loch und mache einen Knoten, eine Perle oder eine Quaste. **Abb. 4**

8. Zeige deine Wertschätzung für die Kultur, die du studiert hast, indem du deine Lesezeichen mit Freund*innen teilst oder sie in Bibliotheksbüchern hinterlässt.

Denk daran, dass du mehr als ein Lesezeichen und eine Kultur erforschen kannst.

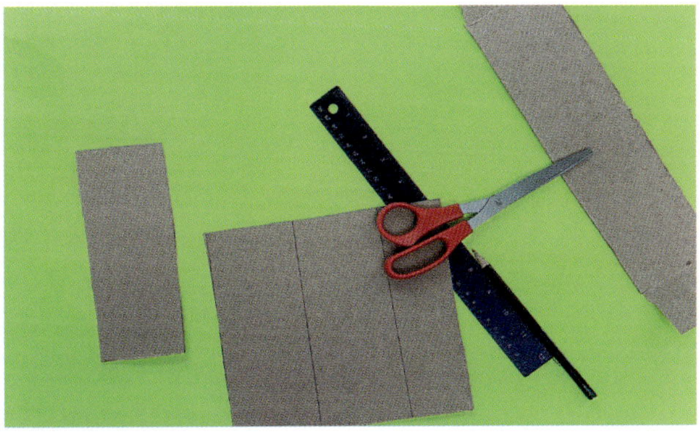

Abb. 1: Schneide eine Müslischachtel auseinander, um ein Lesezeichen zu machen.

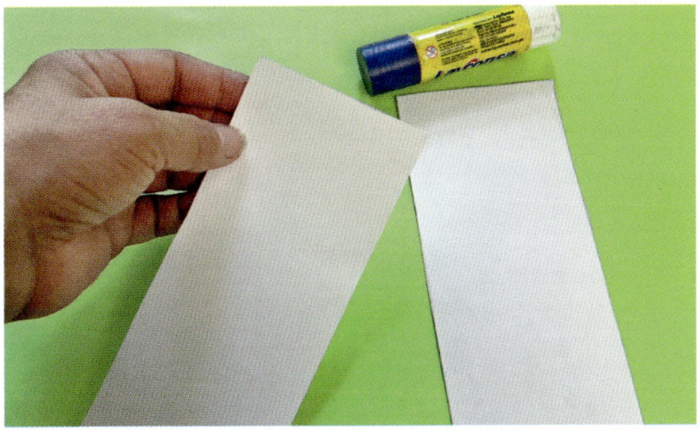

Abb. 2: Schneide zwei Stücke Papier aus.

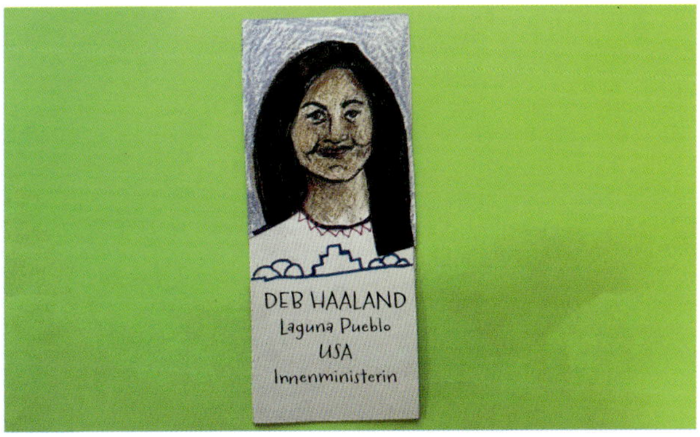

Abb. 3: Zeichne ein Porträt und schreibe Infos über die Person oder Kultur, die du erforschst.

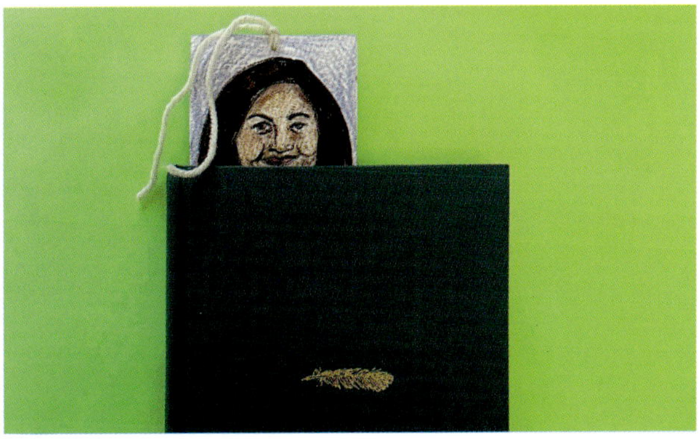

Abb. 4: Füge Garn oder Bänder hinzu. Teile dein Lesezeichen.

AKTIVITÄT 10

FAMILIEN-FESTTAGSSCHMAUS

MATERIALIEN

+ 7,5 × 12,5 cm Bastelkarton
+ Buntstifte, Malstifte, oder Marker
+ Buntpapier
+ Klarer oder weißer Kleber
+ Bleistift
+ Kleine Schachtel
+ Knöpfe, Perlen, Garn und Bänder (wahlweise Collage-Teile)

HIER LERNST DU,

ein besonderes Familienessen plus Rezept als Collage zu erstellen, die du mit anderen teilen kannst.

WARUM DAS WICHTIG IST

Wir alle haben in unserer Familie kulturelle Traditionen, die wir an Festtagen feiern. Dazu gehören auch besondere Lebensmittel, die unsere Familien lieben und schätzen, weil sie unsere Kultur ehren. Ein Bild von deinem besonderen Essen kann Erinnerungen einfangen. Das Festhalten deiner Erinnerungen durch Kunst ist eine kreative Art, deine Kultur zu ehren und sie mit anderen zu teilen.

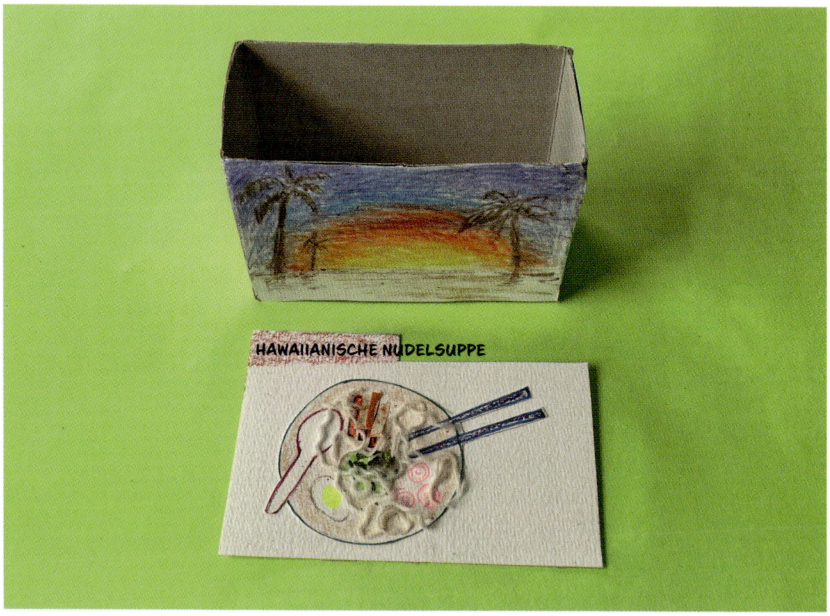

UND LOS GEHT'S!

1. Denke an einen Festtag, an dem deine Familie ein besonderes Essen zubereitet und gegessen hat. Als Anregung kannst du dir deine Identitätspuzzle-Collage auf Seite 18 ansehen.

2. Finde eine Teedose oder eine andere Box. Schneide den Deckel ab und klebe Papier drumherum. **Abb. 1, Abb. 2**

3. Schneide den Bastelkarton so zu, dass er in deine Rezeptbox passt und schneide oben eine 2,5 cm lange Lasche für den Titel aus. Dies wird deine Rezeptkarte sein. **Abb. 3**

4. Zeichne dein spezielles Essen auf die Rezeptkarte und male es bunt aus. Füge Details hinzu, indem du Bilder aus Zeitschriften, Garn, Bänder oder Knöpfe aufklebst. Aus Garnfäden können Nudeln werden, aus Knöpfen Bohnen. **Abb. 4**

5. Schreibe auf die Rückseite deines Kunstwerks das Rezept für diesen Festtagsschmaus. Füge eine Erinnerung hinzu, warum dieses Essen für deine Familie etwas Besonderes ist. **Abb. 5**

6. Ehre deine kulturellen Traditionen, indem du dein Kunstwerk und dein Rezept mit anderen teilst.

Bitte Familienmitglieder, deiner Box Rezeptkarten hinzuzufügen. Du kannst sogar Rezepte mit Freund*innen tauschen.

Erweiterungsaktivität: Schließe dich mit deinen Freunden und deiner Familie zusammen, um nahrhafte Lebensmittel zu spenden. Bemalt eine Mehrwegtasche mit positiven Botschaften für die Gemeinschaft, füllt die Tasche mit Konserven und unverderblichem Essen und bringt sie zu eurer örtlichen Tafel. Spende Kopien deiner Rezepte.

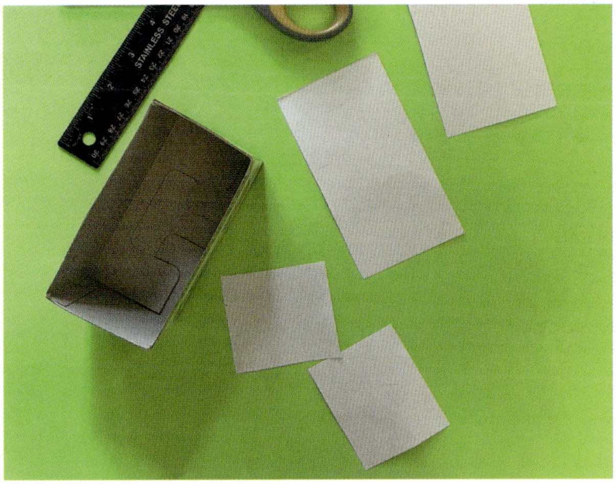

Abb. 1: Schneide das Papier passend zu.

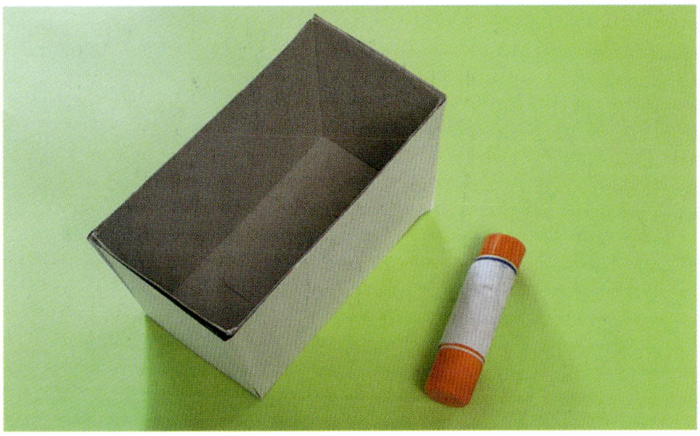

Abb. 2: Klebe das Papier auf die Schachtel.

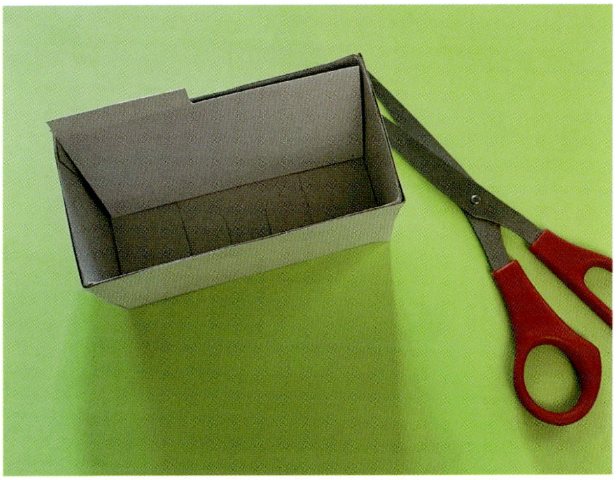

Abb. 3: Karteikarte ausschneiden.

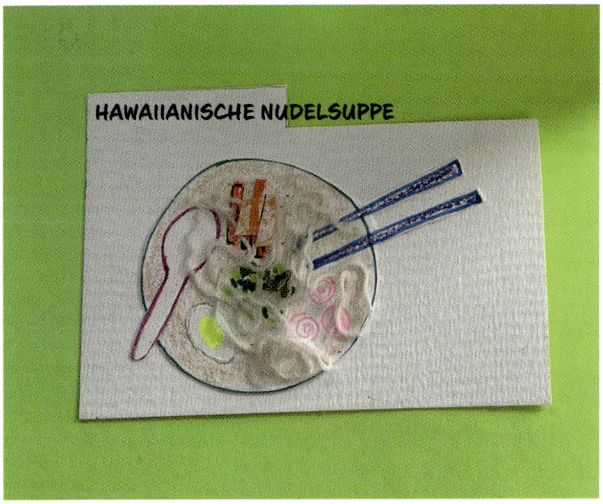

Abb. 4: Zeichne und male dein Essen.

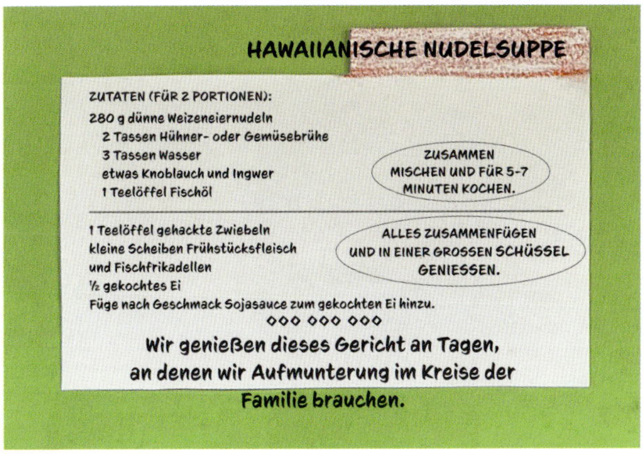

Abb. 5: Schreibe dein Rezept auf die Rückseite deiner Karte.

AKTIVITÄT 11

DIE SCHÖNSTE JAHRESFEIER

MATERIALIEN

+ Bleistift
+ Papier
+ Filzstifte
+ Buntstifte, Malstifte, Filzstifte oder Malfarben

HIER LERNST DU,

eine Zeichnung anzufertigen, die deine Lieblingstradition oder deinen Lieblingsurlaub zeigt.

WARUM DAS WICHTIG IST

Eine Tradition ist ein Brauch, der von Generation zu Generation weitergegeben wird. Traditionen sind wichtig für unsere Kultur, denn sie verbinden uns mit der Vergangenheit. Traditionen helfen uns auch, wichtige Erinnerungen zu schaffen und zu bewahren. Wir müssen die Traditionen anderer anerkennen und respektieren, indem wir ihre Bedeutung anerkennen. Das Teilen unserer Traditionen und das Lernen über Traditionen anderer ist eine gute Möglichkeit, unser kulturelles Verständnis zu erweitern.

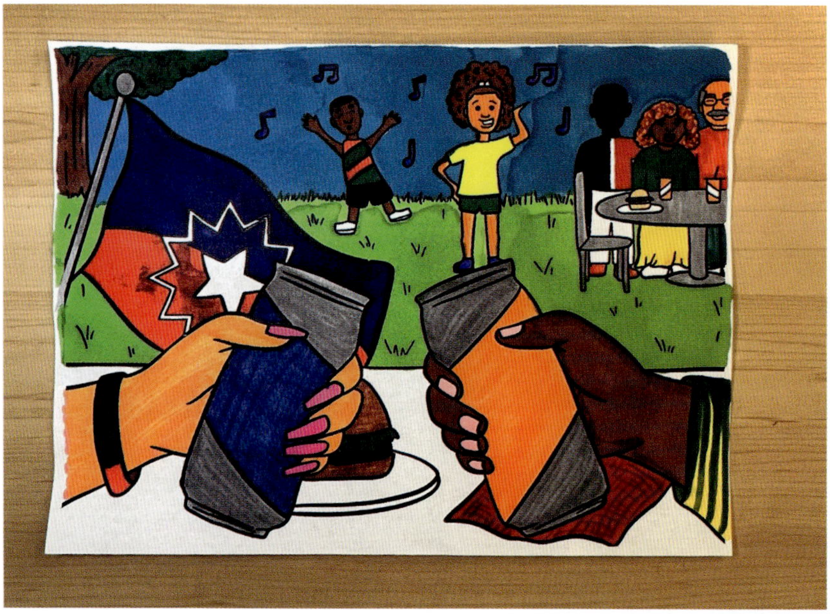

LASST UNS LOSLEGEN!

1. Denke an einen wichtigen Tag, den du auf besondere Weise feierst. Was macht diesen Tag für dich besonders? Wie kleidest du dich? Was tust du? Wer kommt zu dieser Feier? Wie sieht der Ort der Feier aus?

2. Zeichne mit einem Bleistift deinen besonderen Tag. Füge die Teile, die diesen Tag für dich besonders machen, in deine Zeichnung ein. **Abb. 1**

Mein Beispiel ist eine Zeichnung von einer Juneteenth-Feier. Wenn ich den Befreiungstag mit meiner Familie feiere, grillen wir unser Lieblingsessen. Wir tanzen auch und hören Musik. Wir tragen panafrikanische Farben und hissen die Befreiungsflagge. Wir sprechen über unsere Vorfahren in Schwarzafrika.

3. Zeichne die Zeichnung mit einem Filzstift nach. **Abb. 2**

4. Koloriere dein Bild mit Malstiften, Filzstiften oder Buntstiften. **Abb. 3**

Teile deine Zeichnung mit jemandem und erkläre den Feiertag oder die Traditionen, die du gezeichnet hast. Sprecht über die Traditionen, die andere feiern. Inwiefern sind sie ähnlich? Wie unterscheiden sie sich?

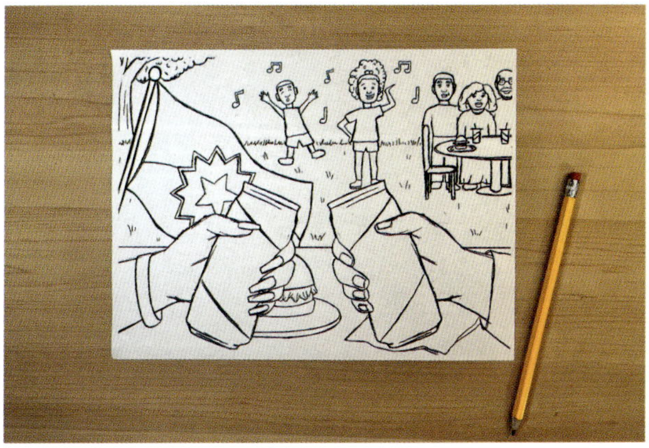

Abb. 1: Skizziere die Zeichnung.

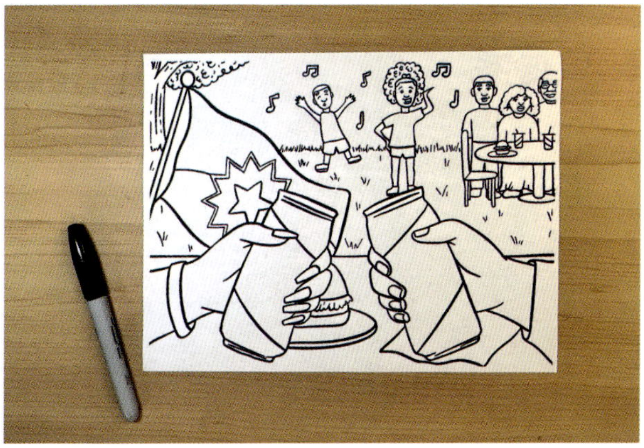

Abb. 2: Mit Filzstiften nachzeichnen.

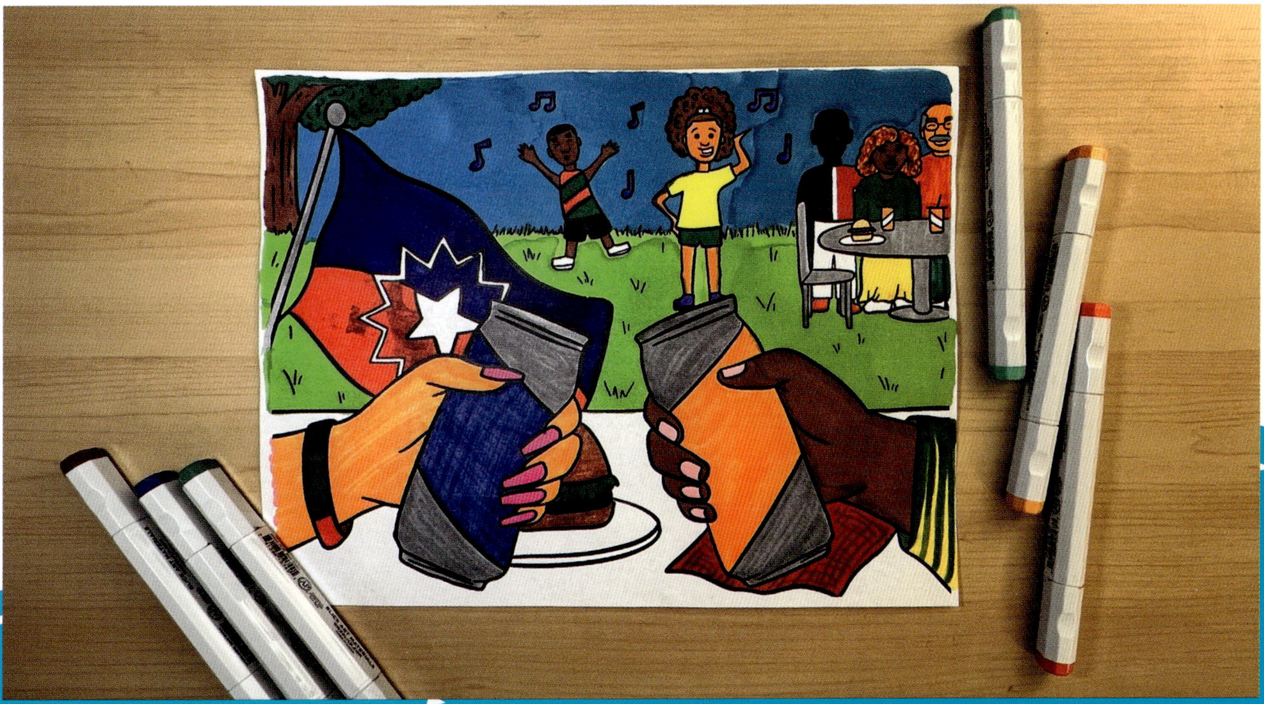

Abb. 3: Farbe hinzufügen.

AKTIVITÄT

12

EXPRESSIVE LANDSCHAFTEN

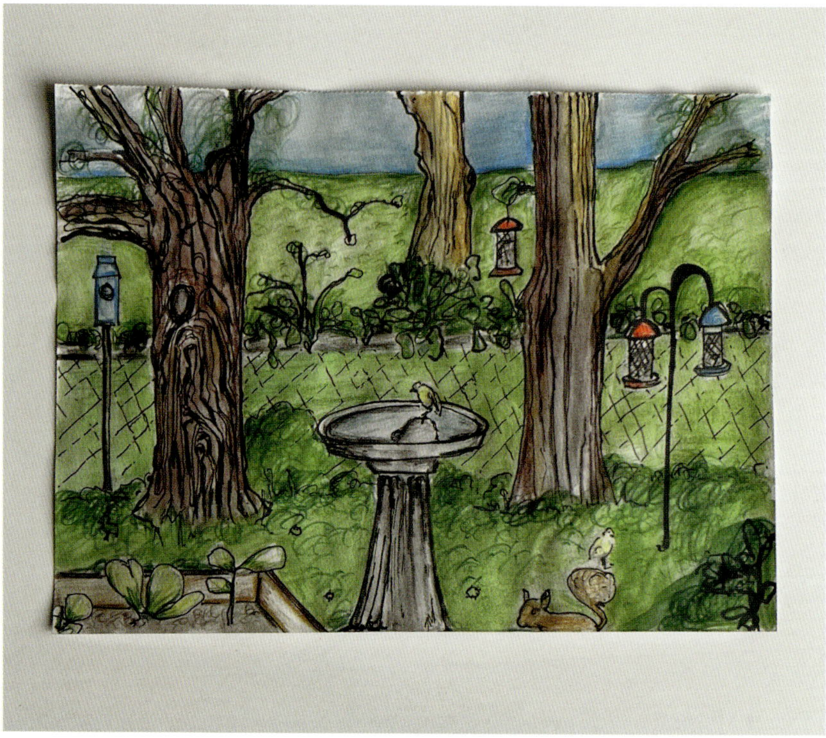

MATERIALIEN

+ Papier
+ Aquarellstifte
+ Schwarzer Filzstift / Tusche
+ Wasserfarben oder andere Materialien zum Kolorieren

HIER LERNST DU,

dich von Tuschbildern aus China (auch Wenrenhua genannt) inspirieren zu lassen, um eine ausdrucksstarke Landschaft zu schaffen, die zeigt, was man in der Umgebung im Freien sehen, hören, riechen und fühlen kann.

WARUM DAS WICHTIG IST

Landschaftsmalerei ist eine Naturzeichnung bzw. -gemälde. Wenrenhua ist eine Art von Tuschmalerei aus China, die eine Landschaft zum Ausdruck bringt. Wer expressiv malt, lässt seine Persönlichkeit durchscheinen. Wenrenhua-Künstler*innen fangen ein, wie es sich anfühlt, an einem Ort zu sein und Sehenswertes, Geräusche und Gerüche in Bildern festzuhalten.

Eine der Möglichkeiten, wie wir woke sein können, besteht darin, die Kulturen der anderen zu schätzen und zu verstehen, dass verschiedene Kulturen die Welt immer wieder anders sehen und interpretieren. Was wir als schön wertschätzen, wird als Ästhetik bezeichnet. Es gibt keine ideale Ästhetik, sondern viele Spielarten der Schönheit, von denen wir weltweit lernen können.

RAN ANS WERK!

1. Sieh dir einige Beispiele an und mach dich zur Geschichte schlau. Wie unterscheiden sie sich von anderen Landschaften, die du gesehen hast? Es geht nicht darum, den Wenrenhua-Stil zu kopieren, sondern eine eigene Landschaft zu schaffen und einzufangen, was du in diesem Raum siehst, hörst, riechst und fühlst.

2. Geh in einen Park, einen Hinterhof oder ins Freie. Nimm dir etwas Zeit, um diese Umgebung zu erspüren. Zeichne auf, was du hörst, siehst, fühlst und riechst. Du kannst die Dinge auf deinem Papier verschieben, um eine Zeichnung zu erstellen mit den Dingen, die dir in dieser Umgebung wichtig sind oder die dir besonders auffallen. **Abb. 1**

Ich habe zum Beispiel gezeichnet, wie gerne ich den Vögeln in meinem Garten lausche. Auch wenn sich die Vögel bewegten oder ich keine Details erkennen konnte, zeichnete ich die, die ich sehen konnte und die, die ich nicht sehen konnte. Ich habe auch einige der Bäume umgestellt, damit sie mir besser gefallen.

Zeichne deine Striche und Linien mit Tusche oder Filzstiften nach.

3. Koloriere deine Zeichnung mit Aquarellstiften oder anderen Materialien. **Abb. 2**

4. Verwasche die Wasserfarben mit einem feuchten Pinsel direkt auf dem Papier. **Abb. 3**

Denk daran, dass wir uns von den Tuschbildern inspirieren lassen. Dein Kunstwerk muss nicht genau so aussehen wie das, was du siehst, sondern kann deine eigene Interpretation sein. Du kannst deine eigene Ästhetik schaffen, indem du die Farben, Linien, Formen und Texturen auswählst, die dir gefallen. Dein Himmel kann zum Beispiel ein wunderschönes Lila sein, auch wenn er in Wirklichkeit blau aussieht.

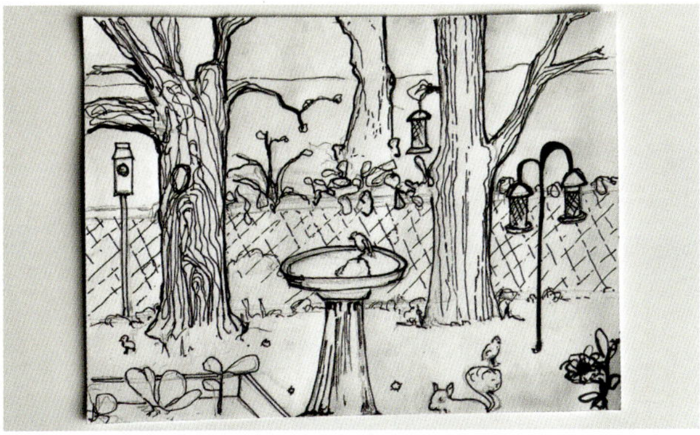

Abb. 1: Zeichne deine Umgebung.

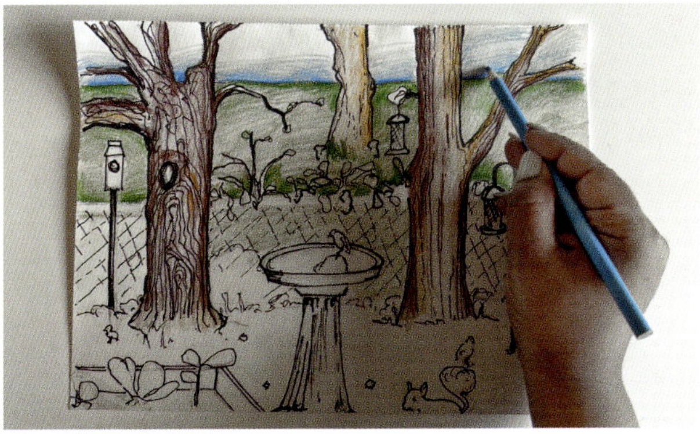

Abb. 2: Koloriere das Bild mit Aquarellstiften.

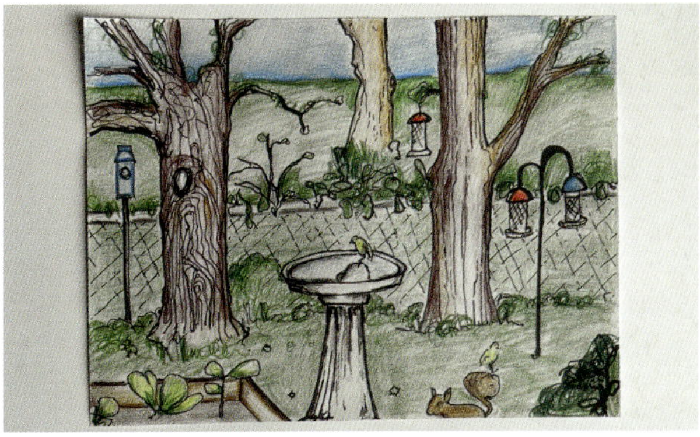

Abb. 3: Verwische die Farben mit Wasser oder verwende zusätzliche Wasserfarben.

AKTIVITÄT 13

GENERATIONENVERBINDENDE OBJEKTE

MATERIALIEN

+ Lufttrocknender Ton
+ Modellierwerkzeuge
+ Farbe
+ Malpinsel
+ Wasserbecher
+ Papier
+ Bleistift

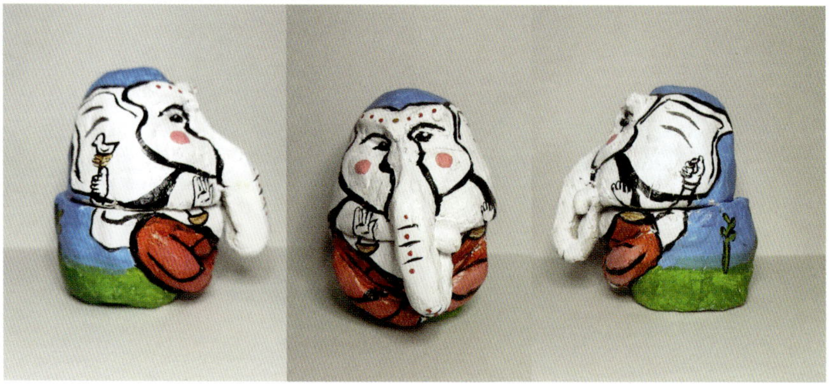

HIER LERNST DU,

eine Skulptur zu erstellen, die die Geschichte, Kultur und Traditionen deiner Familie darstellt.

WARUM DAS WICHTIG IST

Gegenstände haben eine Bedeutung und wir können durch ihre Gestaltung etwas über Kulturen lernen. Wichtige Menschen, Tiere, Symbole, Muster und Farben vermitteln die Werte und Überzeugungen einer Kultur. Es ist wichtig, Objekte in unserem Leben zu erkennen, die unsere Kulturgeschichte widerspiegeln, und darüber nachzudenken, was vor uns war und was wir künftigen Generationen als kulturelles Erbe weitergeben wollen.

FANGEN WIR AN!

1. Sieh dich nach Kulturgütern um. Ein Kulturgut kann etwas sein, was du während eines Feiertags verwendest, als Dekoration in deinem Haus aufstellst oder für einen spirituellen Zweck benutzt. Dieser Gegenstand wird traditionell von Mitgliedern deiner kulturellen Gruppe hergestellt. Denke über die Bedeutung und den Zweck dieser Gegenstände in deiner Kultur nach. Wie werden sie von den Mitgliedern einer Familie oder von den Menschen deiner Kultur verwendet? **Abb. 1**

2. Überlege dir einen Gegenstand, der eine wichtige Person, ein Tier, einen Glauben oder einen Brauch aus einer oder mehreren Kulturen darstellt. Welchen Zweck soll das Objekt erfüllen? Welches Design, welche Bilder und Farben soll es haben? Lass dich von den kulturellen Objekten um dich herum inspirieren und zeichne deine Ideen auf ein Blatt Papier. **Abb. 2**

3. Verwende lufttrocknenden Ton, um dein Kulturgut zu formen. Du kannst zum Formen deine Hände, Modellierwerkzeuge oder Haushaltsgegenstände benutzen. Verwende ein Werkzeug, um Muster in die Oberfläche des Tons zu ritzen. **Abb. 3**

4. Du kannst die Teile auch mit Tonwerkzeugen zusammenfügen und glätten, damit sie sich nicht voneinander lösen. **Abb. 4**

5. Sobald deine Skulptur getrocknet ist, fügst du mit Farbe Details zum Design deines Kulturguts hinzu. Erwäge, Bilder einzubauen; dazu gehören Muster, die du in deiner Kultur häufig siehst, Dekorationen, die in deinem Haus hängen und die für dich wichtig sind, Traditionen und Festtage, die du feierst. Welche Bilder kannst du von diesen Objekten übernehmen, wenn du die Oberfläche deines Kulturobjekts gestaltest? **Abb. 5**

6. Überlege, was dein Objekt über deine Kultur(en) aussagt. Wie hast du die Ideen und Überzeugungen dieser Kulturen dargestellt? Würde dein Objekt in einer deiner Kulturen für einen bestimmten Zweck verwendet werden? Wie könntest du dein kulturelles Objekt ausstellen und verwenden?

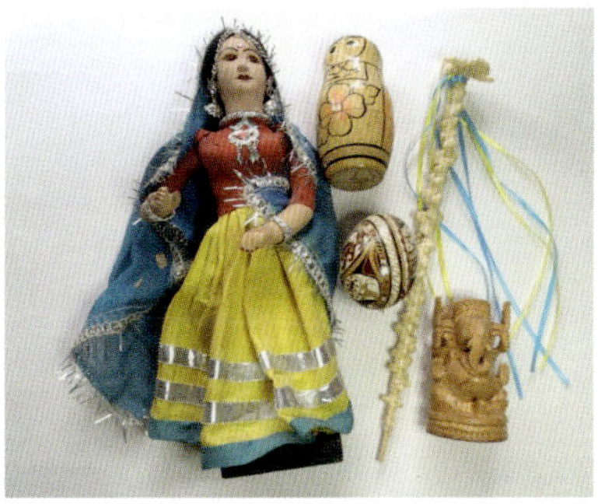

Abb. 1: Suche nach Objekten, die dich inspirieren.

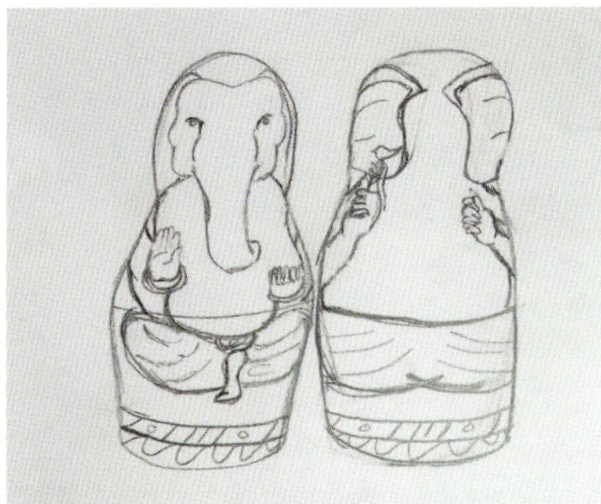

Abb. 2: Erstelle eine Skizze für ein Objekt zur Inspiration.

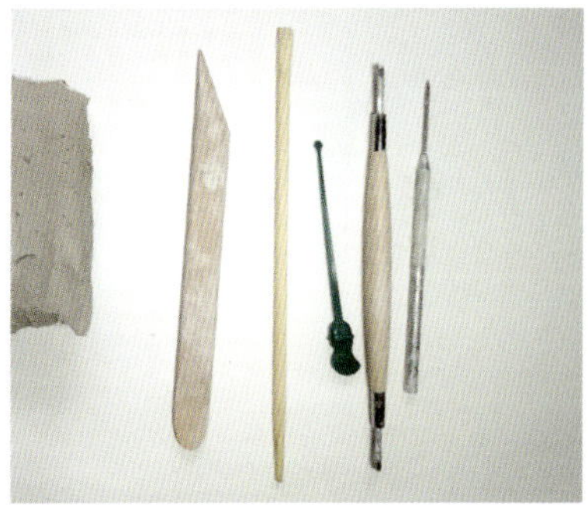

Abb. 3: Modelliere dein Kulturgut-Objekt aus Ton.

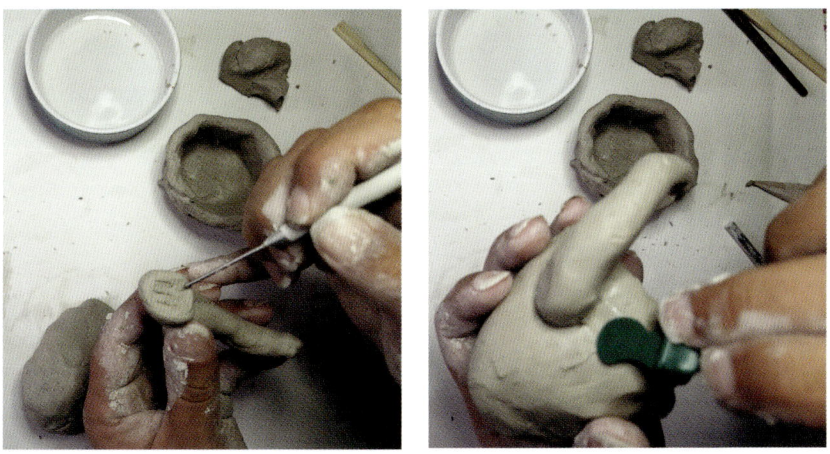

Abb. 4: Befestige die Teile durch Einritzen, Verrutschen und Glätten.

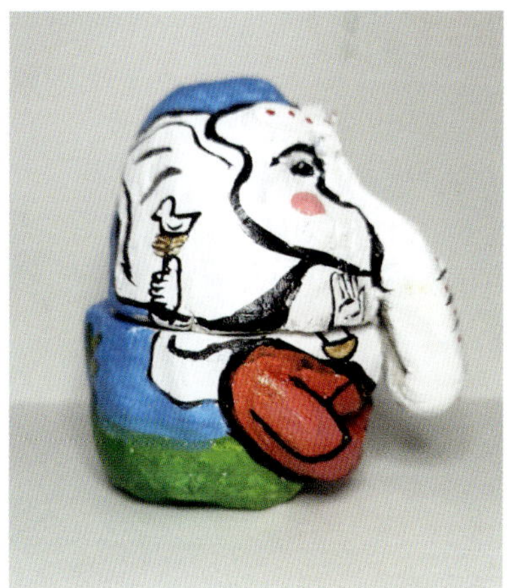

Abb. 5: Wenn deine Skulptur trocken ist, kannst du Details aufmalen.

AKTIVITÄT 14

DER STOFF, AUS DEM ICH BIN!

MATERIALIEN

+ Papier
+ Bleistift
+ Buntstifte, Malstifte, Filzstifte etc.
+ Stück Stoff
+ Klebeband
+ Textilfarbe oder Filzstift

HIER LERNST DU,

ein Textildesign zu entwerfen, das von deiner Heimat inspiriert ist.

WARUM DAS WICHTIG IST

Textilien umfassen von Kleidung über Teppiche bis hin zu Kunstwerken alle Arten von Stoffen. Textilien spielen in unserem Leben eine wichtige Rolle: Sie dienen dem Alltagskomfort und schützen uns vor dem Wetter. Durch ihr Design können Textilien wichtige Aspekte unserer Kultur vermitteln. Textilien können auch Individualität, Zugehörigkeit zu kulturellen Gruppen und persönliche Interessen vermitteln.

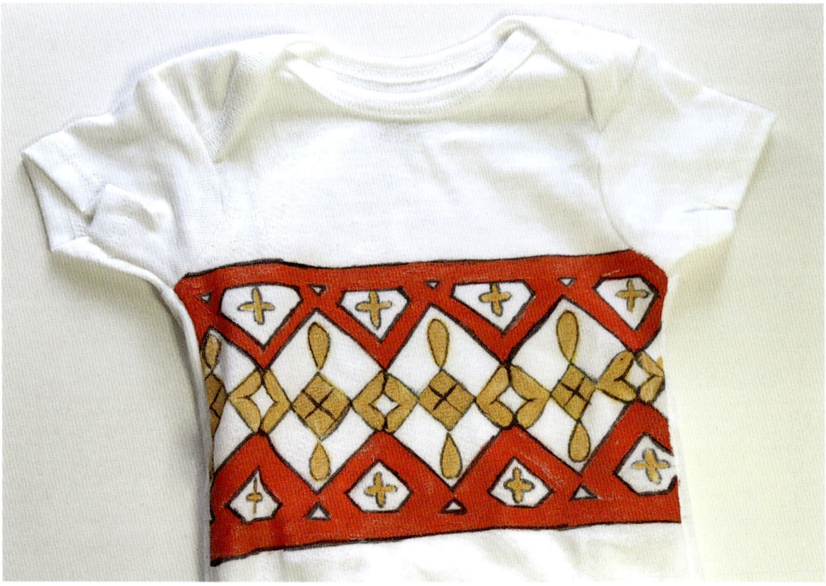

LASST UNS LOSLEGEN!

1. Mach eine textile Schnitzeljagd in deinem Zuhause. Sammle Schals, Decken, Kissen, Kleidung oder textile Gegenstände, die mit deiner Kultur zu tun haben. Suche nach Bildern im Internet, wenn du keine Textilien mit Bezug zu deiner Kultur hast. **Abb. 1**

2. Zeichne einige der Stoffmuster und Motive nach. **Abb. 2**

3. Wähle zwei oder mehr Bilder aus, um ein Textildesign zu entwerfen, das für dich und deine Kultur steht. Zeichne dein Design auf Papier. Füge Farbe zu deinem Design hinzu. **Abb. 3**

4. Überlege dir, auf welcher Art von Textil du dein Design erstellen möchtest, z. B. auf einem alten T-Shirt, einem Kissenbezug oder einem Stück Stoff. Das ausgewählte Stück sollte nicht gemustert sein und die Farbe sollte nicht zu dunkel sein.

5. Übertrage dein Design auf dein Textil, indem du die Rückseite deines Papiers mit einem Bleistift schattierst. Klebe deine Zeichnung auf und kopiere dein Muster mit dem Bleistift. **Abb. 4**

6. Verwende Stoffmalfarbe oder Filzstifte, um dein Textildesign zu vervollständigen. **Abb. 5**

7. Überlege dir, wie du dein Textil verwenden wirst. Wie würdigt dein Design deine Kultur? Wie kannst du deine Kultur durch dein Textil mit anderen teilen?

Während du darüber nachdenkst, wie wichtig dir deine Kultur durch dein Textil ist, ist es wichtig zu erkennen, wie andere sich durch ihre Textilien ausdrücken und stolz auf ihre Kultur sind.

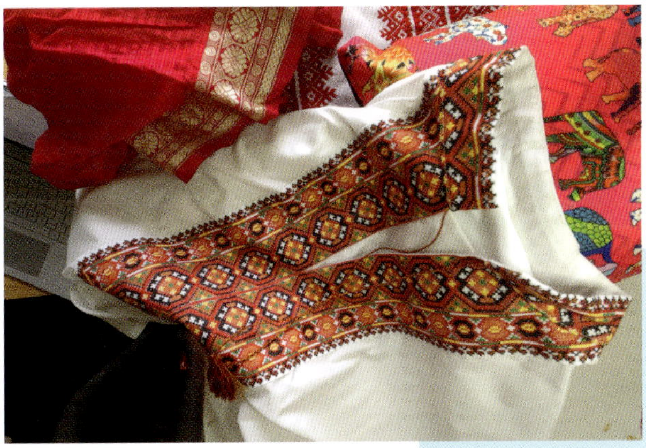

Abb. 1: Sammle Textilien aus deinem Zuhause.

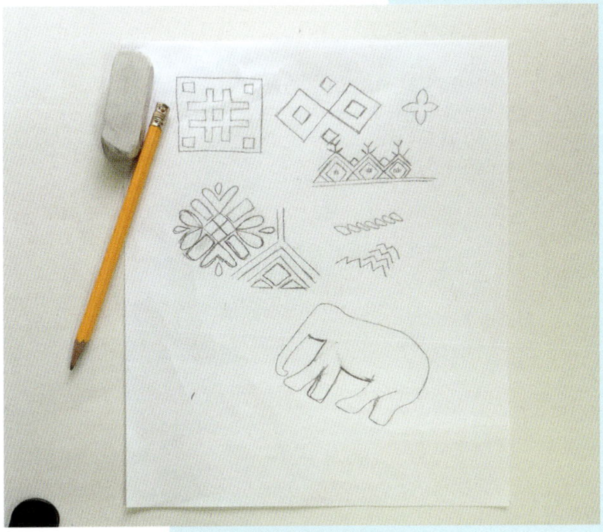

Abb. 2: Zeichne einige der Muster, die du auf den Textilien siehst.

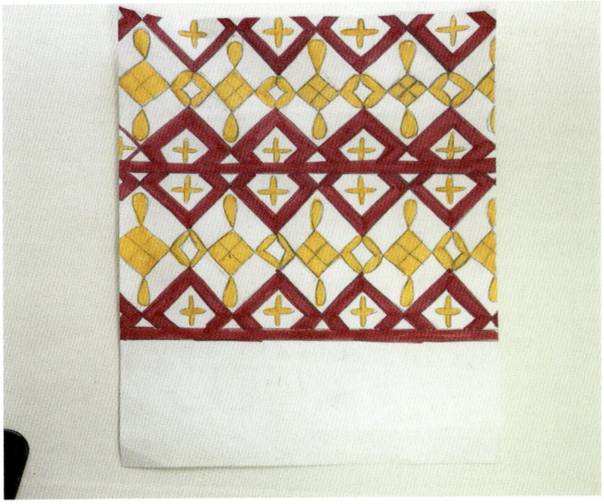

Abb. 3: Gestalte dein Textil mit Farbe.

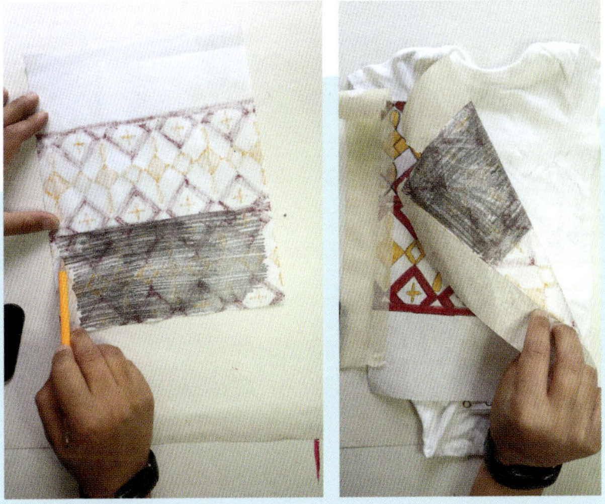

Abb. 4: Übertrage dein Muster auf dein Textil.

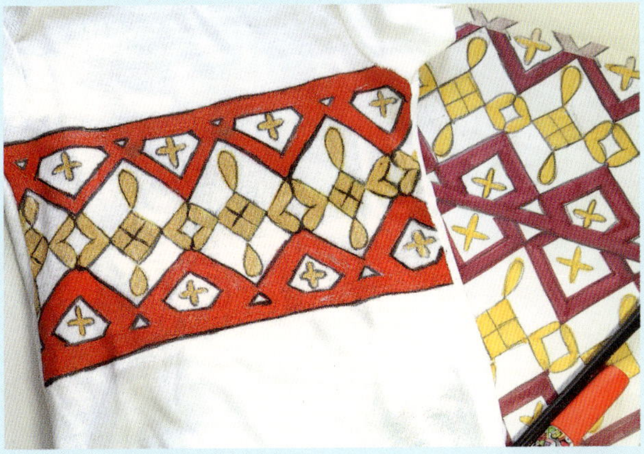

Abb. 5: Koloriere dein Textilmuster mit Stoffmalfarbe oder Filzstiften.

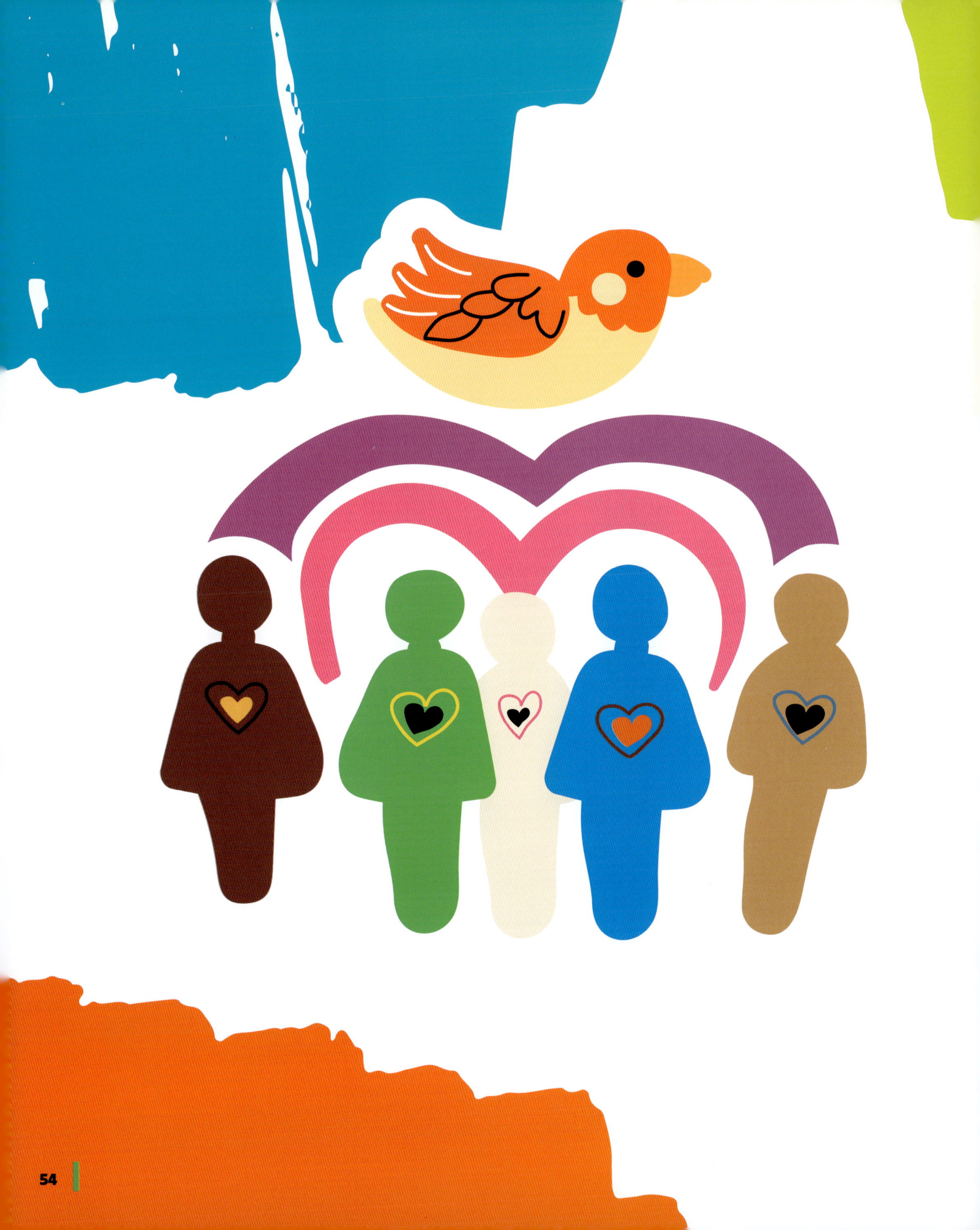

LEKTION 3

GEMEINSCHAFT

In diesem Kapitel dreht sich alles um das Thema Gemeinschaft. Eine Gemeinschaft kann vieles sein und jede kann anders aussehen, aber es geht immer um eine Gruppe, die etwas gemeinsam hat. Gemeinschaft gibt den Menschen das Gefühl, dazuzugehören.

Die Aktivitäten und Projekte in diesem Kapitel helfen dir herauszufinden, zu welchen Gemeinschaften du gehörst und wie du erklären kannst, wer und was zu deinen Gemeinschaften gehört. Du wirst Zeit damit verbringen, über die Menschen und Ereignisse nachzudenken und zu erfahren, was diese Gemeinschaften geprägt hat. Du wirst wissen, wie sich dein Zuhause, deine Schule und deine Wohngegend von anderen Gemeinschaften unterscheiden. Und schließlich wird dich dieses Kapitel befähigen, deine Gemeinschaft zu verbessern und dich besser darauf vorzubereiten, dich mit anderen Gemeinschaften freundschaftlich zu verbinden.

WAS IST GEMEINSCHAFT?

Eine Gemeinschaft ist eine Gruppe von Menschen, die etwas gemeinsam haben, sei es, dass sie aus einer bestimmten Gegend kommen oder einer Gruppe angehören, die ihnen Identität verleiht. Normalerweise ziehen Gemeinschaften an einem Strang, aber wie in Familien auch gibt es manchmal Streit. In Gemeinschaften fühlen sich die Menschen füreinander verantwortlich.

EINE GRUPPE VON MENSCHEN ALS GEMEINSCHAFT

Gemeinschaften können deine Klassenkamerad*innen, Sportteams und andere Menschen mit ähnlichen Interessen und Identitäten umfassen. Manchmal können diese Gemeinschaften auch online sein!

ORTE KÖNNEN EINE GEMEINSCHAFT SEIN

Gemeinschaften können aus Schulen, Stadtvierteln, Arbeitsplätzen und Städten bestehen. Gemeinschaften können auch an religiösen Stätten wie Tempeln, Moscheen, Synagogen und Kirchen existieren. Da Menschen Gemeinschaften durch den Einsatz für und Verbindungen mit anderen Menschen schaffen, können diese auch außerhalb von physischen Räumen existieren. Sie können über viele Orte verteilt sein. Eine Computerspielgemeinschaft kann zum Beispiel Mitglieder auf der ganzen Welt haben, die sich im virtuellen Raum, also online, treffen, um ihre gemeinsamen Interessen zu teilen und sich gegenseitig zu unterstützen.

EINFLUSSBEREICHE UND GEMEINSCHAFT BILDEN

Dein Einflussbereich ist dein persönliches Umfeld. Es ist die Gemeinschaft der Menschen, die dich umgeben und deine Meinung respektieren, wie z.B. Freunde und Familie sowie Leute, auf die du zählen kannst, wenn es darum geht, für eine Sache zu kämpfen. Aktivist*innen nutzen ihren Einflussbereich, um Gruppen von Menschen zu organisieren, die sich an einem Protest, einer Briefkampagne, einem Boykott, einem Streik, einer Besetzung usw. beteiligen, um für das zu kämpfen, was ihnen am Herzen liegt, z. B. für Gerechtigkeit. Im Gruppenkollektiv oder als Gemeinschaftsforum im Internet haben du und dein Einflussbereich mehr Macht, als wenn du alleine vorgehst. Ein wesentlicher Teil der anti-rassistischen Arbeit besteht darin, sich auf deine Gemeinschaft zu stützen, um etwas zu verändern.

KULTURELLER GEMEINSCHAFTSREICHTUM

Laut Dr. Tara Yosso verfügen Gemeinschaften über kulturellen Reichtum. Dies erweitert unsere Vorstellung davon, welche Gemeinschaften reich sind. Yosso erklärt, dass alle Gemeinschaften reich an den Dingen sind, unabhängig davon, ob eine Gemeinschaft viel Geld oder Privilegien (Vorrechte) hat oder nicht. Gemeinschaften sind reich an Kultur, Familie, Sprache, Hoffnungen, Widerstand, Orientierung und sozialen Netzwerken.

Darüber hinaus gibt die Gemeinschaft ihr Wissen weiter und verändert es im Laufe der Zeit. Zum Gemeinschaftsreichtum gehört auch die Weitergabe dieses Wissens an Mitglieder und künftige Generationen, um zu überleben und dem Rassismus zu widerstehen.

ALTEINGESESSENE UND ZUGEWANDERTE ANERKENNEN

Wer hat sich zuerst um das Land gekümmert, auf dem deine Gemeinschaft lebt? In Amerika z. B. sind es die Ureinwohner, Indigenen oder First Nations (alteingesessene Völker). In Europa wiederum treffen Asylsuchende auf Einheimische. Die Kolonisierung hatte Einfluss darauf, wo Indigene heute leben. Umgekehrt empfängt Deutschland heute Zuwanderer.

Kolonisierung ist, wenn ein Land oder Imperium ein Gebiet übernimmt, das ihnen nicht gehört, um Reichtum zu erlangen, und alles tut, um die Kontrolle zu erlangen. Dazu gehören häufig Kriege und Gewalt gegen die indigenen Völker, die ursprünglich dort lebten.

Eine Möglichkeit, wie wir die Alteingesessenen ehren können, ist die Anerkennung des Landes. Das bedeutet, die Menschen zu kennen, zu verstehen und zu respektieren, die sich vor der Kolonisierung um das Land gekümmert haben. Anderswo gilt es Zuwanderer zu integrieren.

AKTIVITÄT 15

KARTIERUNG DER SCHÄTZE MEINER WOHNGEGEND

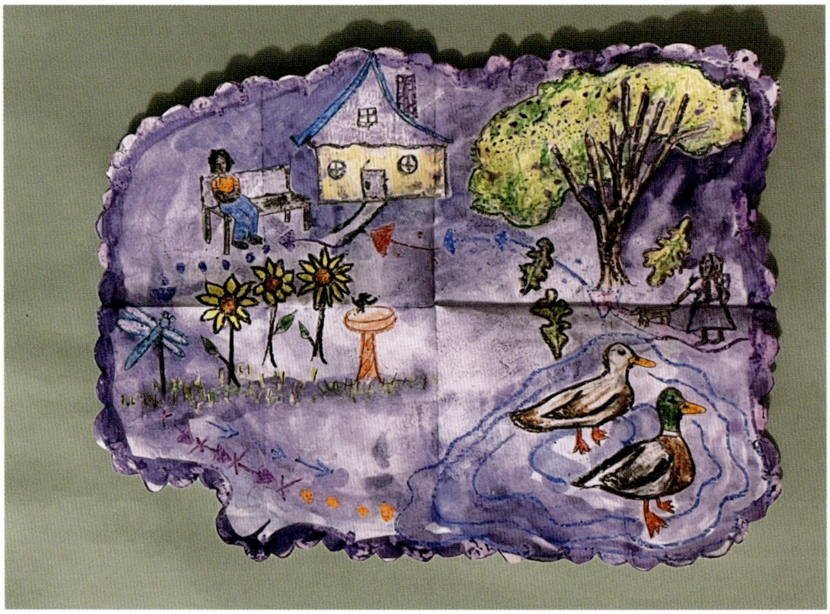

MATERIALIEN

+ Aquarellpapier
+ Malstifte
+ Bleistift
+ Wasserfarben
+ Becher mit Wasser
+ Malpinsel

HIER LERNST DU,

eine achtsame Reise durch deine Wohngegend zu machen und eine Schatzkarte zu erstellen.

WARUM DAS WICHTIG IST

Jedes Wohnviertel geht auf Menschen zurück, die an einem Ort ihre Spuren hinterlassen haben. Die Menschen von früher hatten eine viel engere Beziehung zu Tieren und Pflanzen. Wenn wir uns um die Tiere und Pflanzen in unserer Gemeinschaft kümmern und umgekehrt, dann nennt man das Ökoreziprozität (Wechselbeziehung zwischen Lebewesen und Umwelt). Das zeigt, dass wir uns um die Umwelt kümmern und sie als Teil unserer Gemeinschaft wertschätzen.

AN DIE ARBEIT!

1. Geh durch deine Wohngegend und entdecke die Schätze um dich herum. Kannst du die einheimischen Pflanzen und Tiere identifizieren? Wie lauten ihre Namen? Später kannst du herausfinden, wie du eine liebevolle Beziehung zu ihnen aufbauen kannst. Wer sind die verschiedenen Leute in deiner näheren Umgebung? Was hast du sonst noch Interessantes gesehen?

2. Wenn du von deinem Spaziergang zurückkehrst, zeichne zwei oder mehr Pflanzen/Tiere, die dir aufgefallen sind. **Abb. 1**

3. Zeichne als Nächstes zwei oder mehr interessante Dinge, wie z. B. ein buntes Haus oder ein besonderes Schild. **Abb. 2**

4. Zeichne zwei oder mehr Menschen, die du auf deinem Spaziergang gesehen hast. **Abb. 2**

5. Verleih deinem Bild mit Buntstiften Farbe und zeichne Linien und Formen, um die Schätze zu verbinden. **Abb. 3**

6. Schneide die Ränder deiner Karte aus.

7. Male deine Karte mit Wasserfarben aus. **Abb. 4**

8. Falte dein Papier in vier Abschnitte, um eine Taschenkarte zu erstellen. Teile deine Karte mit einem Freund oder einer Freundin. Sie können nun deine Schätze erkunden und finden. **Abb. 5**

9. Überlege, wie du die Verbindungen in deiner Wohngegend stärken kannst. Wie kannst du neue Verbindungen schaffen? Schreibe deine Ideen auf die Vorderseite deiner Taschenkarte.

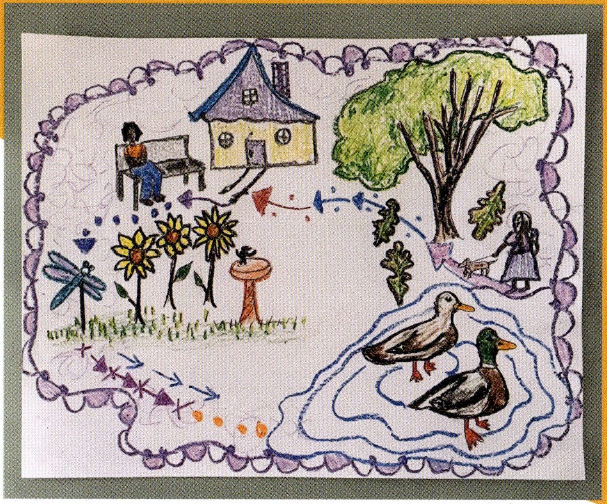

Abb. 3: Male deine Karte bunt und zeichne Verbindungen ein.

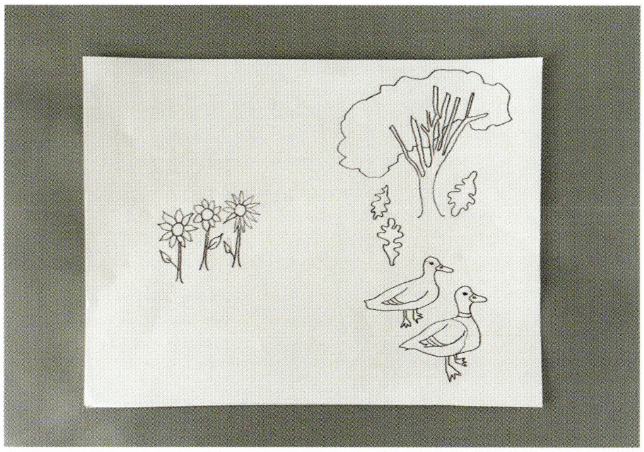

Abb. 1: Zeichne zwei oder mehr Pflanzen oder Tiere.

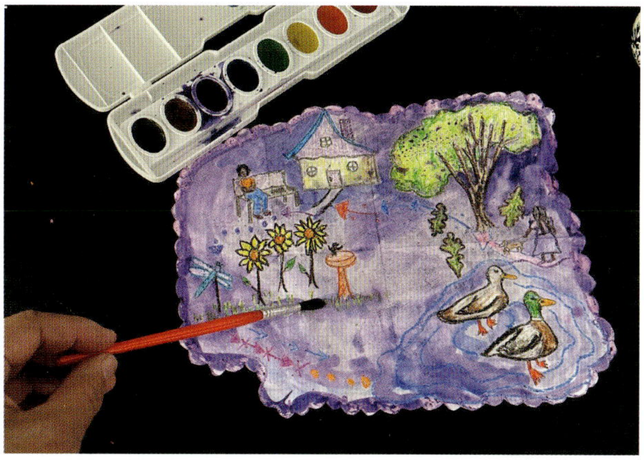

Abb. 4: Aquarelliere den Hintergrund.

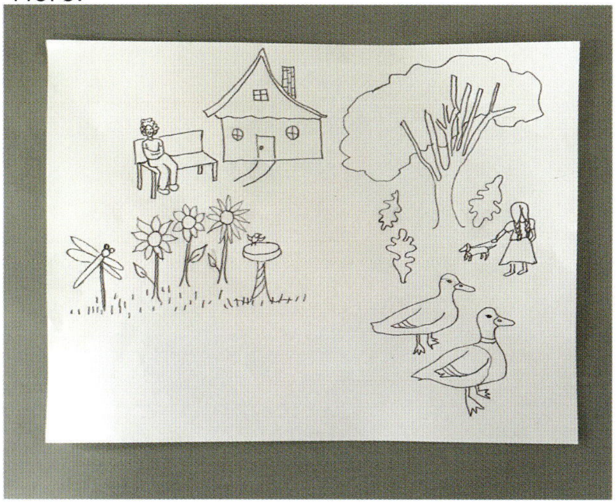

Abb. 2: Zeichne zwei oder mehr interessante Dinge und Menschen, die du gesehen hast.

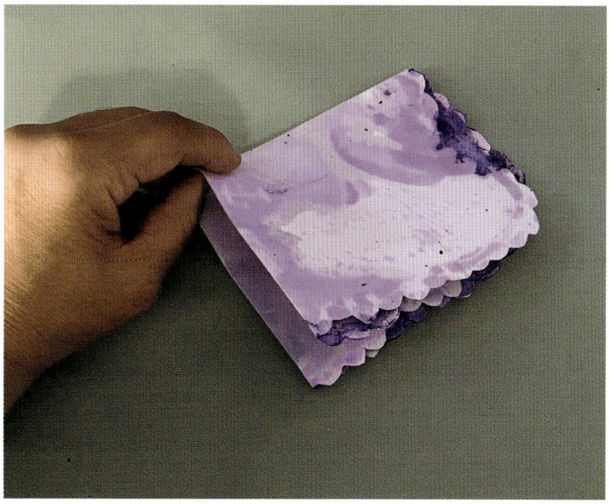

Abb. 5: Falte deine Karte.

AKTIVITÄT 16

VIELFALT ZEICHNEN

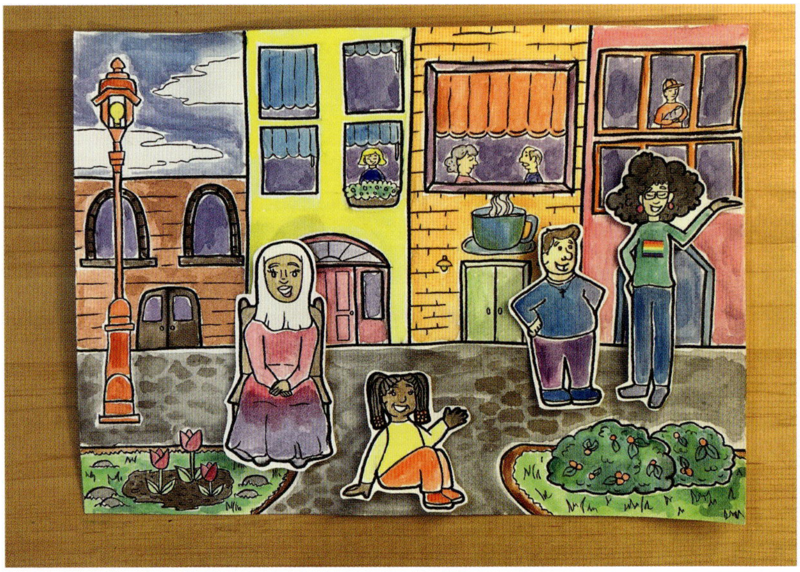

MATERIALIEN

+ Papier
+ Bleistift
+ Permanent Marker (wahlweise)
+ Buntstifte, Malstifte, Filzstifte, Wasserfarbe
+ Schere
+ Klebeband

HIER LERNST DU,

ein Kunstwerk zu schaffen, bei dem es bewusst um das Zeichnen einer vielfältigen Gruppe geht.

WARUM DAS WICHTIG IST

Vielfalt bedeutet, Unterschiede zu haben. Menschen können in vielerlei Hinsicht unterschiedlich sein. Zu den Unterschieden gehören unsere Rasse, unsere Herkunft, unser Alter, unsere Größe, unsere Fähigkeiten, unser Geschlecht und vieles mehr. Wir müssen Vielfalt anerkennen und wertschätzen, denn sie trägt dazu bei, eine Gemeinschaft der Akzeptanz und Zugehörigkeit zu schaffen.

FANGEN WIR AN!

1. Denke über die Gemeinschaft nach, in der deine Zeichnung stattfinden wird. Was machen die Menschen in der Gemeinschaft und wie gehen sie miteinander um? Skizziere mit einem Bleistift deine Umgebung. *Tipp: Du kannst zum Skizzieren auch einen Permanent Marker verwenden.* **Abb. 1**

2. Denke über die Menschen in dieser Gemeinschaft nach. Worin sind sie sich ähnlich und wie unterscheiden sie sich voneinander? Zeichne auf einem separaten Blatt Papier eine Gruppe von Menschen verschiedener Rassen, Geschlechter, Größen, Altersgruppen, Fähigkeiten und mehr. Du kannst Menschen zeichnen, die du kennst, Menschen aus deinem Umfeld oder aus Bildern und Büchern. **Abb. 2**

3. Verwende verschiedene Stifte oder Farbe, um deine Umgebung und die Menschen bunt zu gestalten. **Abb. 3**

4. Schneide jede Person mit einer Schere aus. **Abb. 4**

5. Wickle kleine Stücke Klebeband um deinen Finger und klebe sie auf den Rücken jeder Person. Wenn du Klebeband verwendest, kannst du die Personen im Raum bewegen.

6. Bevor du mit der Anordnung der Menschen in deiner Gemeinschaft beginnst, denke darüber nach, wie sie miteinander umgehen. Platziere die Menschen in deinem Umfeld, um zu zeigen, wie wir die Vielfalt erkennen und schätzen können. **Abb. 5**

Wenn du das nächste Mal unterwegs bist, achte darauf, wie uns unsere Vielfalt stärkt.

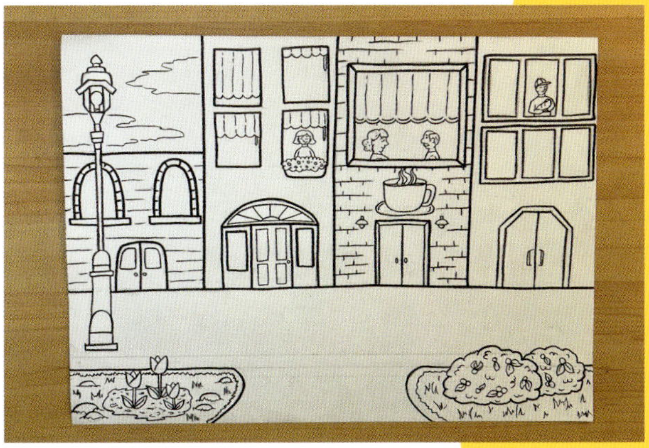

Abb. 1: Skizziere deine Umgebung.

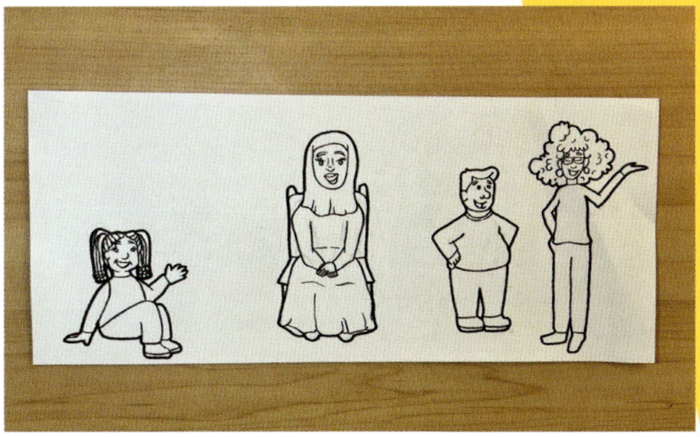

Abb. 2: Zeichne verschiedene Menschen.

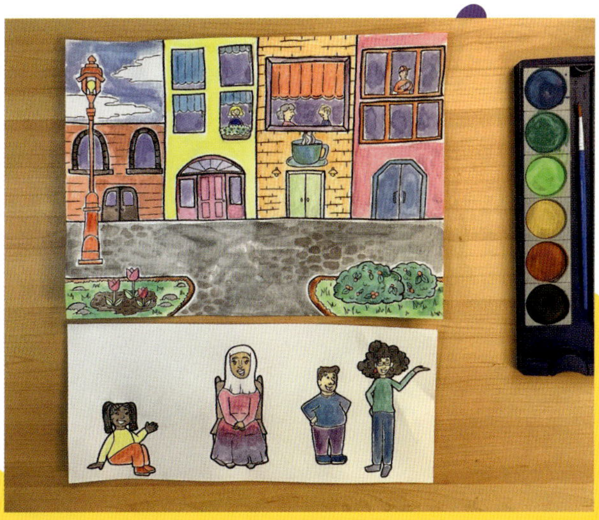

Abb. 3: Male dein Umfeld bunt.

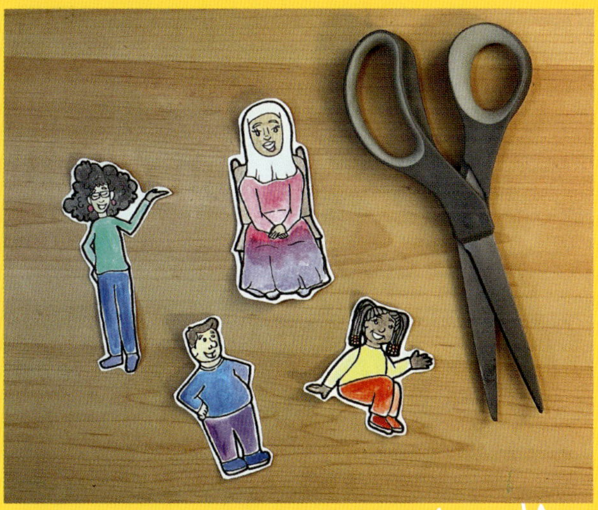

Abb. 4: Schneide die Menschen aus.

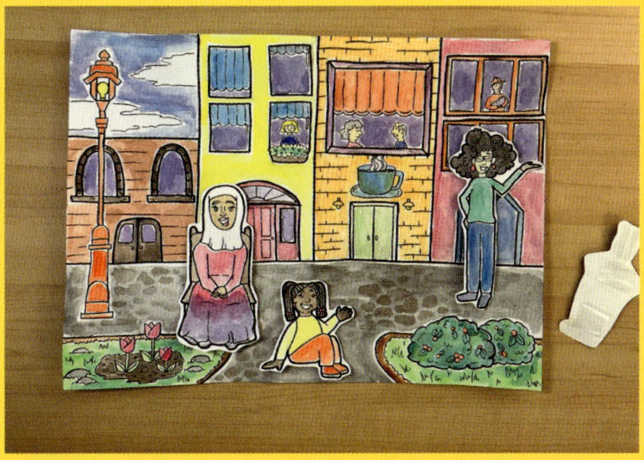

Abb. 5: Füge die Menschen hinzu, um deine Gemeinschaft zu vervollständigen.

AKTIVITÄT 17

IM DIENSTE DES GEMEINWOHLS

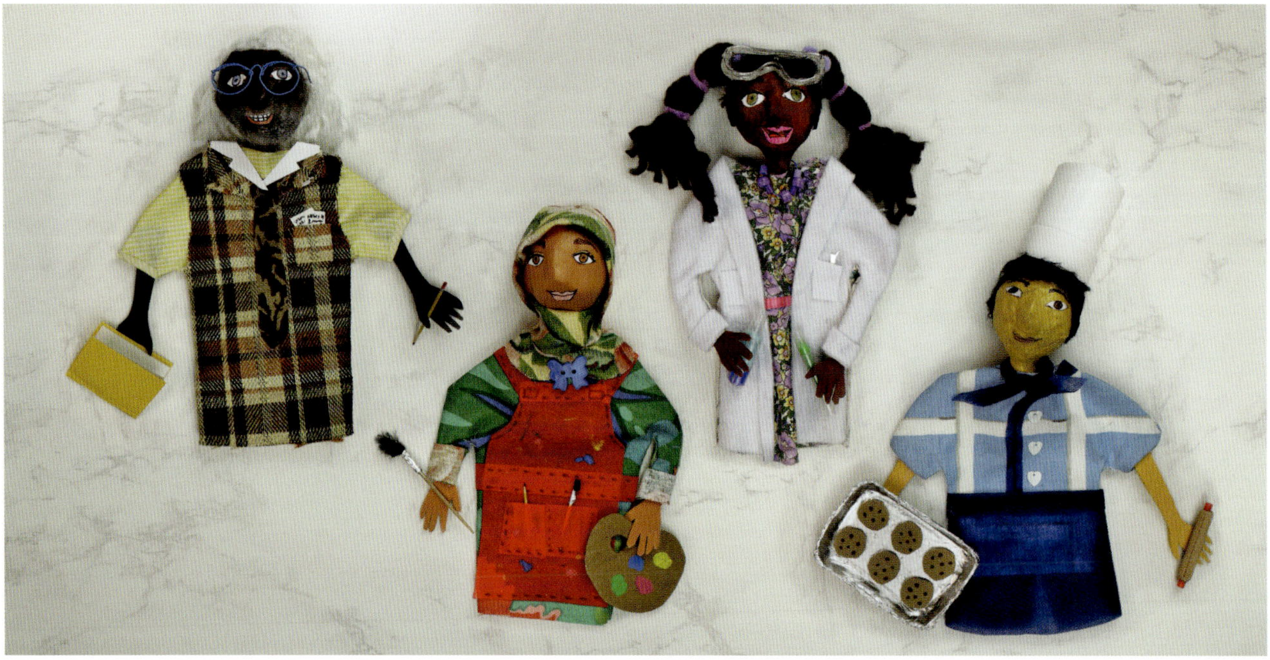

MATERIALIEN

+ Styroporkugel
+ Holzstab
+ Alufolie
+ Abdeckband
+ Gipsstreifen
+ Schere
+ Becher Wasser
+ Malfarbe
+ Malpinsel
+ Palette oder Becher
+ Zeichenpapier
+ Bleistift
+ Permanent Marker
+ Buntstifte, Malstifte oder Filzstifte
+ Garn / Wollfilz
+ Klebepistole
+ Stoff / Filz
+ Näh- oder Sticknadel
+ Stickgarn
+ Schaumstoffplatte oder dünne Pappe
+ Zubehör aus Mischtechnik

HIER LERNST DU

durch das Basteln von Puppen gemeinnützige Tätigkeiten kennen und deine unausgesprochenen Vorurteile zu hinterfragen.

WARUM DAS WICHTIG IST

Gemeinnützig tätige Menschen sind da, um anderen zu helfen. Manchmal verbinden wir diese verschiedenen Berufe mit bestimmten Geschlechtern und Rassen. Das ist ein Beispiel für unausgesprochene Voreingenommenheit. Diese entsteht, wenn wir andere unbewusst beurteilen und Annahmen über sie treffen, die auf einem Teil ihrer Identität basieren. Dieses Denken kann zu unfairen Personalentscheidungen führen. Nicht die Identität, sondern die Fähigkeiten und Interessen befähigen Menschen für bestimmte Jobs und Rollen.

LOS GEHT'S!

1. Denke an jemanden, dessen Aufgabe es ist, anderen in deinem Wohnort zu helfen. Zeichne diese Person auf ein Blatt Papier. **Abb. 1**

2. Sieh dir die Person an, die du gezeichnet hast. Welches Geschlecht und welche Rasse hast du abgebildet?

Manchmal verbinden wir bestimmte Berufe mit bestimmten Geschlechtern oder Rassen. Aber Menschen jeden Geschlechts oder jeder Rasse können es in jedem Beruf schaffen.

Wenn wir diese Annahmen treffen, ist das ein Beispiel für unsere indirekte Voreingenommenheit. Das kann dazu führen, dass wir glauben, dass jemand aufgrund eines Teils seiner Identität und nicht seiner Fähigkeiten ungeeignet ist. Es gilt darüber nachzudenken, warum wir diese Vorstellungen haben, damit wir unsere Denkweise ändern können und inklusiver werden.

Hier sind einige Möglichkeiten, wie wir indirekte Vorurteile bekämpfen können:

+ Erkenne deine Vorurteile. Nimm wahr und gib zu, wenn du diese Gedanken hast.
+ Überprüfe deine Vorurteile. Überlege, woher diese Überzeugungen kommen.
+ Bleib unparteiisch. Hinterfrage dein Denken.
+ Sprich Vorurteile in deinem Umfeld offen an.

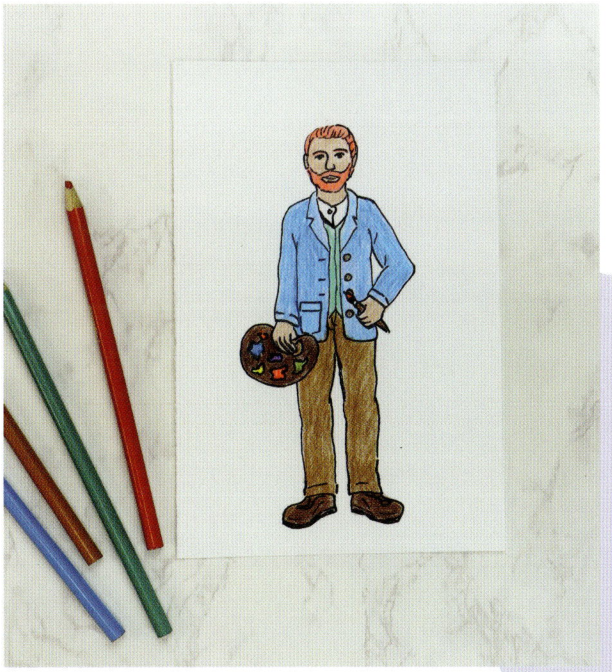

Abb. 1: Zeichne eine gemeinnützig tätige Person.

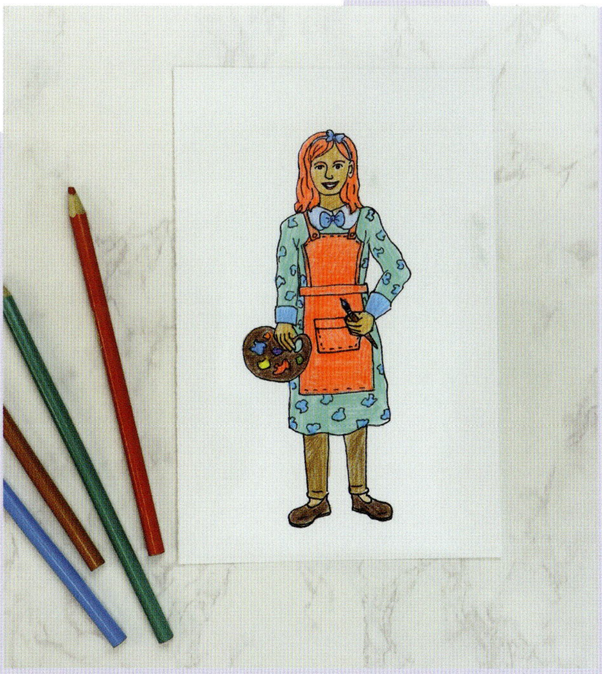

Abb. 2: Hinterfrage deine stillen Vorurteile und erstelle eine neue Zeichnung dieser Person.

(WEITER)

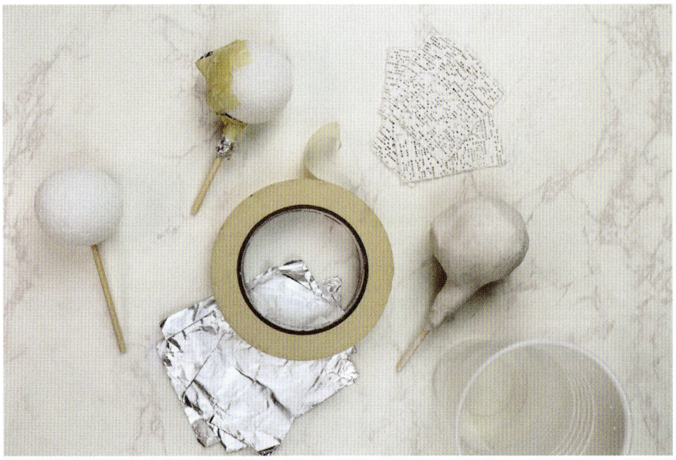

Abb. 3: Forme den Kopf deiner Puppe.

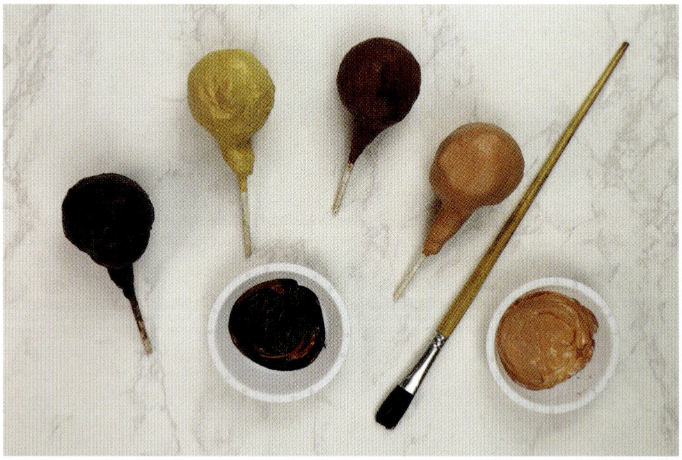

Abb. 4: Bemale den Kopf deiner Puppe.

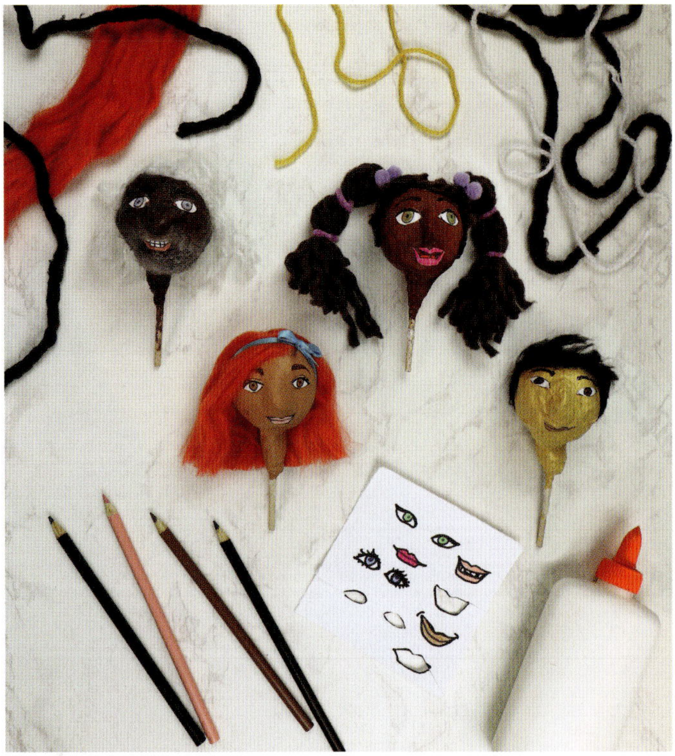

Abb. 5: Augen, Mund, Haare und Augenbrauen hinzufügen.

3. Erstelle eine neue Zeichnung der Person. Hinterfrage diesmal alle indirekten Vorurteile, die du möglicherweise hattest. Deine Zeichnung könnte anders aussehen als ursprünglich gedacht. Du wirst diese neue Zeichnung verwenden, um deine Puppe herzustellen. **Abb. 2**

4. Um den Kopf zu formen, steckst du einen Holzstab in eine Styroporkugel. Erstelle mit Alufolie und Klebeband ein 3-D-Profil für Kinn, Hals und Nase. Schneide Gipsstreifen in 5 cm lange Stücke. Tauche die Gipsstreifen in Wasser, bevor du sie auf den Kopf klebst. Wiederhole den Vorgang, bis du den gesamten Kopf mit Gips bedeckt hast. **Abb. 3**

5. Befolge die Anleitungen auf Seite 26 (Hauttöne), um Kopf und Hals zu bemalen. **Abb. 4**

6. Zeichne die Augen und den Mund auf ein Blatt Papier (siehe Tipps auf den Seiten 129-131). Nachdem die Farbe auf dem Kopf deiner Puppe getrocknet ist, schneide die Augen und den Mund aus und klebe sie auf das Gesicht. Verwende Garn oder Wollfilz für die Haare und bringe sie mit einer Klebepistole an. **Abb. 5**

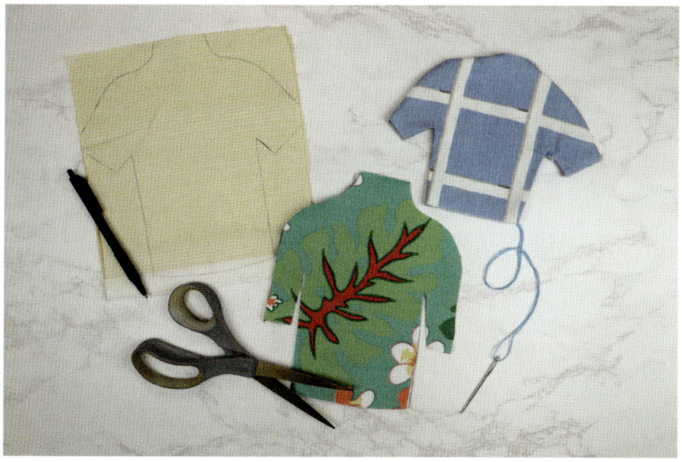

Abb. 6: Den Puppenkörper zuschneiden und nähen.

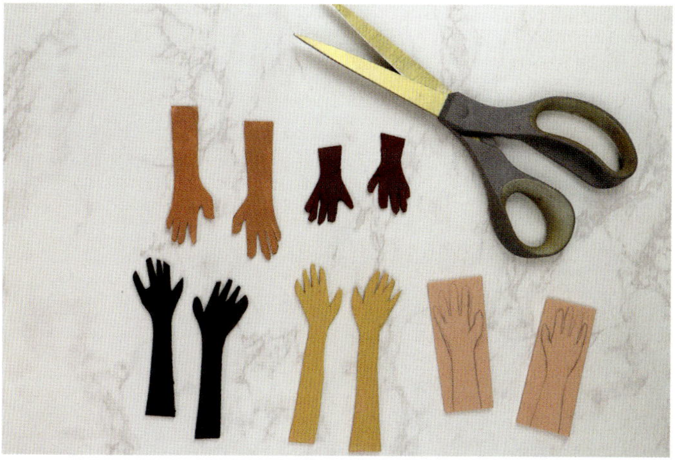

Abb. 7: Hände ausschneiden und bemalen.

7. Zeichne den Körper deiner Puppe auf ein Blatt Stoff oder Filz. Das kann wie ein kurz- oder langärmeliges Hemd aussehen. Schneide den Körper zu und zeichne ihn auf das zweite Stück Stoff. Lege die beiden Filz- oder Stoffstücke zusammen und vernähe die Seiten. Lasse oben Platz für den Kopf und unten für deine Hand. Drehe den Stoff auf links. **Abb. 6**

8. Zeichne die Hände auf ein Stück Schaumstoffplatte oder dünne Pappe. Schneide beide Seiten aus und male sie in derselben Hautfarbe wie den Kopf deiner Puppe an. **Abb. 7**

9. Befestige den Kopf und die Hände am Körper deiner Puppe mit einer Heißklebepistole. Unterstreiche die Rolle der Person, indem du Details und allerlei verschiedenes Zubehör anbringst. **Abb. 8**

10. Teile dein Werk in einer Puppenshow, in der du all die Dinge zeigst, die du über stille Vorurteile gelernt hast. Nutze die Gelegenheit, deine Erkenntnisse weiterzugeben.

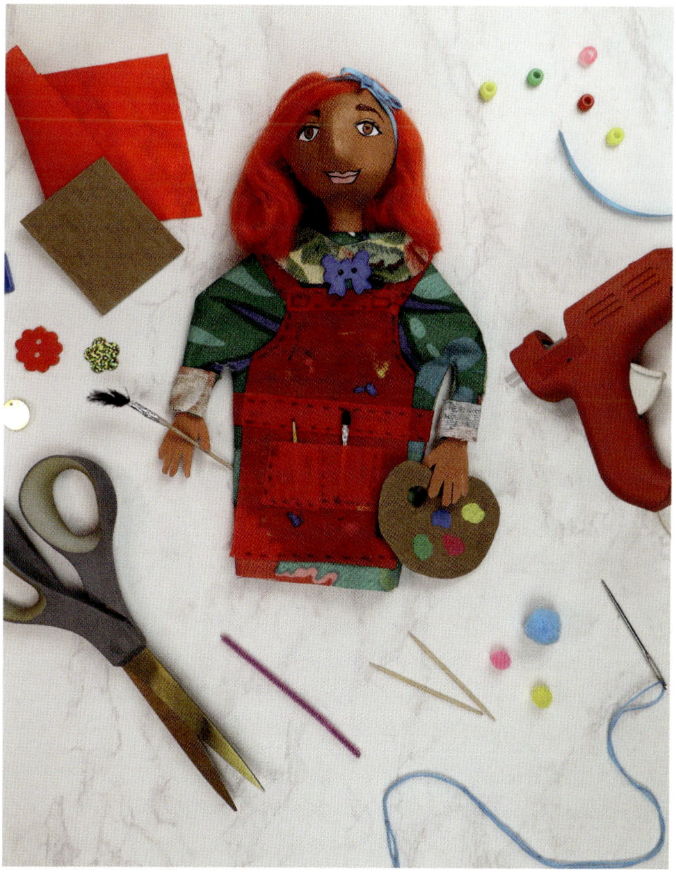

Abb. 8: Füge deine letzten Details hinzu.

AKTIVITÄT

18

LOKALHELD*INNEN

MATERIALIEN

+ Papier
+ Bleistift
+ Buntstifte, Malstifte oder Marker

HIER LERNST DU,

ein Kunstwerk zu erstellen, das eine wichtige Person in deinem Wohnort würdigt.

WARUM DAS WICHTIG IST

Unsere Wohnorte bestehen aus vielen verschiedenen Menschen, die alle zusammenarbeiten, um das Leben sicher, lustig und besonders zu machen! Woke zu sein bedeutet, zu sehen, was die Menschen in unserem Wohnort auszeichnet. Schließlich existiert unsere Gemeinde nur dank all dieser einzigartigen Menschen, die sie ihre Heimat nennen.

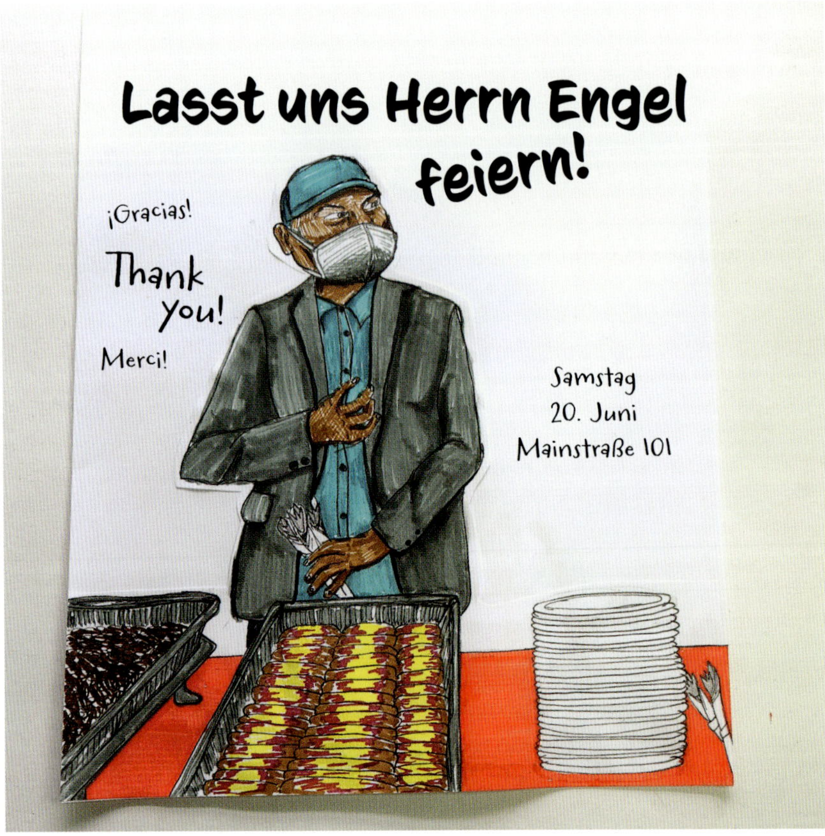

Abb. 4: Plane den äußeren Rahmen der Ehrung!

UND LOS GEHT'S!

1. Denkt an jemanden in eurem Wohnort, der etwas tut, das euer Leben besser, sicherer und einzigartig macht. Schreibt auf, wer diese Person ist und was sie tut. Überlegt, welche Bilder oder Symbole eure Gedanken darstellen könnten. **Abb. 1**

2. Zeichne ein Bild dieses Lokalhelden oder dieser Lokalheldin in Aktion auf ein Blatt Papier. Füge Bilder und Symbole ein, um zu zeigen, was er/sie tun und warum du ihn/sie schätzt. **Abb. 2**

3. Verwende beliebige Materialien, um deinem Kunstwerk Farbe zu verleihen. **Abb. 3**

4. Erstelle einen Plan, um deine*n Lokalheld*in zu ehren. Hier sind einige Optionen, die du in Betracht ziehen kannst:

+ Übergebe dein Kunstwerk zusammen mit einem Dankesbrief an den oder die Lokalheld*in.
+ Plane eine Feier für deine*n Lokalheld*in und verwende dein Kunstwerk für die Einladungen.
+ Arbeite mit anderen zusammen, um ein Kunstwerk zu schaffen, das viele der Lokalheld*innen ehrt und das in einer Kunstausstellung gezeigt wird. **Abb. 4**

Es gibt so viele Möglichkeiten, wie du deine Kunst einsetzen kannst, um Held*innen deines Wohnorts zu feiern!

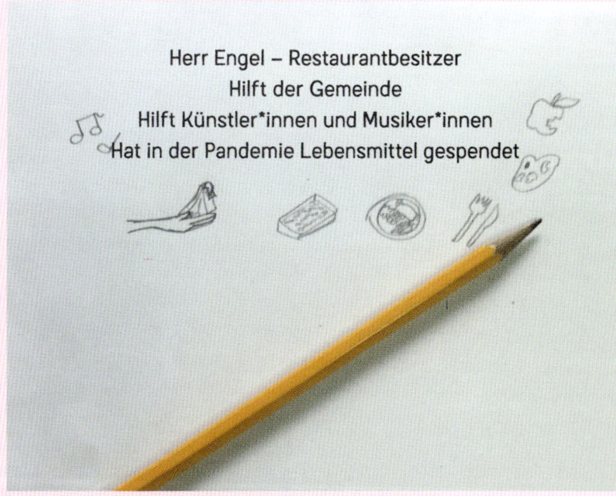

Abb. 1: : Schreibe über eine*n Lokalheld*in, den oder die du feiern möchtest.

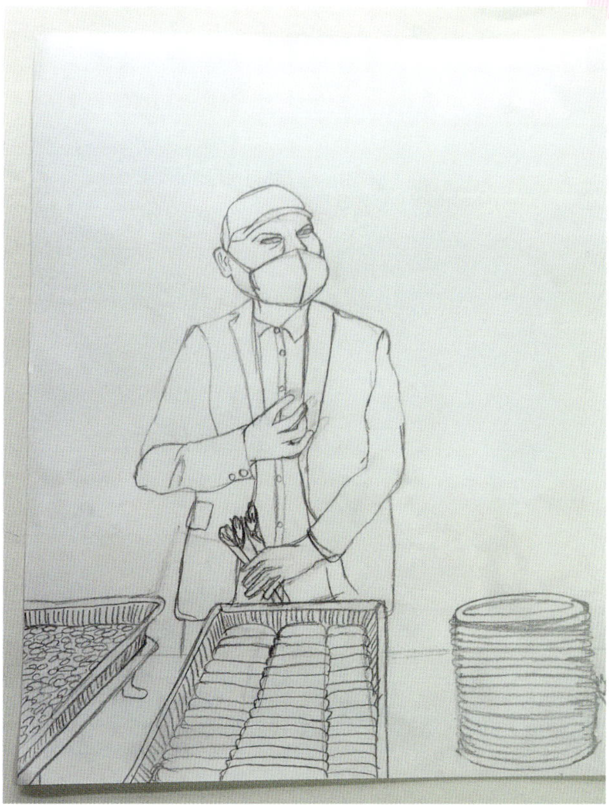

Abb. 2: Zeichne eine Person aus deinem Wohnort, die der Gemeinschaft hilft.

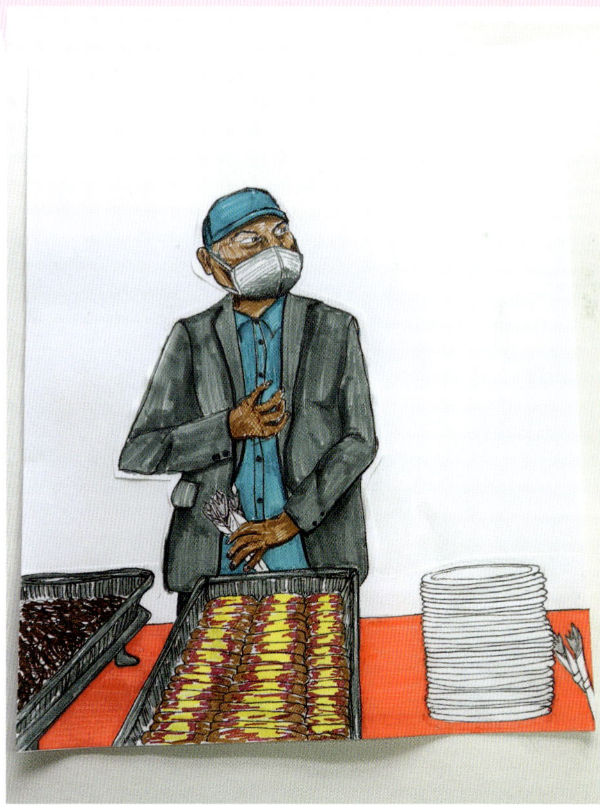

Abb. 3: Koloriere dein Kunstwerk.

AKTIVITÄT 19

LEBENSFREUDE FINDEN

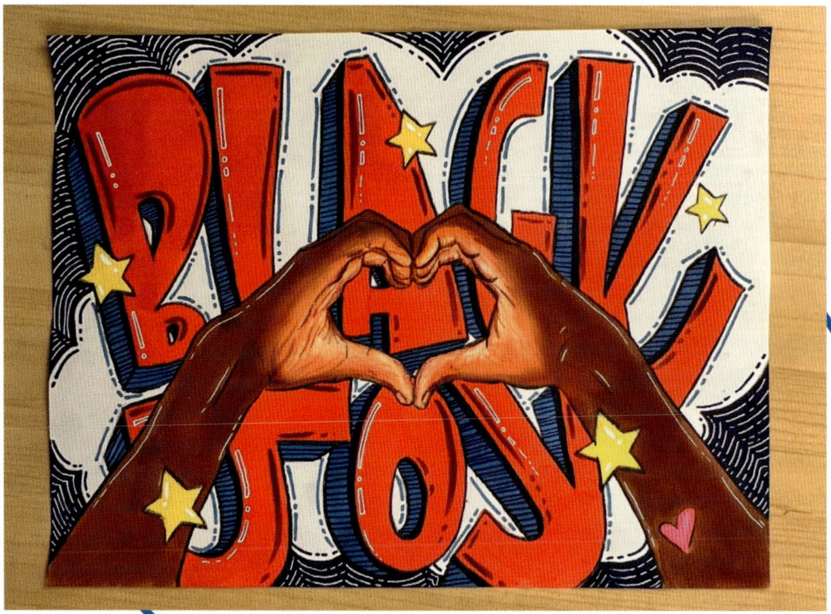

MATERIALIEN

+ Papier
+ Bleistift
+ Permanent Marker
+ Filzstifte, Wasserfarben, Malstifte oder Buntstifte
+ Weißer Gelstift

HIER LERNST DU,

die Freude als eine Form des Widerstands hervorzuheben.

WARUM DAS WICHTIG IST

Weltweit kämpfen Schwarze Menschen weiterhin für die Rassengerechtigkeit, die sie verdienen. Obwohl sie schwer traumatisiert wurden, ist es für sie wichtig, sich auf ihr Urwesen zu konzentrieren. Die Lebensfreude ermutigt Menschen schwarzer Herkunft, sich daran zu erinnern, dass ihr Leben mehr ist als Widerstandsfähigkeit. Sie erkennt an, dass auch ihre Erfahrungen, ihre Inspiration und ihre Kulturen wichtig sind.

Freude ist eine Form des Widerstands. Sie erinnert uns daran, dass wir in schweren Zeiten Glück finden können und worauf es sich lohnt hinzuarbeiten. In dieser Aktivität wird untersucht, wie wir Kunst einsetzen, um Freude zu feiern.

Erweiterungsaktivität: Denk über Dinge nach, die dir Freude schenken. Was macht sie für dich so besonders? Schreibe zu besonderen Momenten eine Geschichte.

UND LOSGELEGT!

1. Nimm dir einen Moment Zeit, um eine Liste der Dinge zu erstellen, die dir Freude bereiten. Warum ist das so wichtig? **Abb. 1**

2. Denk an ein Wort oder einen Satz, der dir Freude bereitet. Welche Worte und Bilder fallen dir ein? Skizziere deine Zeichnung mit Worten und einem Bild. **Abb. 2**

3. Koloriere dein Bild mit Filzstiften, Buntstiften oder Wasserfarben. **Abb. 3**

4. Füge mit einem weißen Gelstift Details zu deinem Bild hinzu. **Abb. 4**

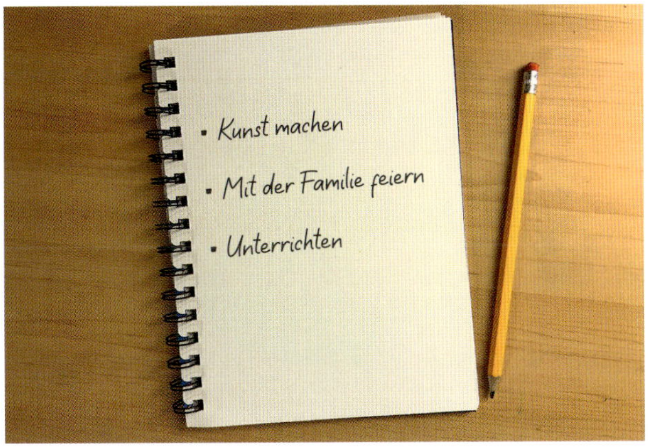

Abb. 1: Mache eine Brainstorming-Liste.

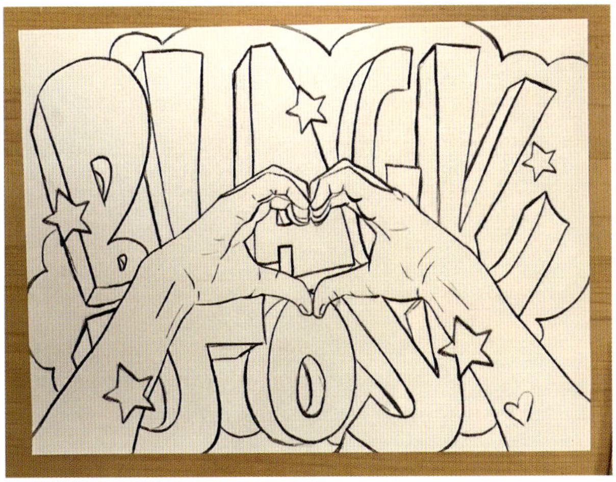

Abb. 2: Skizziere deine Zeichnung.

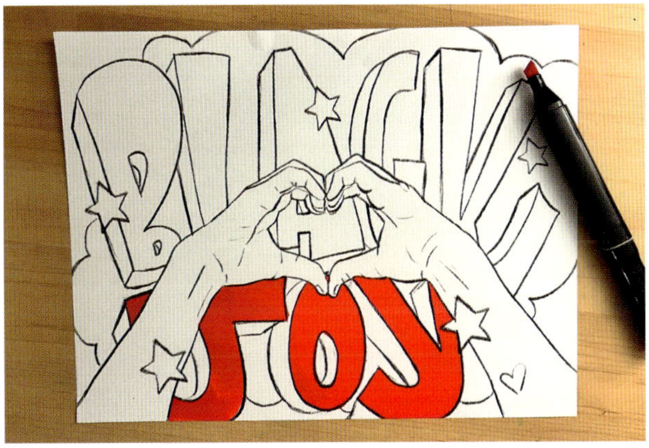

Abb. 3: Male dein Bild bunt aus.

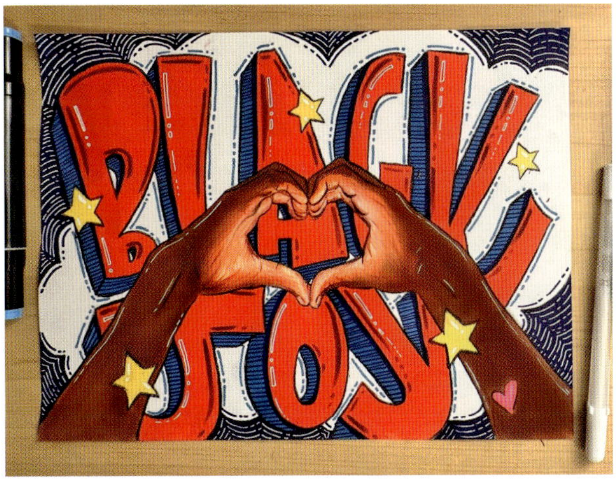

Abb. 4: Füge mit einem weißen Gelstift Details hinzu.

AKTIVITÄT

20

WACHSTUMSZIELE SETZEN

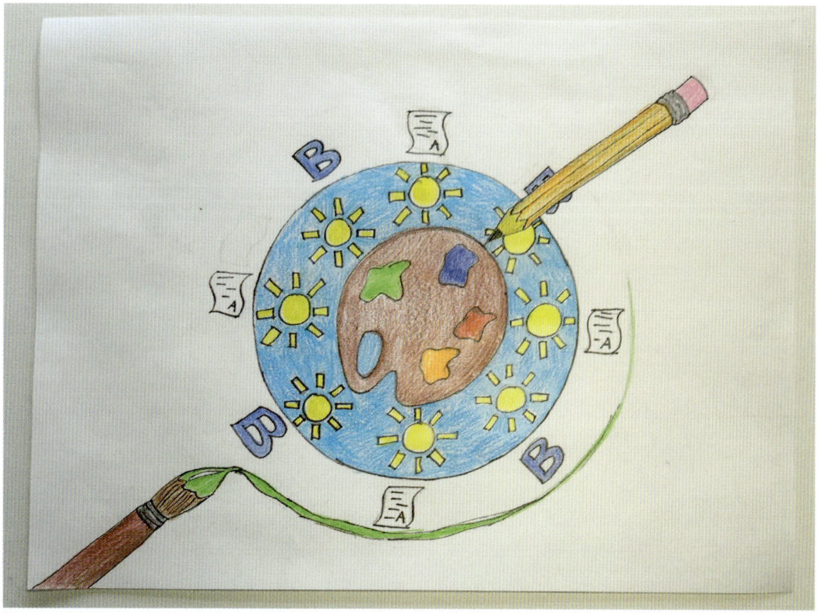

MATERIALIEN

+ Papier
+ Bleistift
+ Bunt- oder Malstifte, Filzstifte etc.
+ Schwarzer Kugelschreiber
+ Runder Haushaltsgegenstand (wahlweise)

HIER LERNST DU,

ein kreisförmiges Motiv anzulegen, um ein Kunstwerk anzufertigen, das deine aktuellen Ziele innerhalb deines Einflussbereichs umreißt.

WARUM DAS WICHTIG IST

Unsere Gemeinschaften sind nur so stark wie ihre Mitglieder. Jeder von uns ist dafür verantwortlich, dass wir darauf hinarbeiten, die beste Version von uns selbst zu sein, damit wir unsere Talente teilen und unsere Gemeinschaften unterstützen können. Kunst ist ein mächtiges Werkzeug, das uns hilft, uns klar zu werden, wie wir uns entwickeln wollen, und sie ist ein Erinnerungsanker für unser persönliches Wachstum. Es ist auch wichtig zu verstehen, was in unserer Macht liegt. Wenn wir unsere Ziele darauf abstimmen, können wir viel erreichen.

LOS GEHT'S!

1. Erstelle eine Liste mit selbstgesteckten Zielen und überlege, wie sich diese auf dein Umfeld auswirken. Überlege dir dazupassende Symbole, Wörter und Farben. **Abb. 1**

2. Zeichne auf einem anderen Blatt Papier mindestens zwei Kreise in die Mitte, wobei du einen in den anderen legst. (Oder nimm dazu eine runde Hilfsform.) **Abb. 2**

3. Ordne die Elemente aus Schritt 1 innerhalb der Kreise an, die deinen Einflussbereichen entsprechen. Der innere Kreis steht für die Ziele, auf die du den größten Einfluss hast. Die äußeren Kreise stehen für Ziele, die du weniger beeinflussen kannst. **Abb. 3**

4. Zeichne mit einem schwarzen Stift die Umrisse deiner Zeichnung nach und radiere dann die Bleistiftstriche aus. **Abb. 4**

5. Füge deinem Entwurf Farbe hinzu und wähle einen Ort, an dem du dein Werk jeden Tag betrachten wirst. Dieses Kunstwerk wird dich visuell daran erinnern, wie du dich auf deine Ziele konzentrieren und wie du deine Einflussbereiche nutzen kannst, um deiner Gemeinschaft besser zu dienen. **Abb. 5**

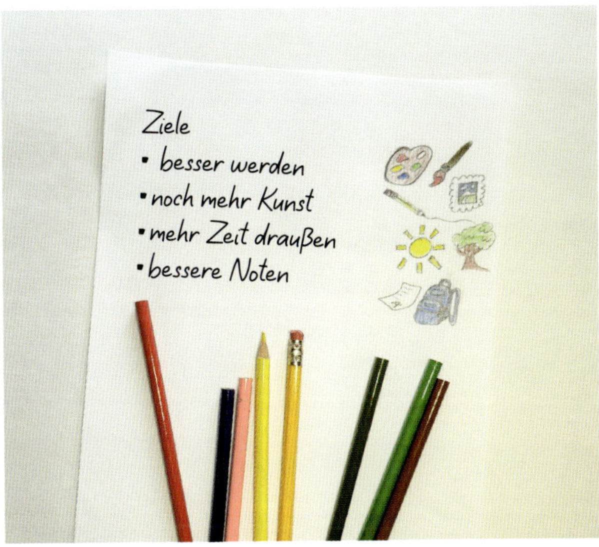

Abb. 1: Erstelle eine Liste mit deinen Zielen.

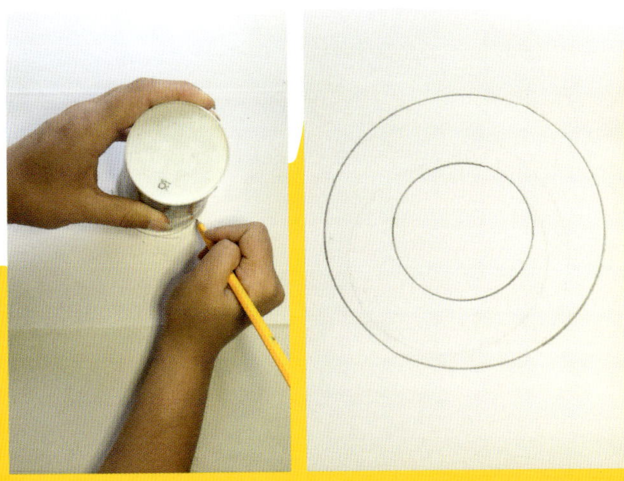

Abb. 2: Zeichne zwei oder mehr Kreise vor.

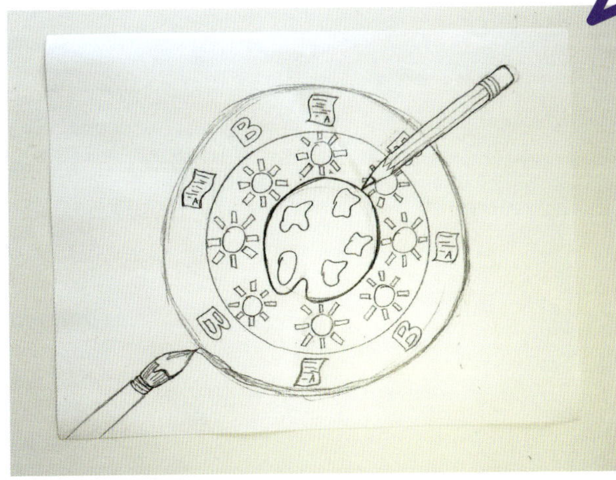

Abb. 3: Zeichne deine Ziele in die Kreise.

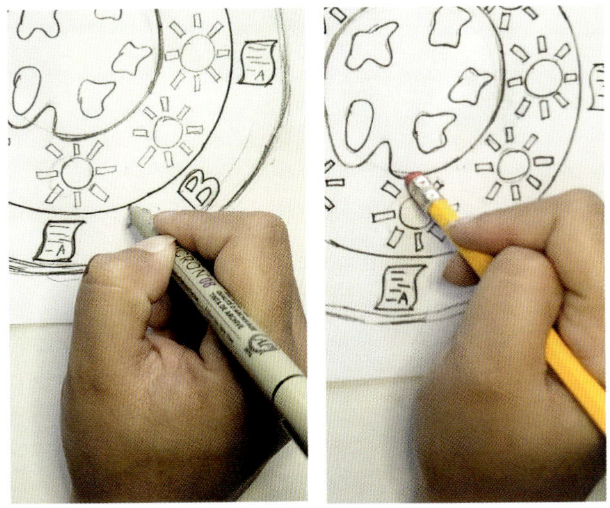

Abb. 4: Zeichne die Konturen mit einem Stift nach und radiere die Bleistiftstriche aus.

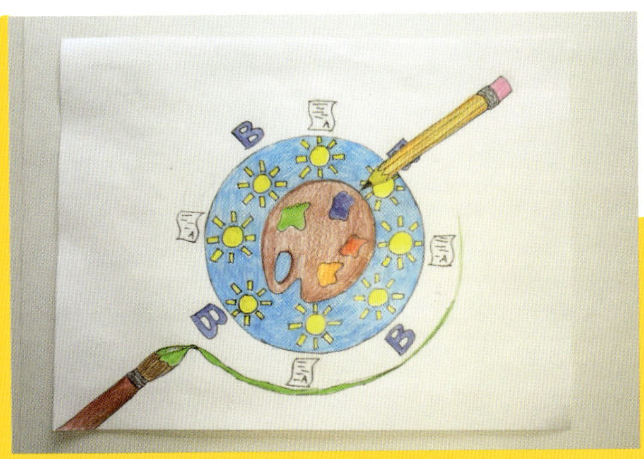

Abb. 5: Male deine Zeichnung bunt aus.

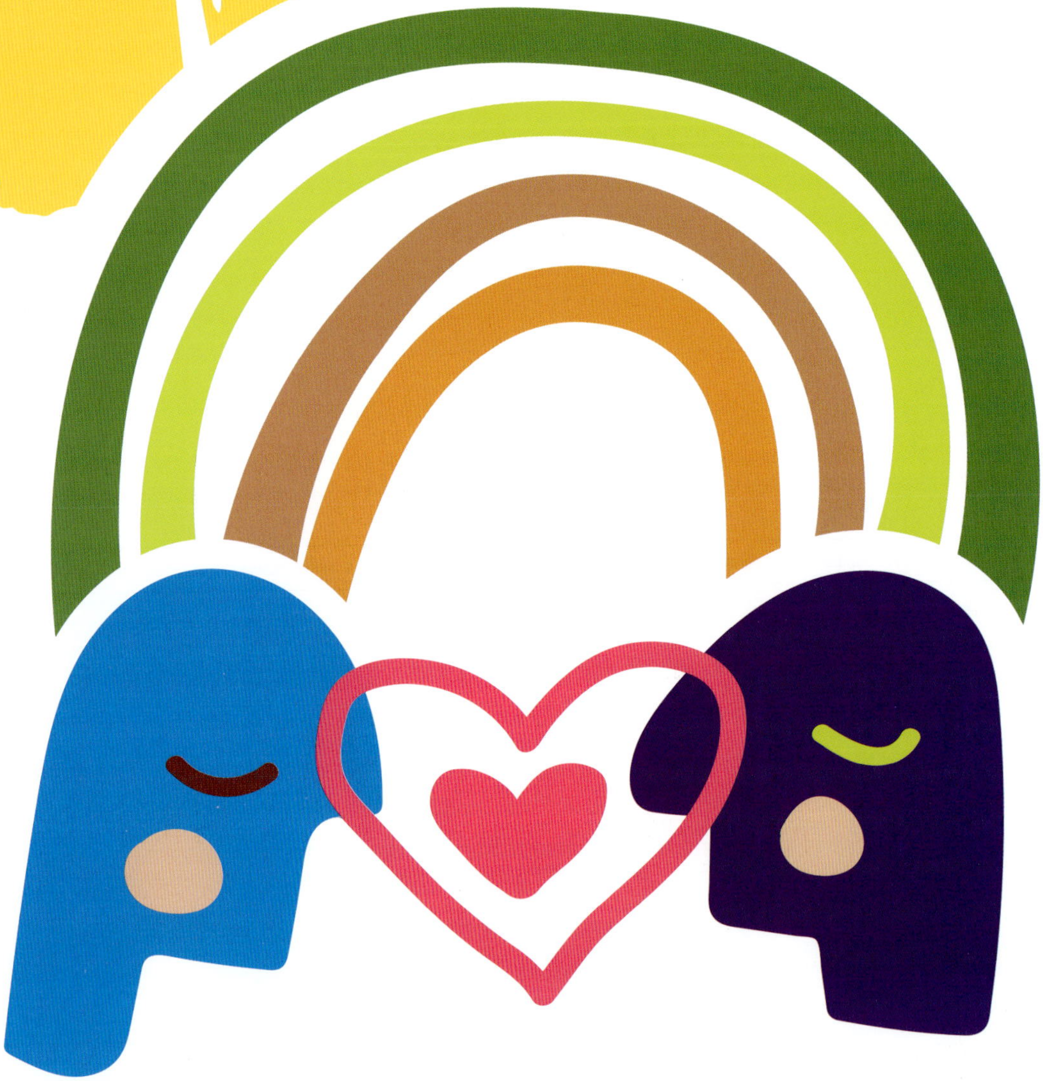

LEKTION 4

EMPATHIE

In diesem Kapitel steht das Einfühlungsvermögen im Fokus. Das lateinische Wort dafür ist Empathie. Es bedeutet, dass du erkennst, warum und wie andere sich auf bestimmte Art und und Weise fühlen, egal, ob du selbst so fühlst oder nicht. Wenn du einfühlsam bist, kannst du die Welt um dich herum besser verstehen und respektieren. Rassismus hat seinen Urprung im Eigeninteresse und im Wunsch, Macht zu haben und zu behalten. Um dem entgegenzuwirken, kannst du zeigen, wie du und andere von Ungerechtigkeit, Vorurteilen und Rassismus betroffen sind. Dieses Kapitel soll dir helfen, dich in die Lage von verschiedenen Menschen, Kulturen und Gemeinschaften zu versetzen. Weiter hinten im Buch wirst du lernen, wie Empathie eine Motivation sein kann, etwas zu verändern und in Aktion zu treten.

Die folgenden Aktivitäten und Projekte helfen dir, Empathie zu entwickeln. Du wirst neue Möglichkeiten finden, dich mit Menschen, die anders sind als du, zu verbinden und Gemeinsamkeiten zu finden, indem du Empathie erlebst. Diese Herangehensweisen helfen dir, zu verstehen und zu erklären, wie Vorurteile und Rassismus Menschen, Kulturen und Gemeinschaften geprägt haben, sodass du dich in andere Menschen einfühlen kannst.

WAS IST EMPATHIE?

Empathie ist die Fähigkeit, wahrzunehmen, wie sich jemand anders fühlt.

Im Unterschied zu Sympathie erreicht man andere mit tieferem Verständnis für ihre Gefühle. Empathie erfordert, dass man sich in die Lage einer anderen Person hineinversetzt. Normalerweise empfinden wir Empathie für Menschen mit einer gemeinsamen Identität oder ähnlichen Erfahrungen.

Empathie kann schwierig sein, wenn wir keine ähnliche Identität haben, diese Erfahrung nicht gemacht haben oder wenn wir das Gleiche erlebt haben, aber anders damit umgegangen sind. Dies wird als Empathielücke bezeichnet. Es ist wichtig, diese zu schließen, indem wir anerkennen, dass jeder Mensch anders auf Situationen reagiert und möglicherweise anders über etwas denkt als wir.

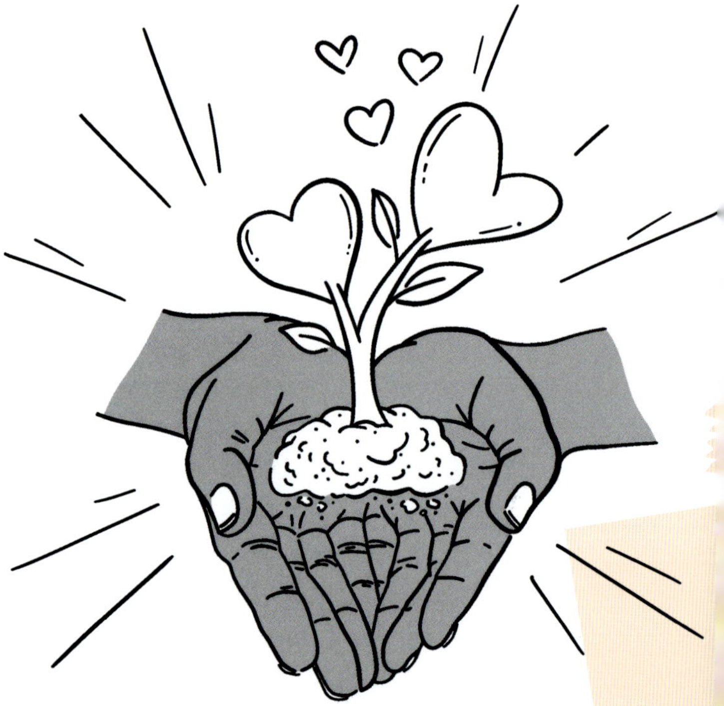

DIE PLATINREGEL

Hast du schon einmal von der goldenen Regel gehört? Sie besagt, dass man andere so behandeln soll, wie man selbst behandelt werden möchte. Die Platinregel hingegen bedeutet, andere so zu behandeln, wie sie behandelt werden möchten. Da jeder Mensch anders ist, reagieren wir unterschiedlich auf verschiedene Dinge. Manche Menschen mögen zum Beispiel eine Umarmung, wenn sie traurig sind, während andere lieber in Ruhe gelassen werden möchten. Sich in jemanden einzufühlen, der anders denkt, kann schwieriger sein als in jemanden, der genauso denkt und reagiert wie man selbst. Es ist jedoch wichtig, daran zu denken, dass wir uns nicht vorschreiben lassen wollen, wie wir uns fühlen und wie wir behandelt werden wollen, und dass wir auch anderen nicht vorschreiben sollten, wie sie sich fühlen und wie sie behandelt werden wollen.

Die goldene Regel bringt uns dazu, darüber nachzudenken, wie wir empathisch handeln können. Aktives Einfühlungsvermögen wird als Mitgefühl bezeichnet. Zwar ist es wichtig, dass wir die Gefühle anderer so gut verstehen, dass sie sich gehört und beachtet fühlen, genauso aber gilt es unsere Empathie walten zu lassen. Aktivist*innen sind ein tolles Beispiel dafür, wie es wirkt, wenn man von der Empathie zum Handeln übergeht, damit wir die Dinge ändern können, die andere verletzen.

HIER IST EIN BEISPIEL:

FREUND*IN 1: Karins Vater sagte mir, ich hätte unrecht, wenn ich sage, dass alle Menschen antirassistisch sein sollten. Das hat mich verärgert.

NICHT HILFSBEREIT	SYMPATHIE	EMPATHIE	MITGEFÜHL
FREUND*IN 2: Karins Vater hat so etwas nie zu mir gesagt. Vielleicht hast du ihn missverstanden.	**FREUND*IN 2:** Ich höre, dass du verärgert bist und es tut mir leid, dass dir das passiert ist.	**FREUND*IN 2:** Ich verstehe, dass du dich aufregst. Ich würde mich genauso aufregen.	**FREUND*IN 2:** Ich höre, dass du verärgert bist und mir geht es genauso. Wenn du erlaubst, möchte ich etwas tun, damit du weniger traurig bist.

AKTIVITÄT 21

ALLE SIND WILLKOMMEN!

MATERIALIEN

+ Bleistift
+ Papier
+ Malstifte, Buntstifte, Filzstifte etc.
+ Schere
+ Kleber
+ Klebeband
+ Bastel- oder Motivpapier
+ Kasten (wahlweise)

HIER LERNST DU,

einen einladenden Eingang und Muträume zu gestalten.

WARUM DAS WICHTIG IST

Durch Empathie können wir Räume schaffen, die alle willkommen heißen. Einladende Muträume sind Gemeinschaften, in denen die Menschen einander respektieren. Sie dulden keine Vorurteile, keinen Rassismus und keinen Hass. Muträume nehmen Unterschiede an und bieten die Möglichkeit, unterschiedliche Perspektiven zu verstehen und Verbindungen zu pflegen.

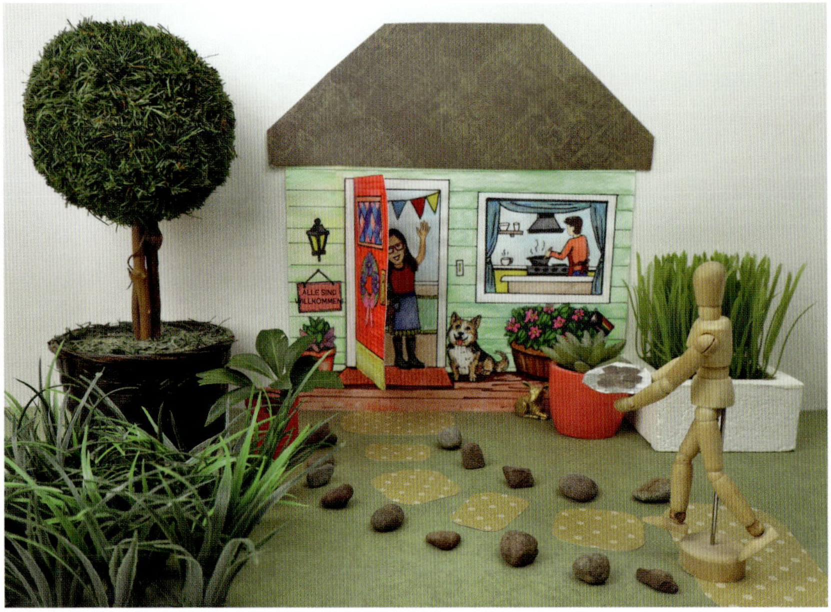

UND LOS GEHT'S!

1. Denk an einen Ort, an dem du dich willkommen, respektiert und verstanden fühlst. Das kann ein Klassenzimmer, eine Turnhalle, in der du deinen Sport ausübst, die Wohnung einer Freundin oder eines Freundes oder auch dein eigenes Zuhause sein. Zeichne den Eingang zu diesem Ort.

2. Überlege, warum du dich an diesem Ort willkommen fühlst. Zeichne um deinen Eingang herum die Menschen und Dinge, die dir das Gefühl geben, dass du dort akzeptiert wirst. **Abb. 1**

3. Benutze Buntstifte, Malstifte oder Filzstifte, um deinem Eingang Farbe zu geben. **Abb. 2**

4. Gestalte auf einem Blatt Papier eine einladende Tür und schneide sie aus. Falte die Kante und klebe sie auf. **Abb. 3**

5. Befestige dein Werk mit Klebeband an einer Wand oder einem Kasten. **Abb. 3**

6. Überlege, wie du anderen das Gefühl geben kannst, willkommen zu sein. Füge einladende und wertschätzende Details hinzu. **Abb. 5**

7. Überlege, wie du einen einladenden Raum in einen Mutraum verwandeln kannst. Erwäge ein Gespräch in der Gemeinschaft, um die folgenden Fragen zu beantworten:

+ Wie können wir uns gegenseitig respektieren?
+ Wie können wir füreinander einstehen?
+ Wie können wir unsere Unterschiede verstehen und anerkennen?
+ Wie können wir Verbindungen aufbauen und unsere Beziehungen vertiefen?

Erweiterungsaktivität: Gestalte ein Willkommensschild, das sich am Eingang deines Hauses, deiner Schule oder eines anderen Gemeinschaftsraums gut macht.

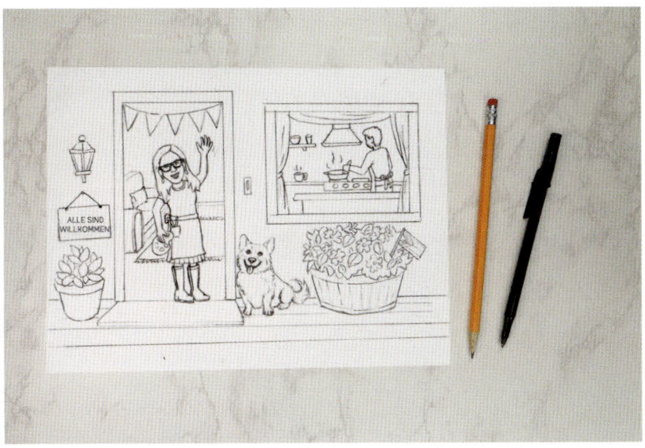

Abb. 1: Zeichne einen Eingang zu einem einladenden Raum.

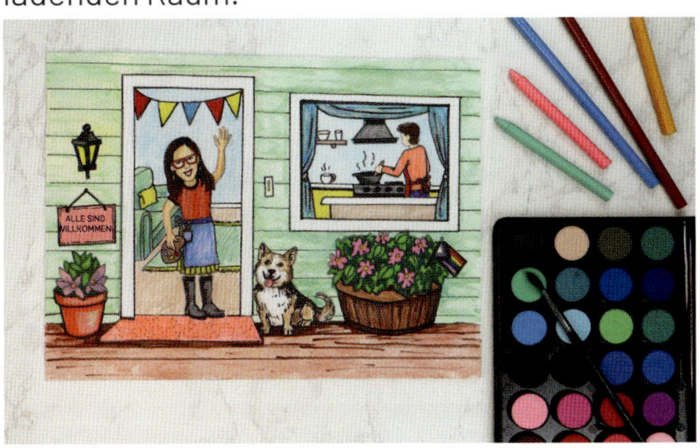

Abb. 2: Koloriere dein Bild.

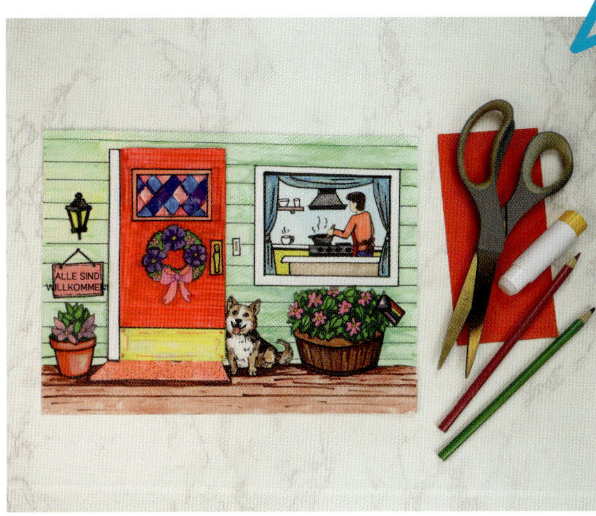

Abb. 3: Zeichne eine Tür und klebe sie auf.

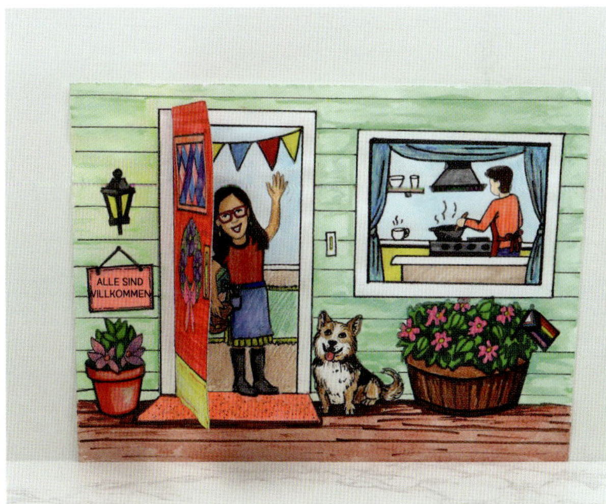

Abb. 4: Hänge es an die Wand.

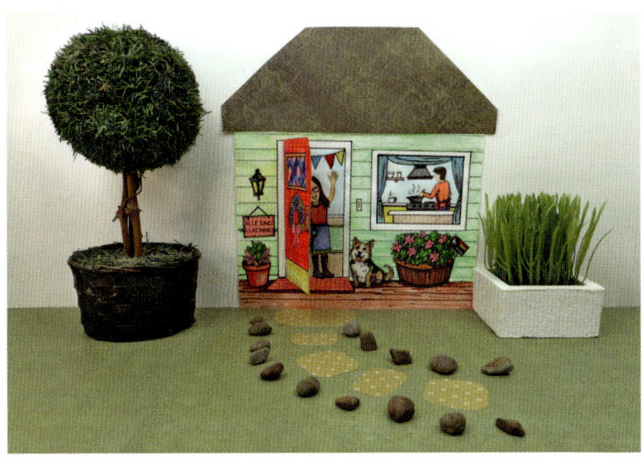

Abb. 5: Füge einladende Details hinzu.

AKTIVITÄT 22

GLEICH IST NICHT IMMER FAIR

MATERIALIEN

+ Modellierton / Knetmasse in Braun und anderen Farben
+ Plastikmesser (wahlweise)
+ Papier
+ Bleistift oder Kugelschreiber

HIER LERNST DU

die Bedeutung von Gleichheit über die Lösung von Rechenaufgaben mithilfe von Kunst.

WARUM DAS WICHTIG IST

Gleich ist nicht immer gerecht. Fairness oder Gleichheit bedeutet, dass jeder bekommt, was er braucht, und dass nicht jeder immer das Gleiche bekommt. Stelle dir zum Beispiel vor, ein*e Olympiasportler*in und ein Kleinkind teilen sich eine Pizza. Wäre es sinnvoll, wenn sie die Pizza in zwei Hälften teilen würden? Ein Kleinkind kann keine halbe Pizza in seinen Magen bekommen. Spitzensportler*innen hingegen müssen ausreichend essen, um mit dem täglichen Training und den Übungen Schritt zu halten.

UND LOS GEHT'S!

1. Lies die folgende Problematik.

In der Pause liegen vier Donuts, die vom Frühstück übrig geblieben sind, im Klassenzimmer. Nathan und Janae kommen immer mit zwei Snacks in die Schule, aber Tyler hat nie einen Snack von zu Hause mitgebracht und fühlt sich hungrig. Alle drei Freunde wollen die zusätzlichen Donuts. Wie sollen die Snacks aufgeteilt werden? Wie viel soll jede*r bekommen?

2. Zeichne für jeden der drei Freund*innen einen Teller auf ein Blatt Papier. **Abb. 1**

3. Gestalte die vier Krapfen. Zuerst ein Stück braune Knetmasse zu einer Kugel zu rollen. Stich mit deinem Daumen oder einem Stift ein Loch in die Mitte. Verwende andere Tonfarben für Zuckerguss, Streusel und andere Details. **Abb. 2, Abb. 3**

4. Beschrifte jeden Teller mit dem Namen eines Freundes oder einer Freundin. Verteile das Essen auf eine Weise, die du für fair hältst, indem du mit einem Plastikmesser abschneidest. **Abb. 4**

5. Beantworte das Problem aus Schritt 1: »Wie viel bekommt jede*r?« so, dass es für dich Sinn macht. Schreibe deine Antwort in Bruchform. Zwei Beispiele für mögliche gerechte Antworten sind: »Jede*r bekommt einen halben Donut, aber Tyler würde 1½ Donuts bekommen.« Oder: »Jede*r bekommt einen Krapfen, aber Tyler bekommt zwei.« Inwiefern zeigt deine Antwort Gleichheit/Fairness gegenüber Gleichheit? Hat jede*r die Menge an Donuts bekommen, die er oder sie braucht, um in der Schule sein Bestes zu geben? **Abb. 5, Abb. 6**

6. Finde gemeinsam mit anderen Freund*innen Lösungen, z. B. »Ein*e Freund *in ist noch hungrig, während die anderen bereits satt sind. Wie kann man das Essen fair aufteilen?«

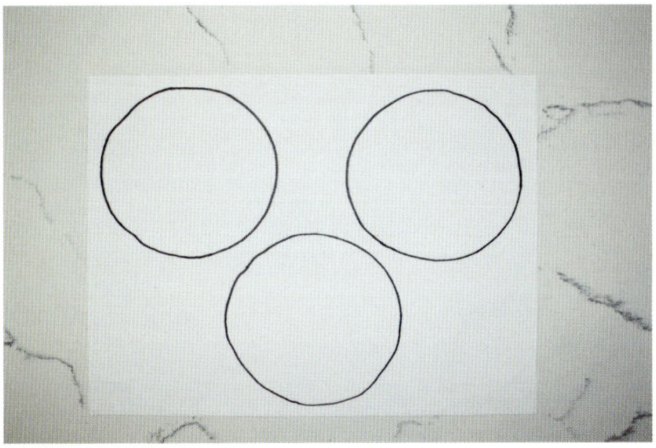

Abb. 1: Zeichne drei Kreise, die Teller darstellen.

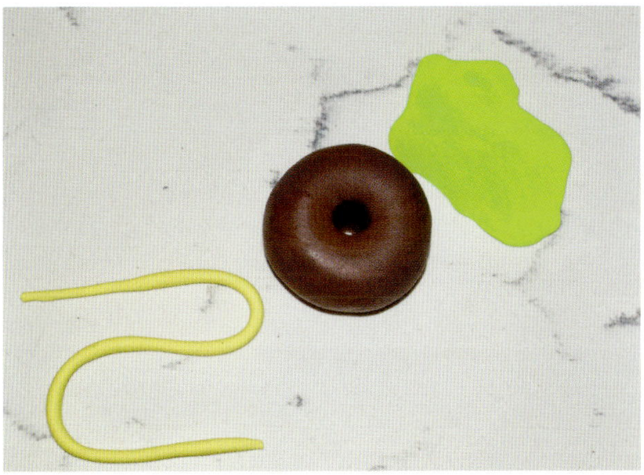

Abb. 2: Die braune Knetmasse zu einer Kugel rollen und ein Loch hineinstechen; Streusel und Zuckerguss herstellen.

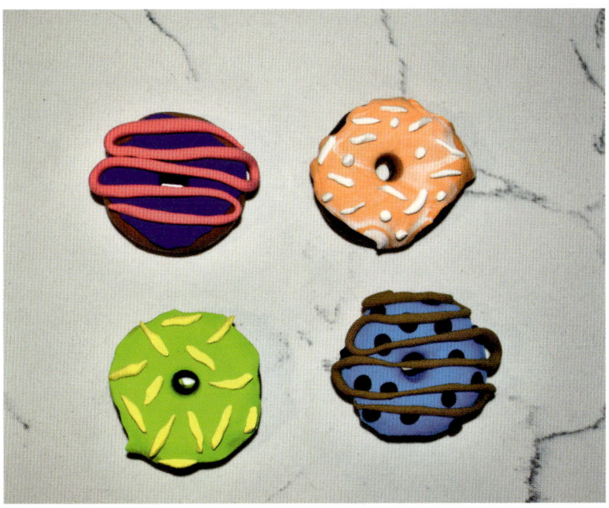

Abb. 3: Alle Teile der Donuts zusammenfügen.

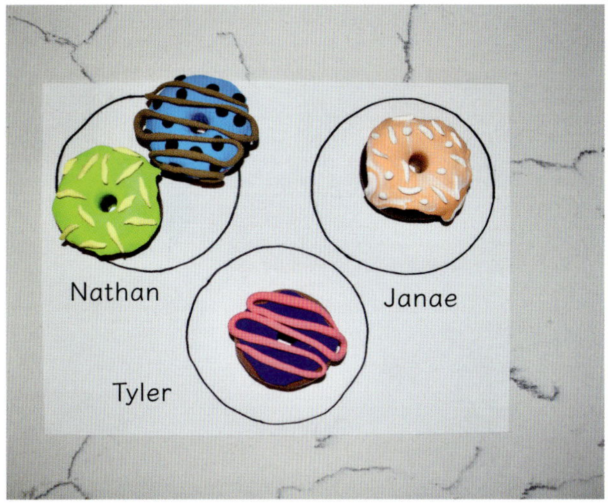

Abb. 4: Beschrifte jedes Schild mit dem Namen eines Freundes oder einer Freundin.

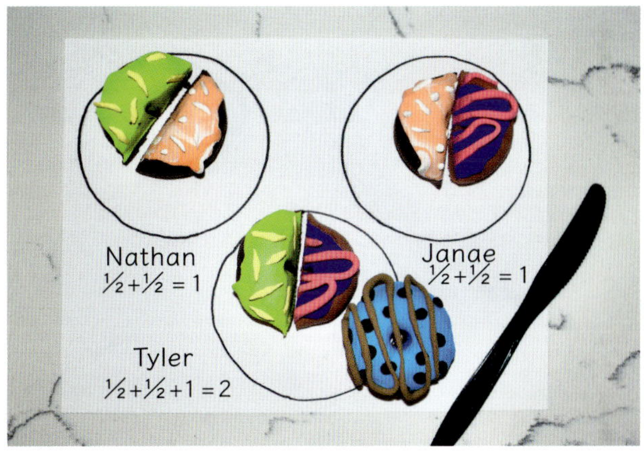

Abb. 5: : Verteile das Essen gleichmäßig. Schreibe dazu, wie viel jede*r bekommt.

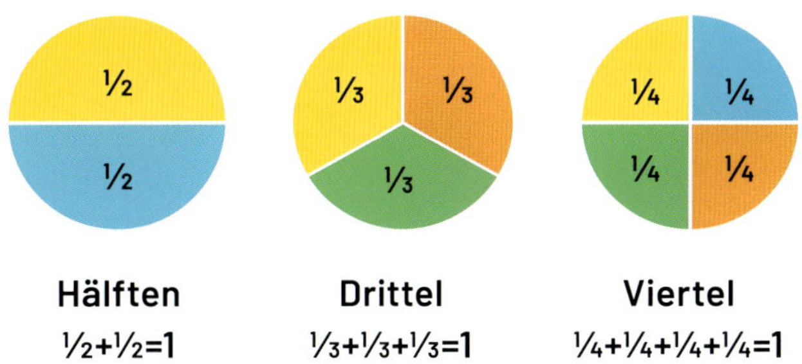

Abb. 6: Benutze die Diagramme zum Bruchrechnen.

AKTIVITÄT

23

MITFÜHLENDE GESCHÖPFE

MATERIALIEN

- Filz oder Stoff
- Näh- oder Sticknadel
- Näh- oder Stickgarn
- Baumwoll- oder Füllwatte
- Heißkleber oder Stoffkleber
- Permanent Marker oder Stoffmarker (wahlweise)
- Acryl- oder Stoffmalfarbe
- Gemischtes Zubehör (wahlweise)

HIER LERNST DU,

ein Stofftier zu gestalten, das die vier Eigenschaften des Mitgefühls symbolisiert.

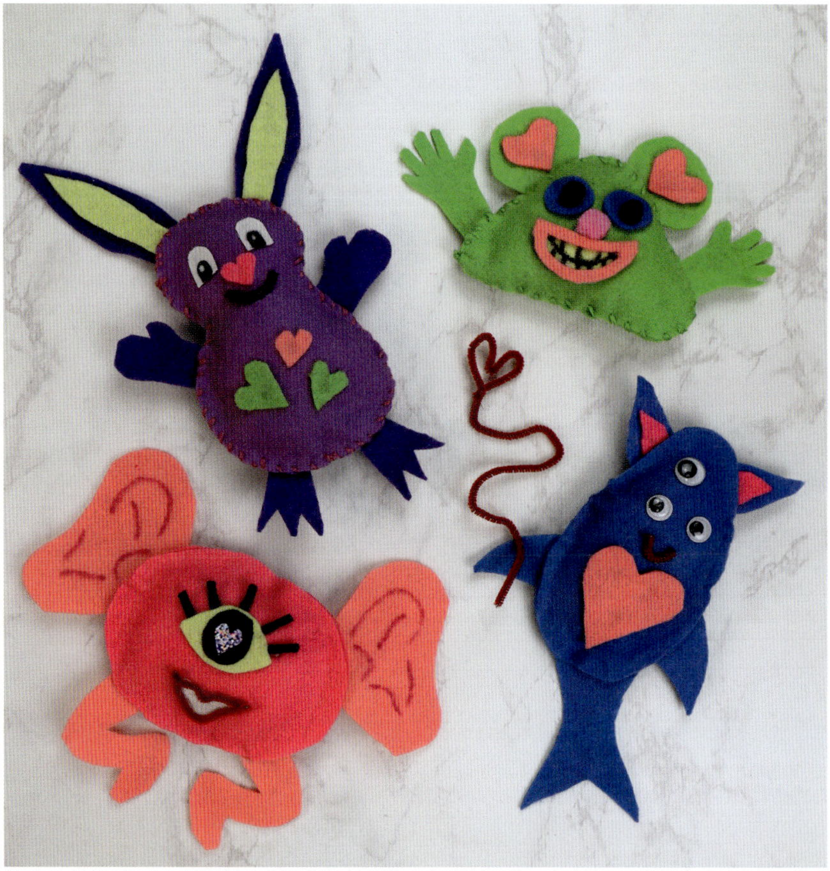

WARUM DAS WICHTIG IST

Empathie ist wichtig, denn Rassismus beruht auf Eigeninteresse und dem Wunsch, Macht zu haben und zu behalten. Aber um woke zu sein, brauchen wir auch Mitgefühl. Das bedeutet, sich um die Bedürfnisse anderer zu kümmern und etwas zu unternehmen, um ihnen zu helfen. Hier werden wir die vier Aspekte des Mitgefühls untersuchen:

1. Beobachten: Mitfühlende Menschen sehen und bemerken, wenn jemand Hilfe braucht.

2. Verstehen: Mitfühlende Menschen haben ein offenes Ohr für den Standpunkt des anderen.

3. Verbinden: Mitfühlende Menschen bauen Beziehungen auf und finden Gemeinsamkeiten selbst mit denen, die anders sind als sie.

4. Handeln: Mitfühlende Menschen werden aktiv. Wenn sie sehen, dass es jemandem schlecht geht, fragen sie, wie sie helfen können, und werden aktiv, ohne eine Gegenleistung zu erwarten.

UND LOS GEHT'S!

1. Beginne damit, eine Form für den Körper deines mitfühlenden Tierchens auf ein Stück Filz oder Stoff zu zeichnen. **Abb. 1**

2. Schneide den Körper vorsichtig aus und lege ihn auf ein anderes Stück Filz oder Stoff. Zeichne den Körper nach und schneide das zweite Stück aus.

3. Lege beide Stoffstücke aufeinander. Nähe entlang der Kanten, lass dabei eine 2,5 cm große Öffnung. Statt nähen geht auch kleben.

4. Fülle den Körper mit Baumwoll- oder Füllwatte. Nähe oder klebe die Öffnung zu. **Abb. 2**

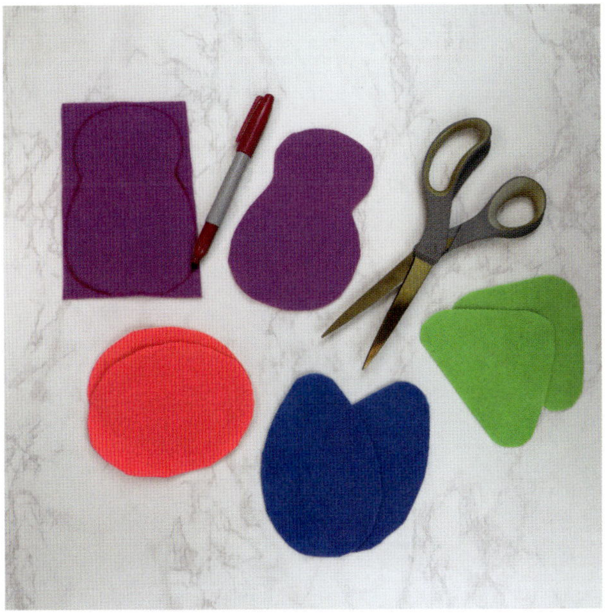

Abb. 1: Die Formen für den Körper ausschneiden.

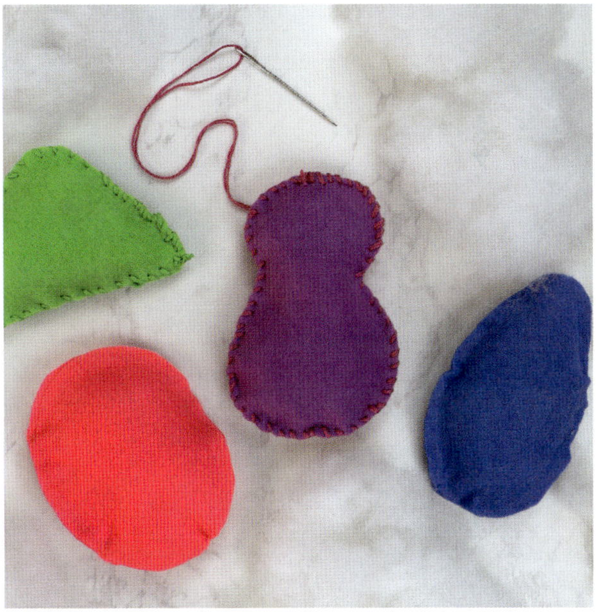

Abb. 2: Zunähen und füllen.

(WEITER)

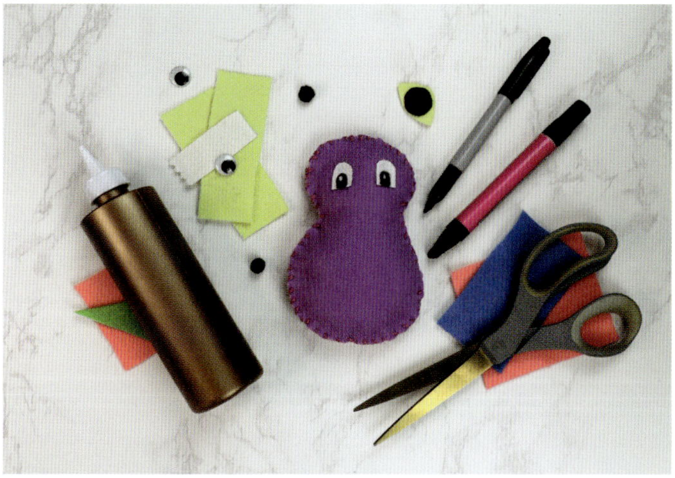

Abb. 3: Füge Augen oder ein anderes Symbol hinzu, die dir helfen zu bemerken, wenn jmd. Hilfe braucht.

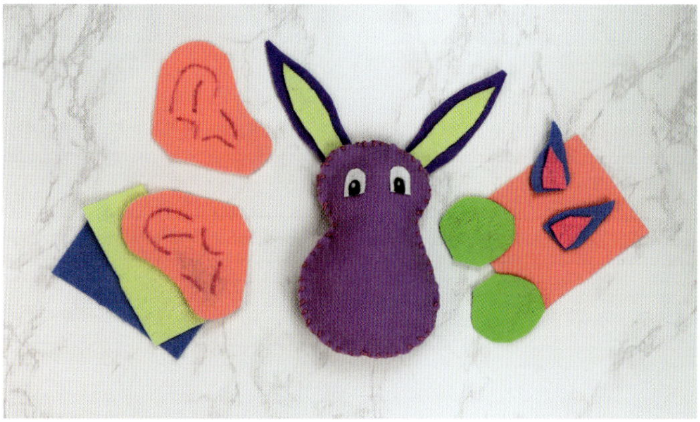

Abb. 4: Füge Ohren oder ein anderes Symbol hinzu, das dich daran erinnern sollte, die Meinung anderer zu verstehen und ihnen zuzuhören.

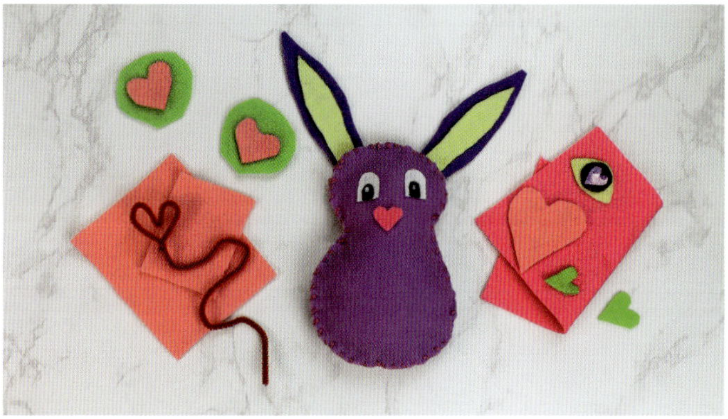

Abb. 5: Füge ein Herz oder ein anderes Symbol hinzu, das dich daran erinnert, dass du Beziehungen aufbauen und pflegen solltest.

5. Füge Augen oder ein anderes Symbol hinzu, um dich daran zu erinnern, dass du beobachtest und bemerkst, wenn jemand Hilfe braucht. (siehe Eigenschaft 1) **Abb. 3**

Benutze Stoffmarker oder -farben, um diese und die übrigen Eigenschaften hinzuzufügen.

6. Füge Ohren oder ein anderes Symbol hinzu, um dich daran zu erinnern, dass du die Sichtweise nachempfinden kannst. (siehe 2) **Abb. 4**

7. Füge ein Herz oder ein anderes Symbol hinzu, um dich daran zu erinnern, dass du dich mit Menschen verbinden und Beziehungen aufbauen willst, (siehe Eigenschaft 3) **Abb. 5**

8. Füge Gliedmaßen oder ein anderes Symbol hinzu, um dich daran zu erinnern, dass du handeln musst, wenn du siehst, dass jemand verletzt ist. (siehe Eigenschaft 4) **Abb. 6**

9. Vervollständige dein Stofftier und benutze es, um dich an die Bedeutung des Mitgefühls zu erinnern. Es gibt viele Dinge, die du tun kannst, um den Menschen in deiner Umgebung zu helfen, sowohl im Großen als auch im Kleinen. Hier sind einige Beispiele:

Kleinere Handlungen: Jemand die Tür aufhalten, der Taschen trägt, eine*n schüchternen Klassenkamerad*in in ein Spiel einbeziehen, einem älteren Nachbarn oder einer Nachbarin anbieten, Schnee zu schaufeln, eine rassistische Bemerkung ansprechen und den Betroffenen Trost spenden.

Größere Aktionen: Kleider und Spielzeugspenden für ein örtliches Tierheim, die Bereitstellung von Mahlzeiten für die Tafel, der Kauf von Schulsachen für ein bedürftiges Kind oder die Aufforderung an eure Schulbehörde, einen anti-rassistischen Lehrplan zu verabschieden.

Wann immer du dein Maskottchen anschaust, denk darüber nach, wie du Bedürfnisse wahrnehmen, Gefühle verstehen, Verbindungen aufbauen und aktiv werden kannst, um anderen zu helfen. Du kannst auch in Erwägung ziehen, dein Mitleidstier jemandem zu schenken, der Trost braucht.

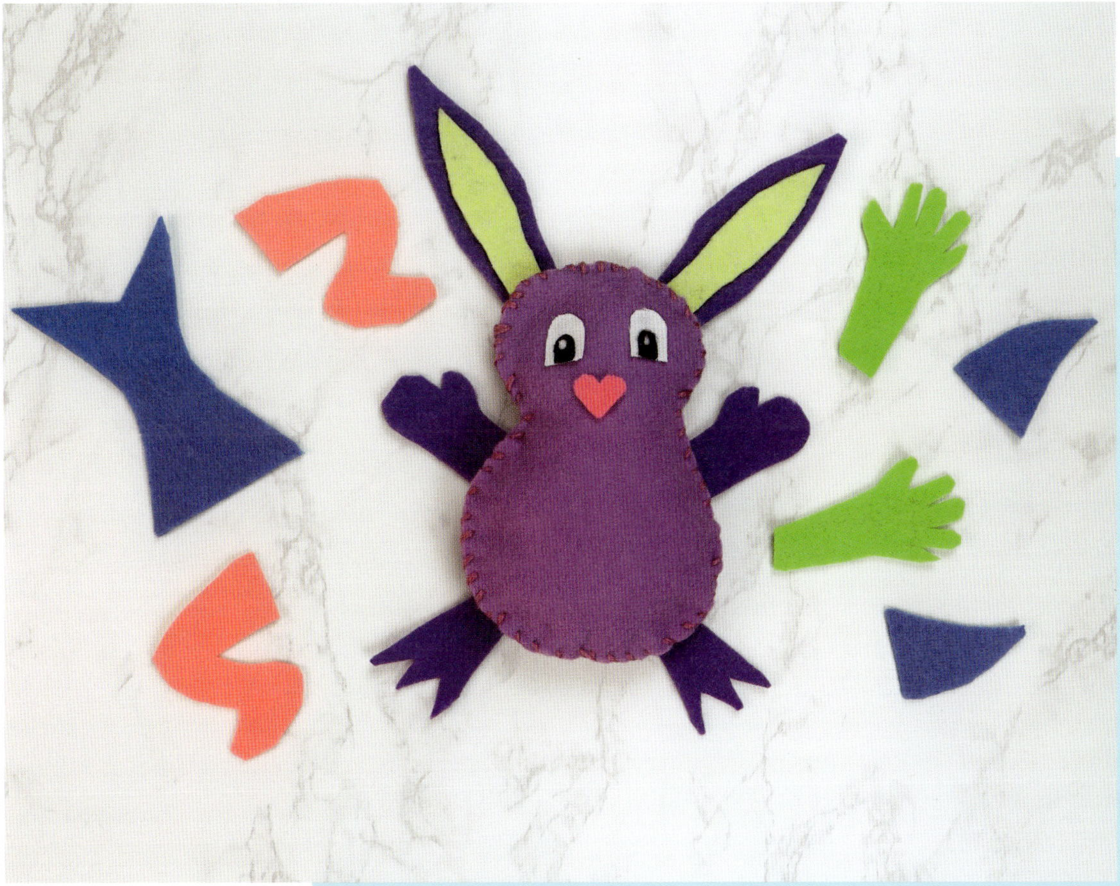

Abb. 6: Füge Gliedmaßen oder ein anderes Symbol hinzu, das dich daran erinnert, aktiv zu werden.

AKTIVITÄT 24

UNSERE TRÄUME ZEICHNEN

MATERIALIEN

+ Bleistift
+ Weißes Papier
+ Malstifte, Farbe oder Buntstifte
+ Schere
+ Klebestick
+ Schwarzes Bastelpapier
+ Weißkreidestift
+ Permanent Marker

HIER LERNST DU,

eine Collage zu erstellen, die die Veränderung zeigt, die ihr in der Welt sehen wollt.

WARUM DAS WICHTIG IST

Es ist wichtig zu verstehen, dass Menschen bestimmte Privilegien, Möglichkeiten und Erfahrungen haben, während andere dies nicht haben. Empathie ermöglicht es uns, diese Unterschiede wahrzunehmen und zu verstehen, wie sie das Leben anderer beeinflussen. Damit können wir uns in das Leben anderer hineinversetzen und ihre Lebensweise besser verstehen.

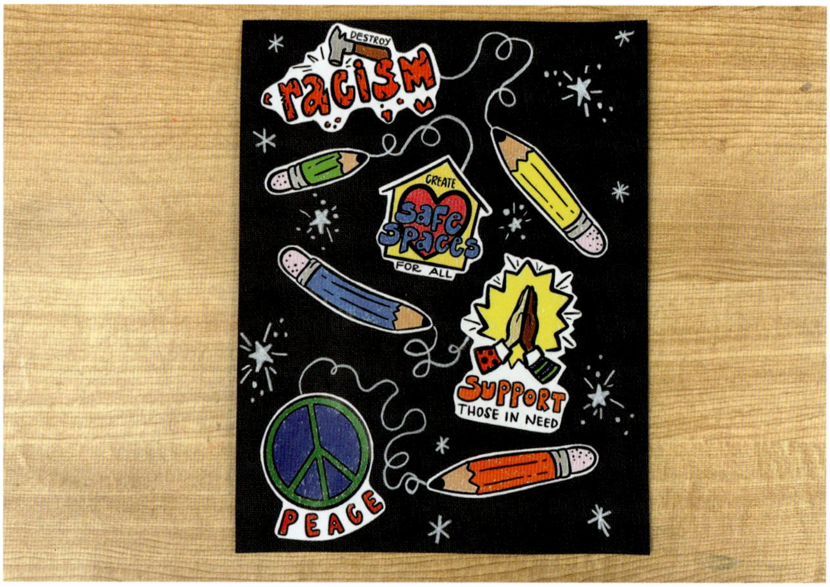

Abb. 6: Füge magische Details hinzu.

UND LOS GEHT'S!

1. Um eine bessere Welt zu schaffen, müssen wir sie uns zunächst vorstellen. In dieser Übung stellst du dir vor, du hättest einen Bleistift, mit dem du zaubern kannst. Beginne damit, diese magischen Bleistifte auf ein Blatt Papier zu zeichnen. **Abb. 1**

2. Benutze Buntstifte, Malstifte oder Farbe, um die Bleistiftzeichnungen bunt auszumalen. **Abb. 2**

3. Schneide die bemalten Bleistifte aus und klebe sie auf ein Stück schwarzes Bastelpapier. **Abb. 3**

4. Denkt gemeinsam über die Probleme nach, die euren Wohnort und die Welt derzeit betreffen. **Abb. 4**

Was würdest du auf magische Weise in die Welt zaubern, um die Probleme zu lösen, die du festgestellt hast?

Zeichne Parolen auf einem separaten Blatt. Beschrifte jedes Bild mit einem Wort oder Satz, der die Botschaft unterstützt.

Aktivist*innen auf der ganzen Welt haben ihre Geschichten erzählt, um sich für Veränderungen einzusetzen. Wenn andere mit ihnen mitfühlen können, fühlen sie sich ermutigt zu helfen. Wenn wir gelernt haben, uns in andere hineinzuversetzen, müssen wir mit unserer Stimme und unserem Handeln dazu beitragen, eine gerechte Welt für uns alle zu schaffen.

5. Schneide deine Symbolbilder aus und klebe sie auf dein schwarzes Bastelpapier. **Abb. 5**

6. Zeichne mit einem Weißkreidestift Linien, die die Bleistiftspitzen mit den Illustrationen verbinden. Füge magische Details wie Sterne, Punkte und andere Muster hinzu. **Abb. 6**

Dein Kunstwerk soll uns daran erinnern, wie wir uns sozial einsetzen können.

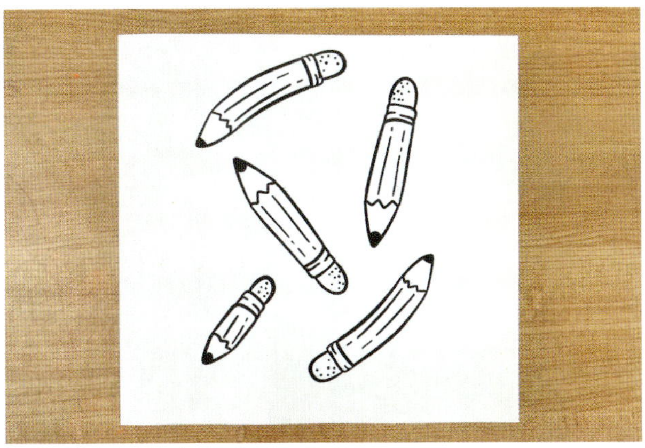

Abb. 1: Zeichne magische Bleistifte.

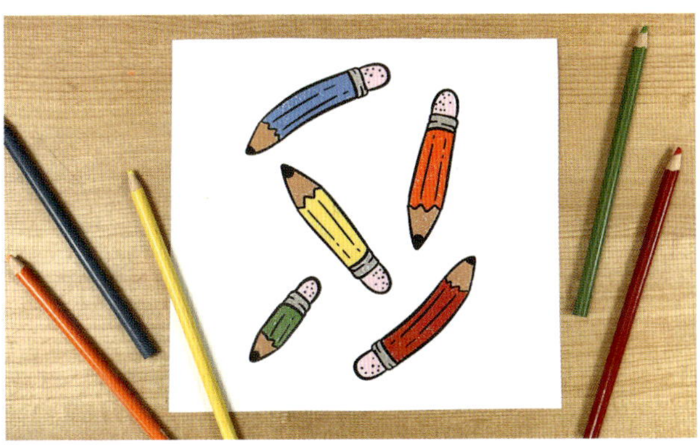

Abb. 2: Male sie bunt aus.

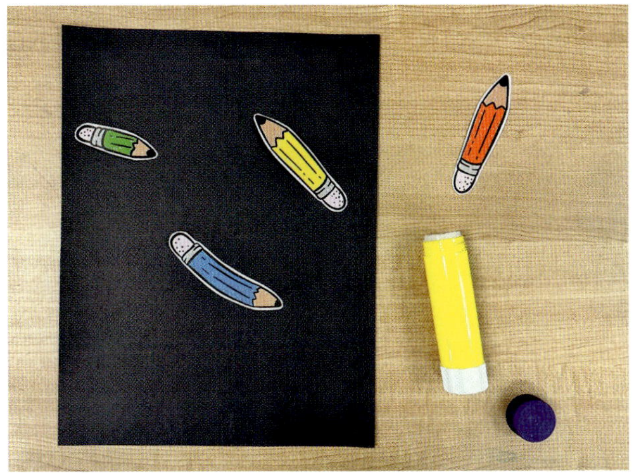

Abb. 3: Bleistifte ausschneiden und aufkleben.

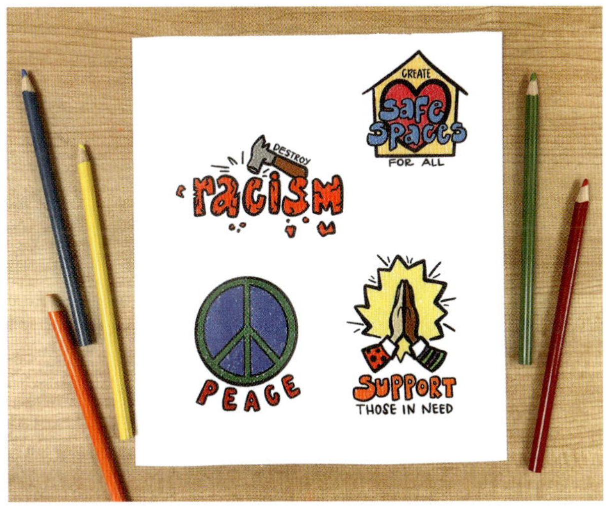

Abb. 4: Stelle die Veränderung dar, die du dir für die Welt wünschst.

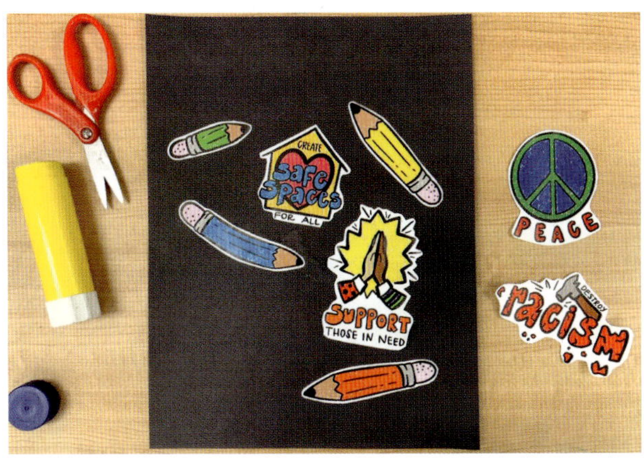

Abb. 5: Schneide deine Illustrationen aus und klebe sie auf.

AKTIVITÄT 25

COMIC-ERFOLGSSTORY

MATERIALIEN

+ Papier
+ Bleistift
+ Buntstifte, Malstifte oder Filzstifte
+ Lineal

HIER LERNST DU,

einen Comicstrip zu erstellen, der eine erfolgreich bewältigte Herausforderung darstellt.

WARUM DAS WICHTIG IST

Wir alle müssen uns Aufgaben stellen, die Triumphe beinhalten. Ein Triumph ist ein Sieg oder Erfolg. Manchmal können diese Herausforderungen eine ungerechte Behandlung sein, die wir wegen unserer Identität erfahren. Das Nachdenken über diese Herausforderungen ist ein wichtiger Teil der Überwindung und des Verständnisses dafür, was andere durchmachen. Wir können uns in die Kämpfe anderer hineinversetzen, indem wir uns in andere einfühlen und ihnen helfen, wenn sie Ähnliches bewältigen müssen.

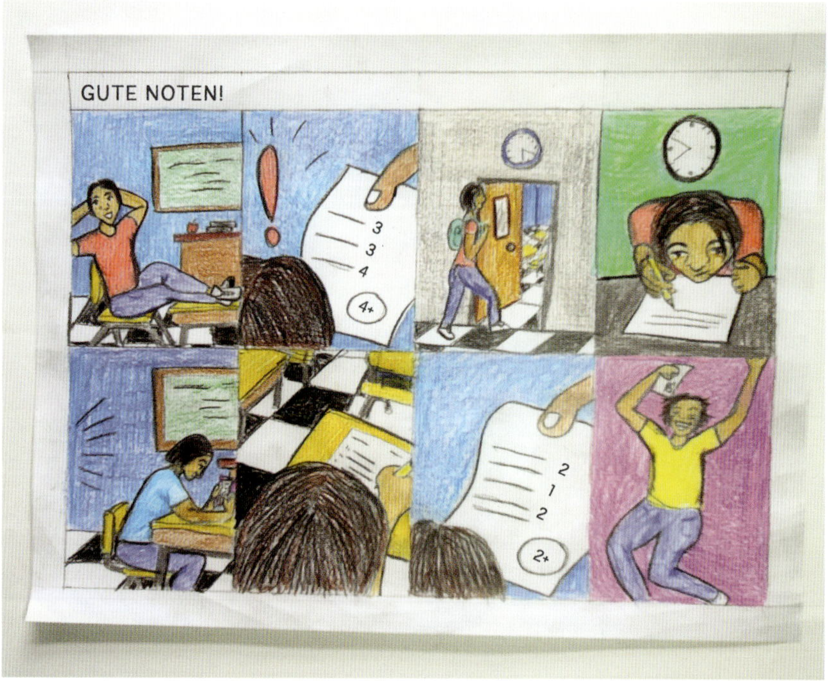

LEGEN WIR LOS!

1. Denke an eine Zeit, in der du eine Herausforderung erlebt hast. Welche Schritte hast du unternommen, um diese Herausforderung zu bewältigen? Skizziere das Ganze. Füge zwei bis drei Dinge hinzu, die am Anfang deiner Erfolgsstory, am Höhepunkt und am Ende passiert sind. **Abb. 1**

2. Ein Comic ist eine visuelle Art, eine Geschichte zu erzählen, bei der die Ereignisse wie im Film ablaufen. Erstelle für jeden Teil der Story ein gleichgroßes Einzelbild. Benutze ein Lineal, um deine Comic-Panels auszumessen und zu zeichnen. **Abb. 2**

3. Zeichne in jedes Panel (oder Kasten) dich selbst, die Hauptfigur, die jede Etappe deiner Erfolgsstory erlebt. Füge Details im Hintergrund hinzu, um die Umgebung zu gestalten. In Gedanken- oder Sprechblasen kannst du festhalten, was du dabei gefühlt hast. **Abb. 3**

4. Male die Szenen farbig aus. **Abb. 4**

5. Teile dein Comic und diskutiere über die Bewältigung von Herausforderungen. Du kannst auch mit anderen zusammenarbeiten, um ein Comic über Herausforderungen zu erstellen, die ihr alle gemeistert habt. Dein Buch wird zeigen, welche Strategien Menschen anwenden, um Hürden zu nehmen. Der Austausch über unsere Herausforderungen und Erfolge kann uns helfen, anderen beizustehen, wenn sie Ähnliches durchmachen.

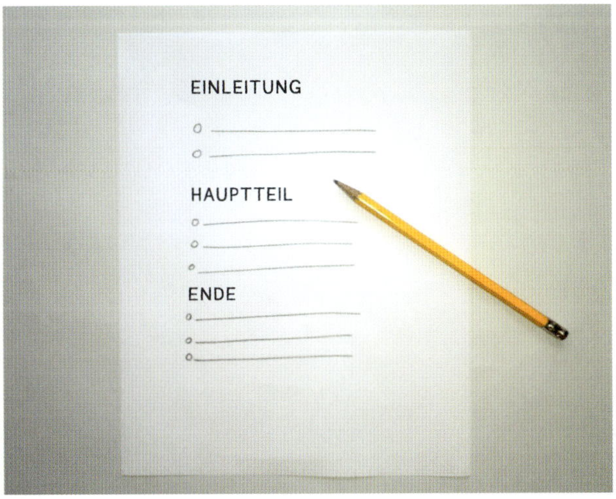

Abb. 1: Mache vorab eine Gliederung.

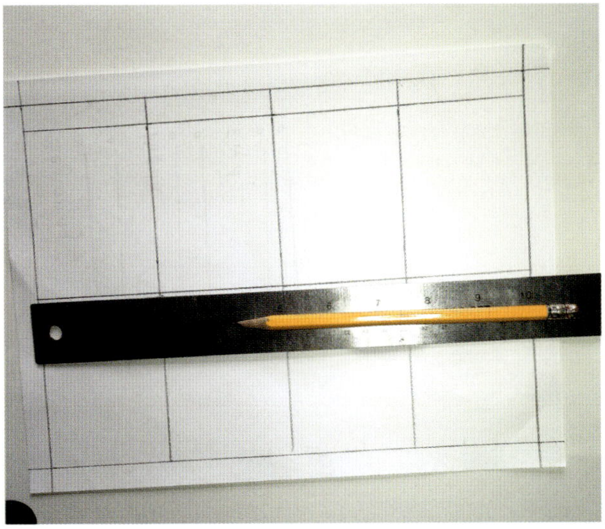

Abb. 2: Benutze ein Lineal für die Panels.

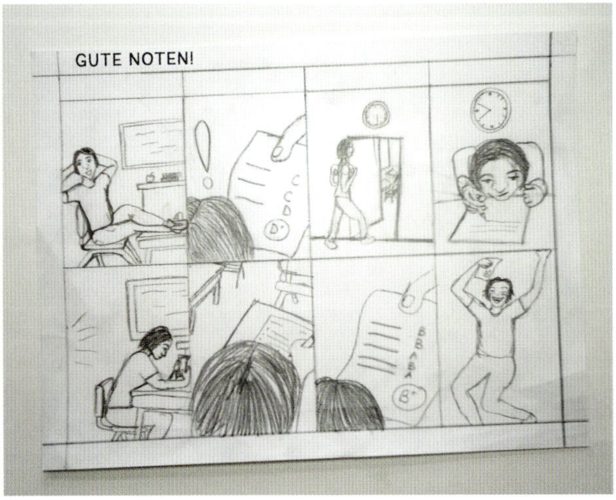

Abb. 3: Zeichne deine Heldenreise.

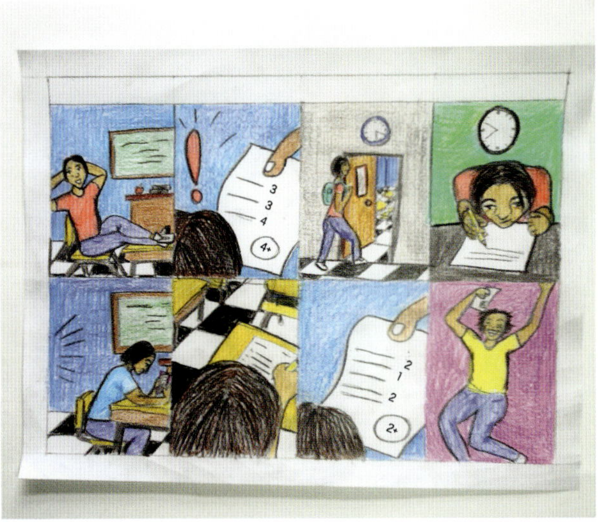

Abb. 4: Male die Kästen bunt aus.

AKTIVITÄT

26

STARKE PORTRÄTS

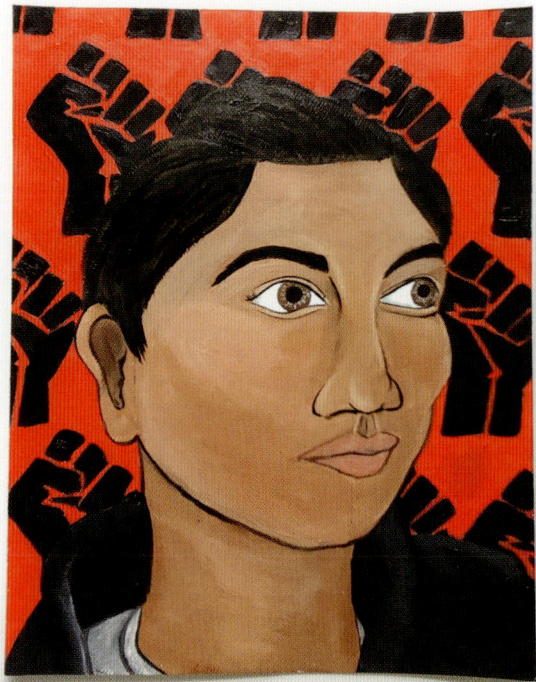

MATERIALIEN

+ Papier
+ Aquarellpapier
+ Acrylfarben (rot, gelb, blau, schwarz und weiß)
+ Bleistift
+ Ausgedrucktes Foto von dir selbst

HIER LERNST DU,

ein Selbstporträt zu erstellen, das Stereotype hinterfragt.

WARUM DAS WICHTIG IST

Unser Verständnis von Menschen kann von Stereotypen beeinflusst werden. Ein Stereotyp, das oft falsch und zu stark vereinfacht ist, gibt einer Gruppe von Menschen ein Etikett. Stereotype lassen außer Acht, dass jeder Mensch seine eigenen Erfahrungen hat, die seine Identität prägen. Die Schaffung von Kunstwerken, die diese Stereotype direkt in Frage stellen, ist eine Möglichkeit, unsere Gesellschaft zu verändern und zu zeigen, dass Menschen viele verschiedene Charaktereigenschaften haben.

FANGEN WIR AN!

1. Wurdest du schon einmal in eine Ecke gestellt? Denke an eine Situation, in der jemand etwas über dich angenommen hat, ohne dich zu kennen. Welche Vermutung wurde geäußert? Wie hast du dich dabei gefühlt? Wie sollte dich diese Person sehen?

2. Für dieses Projekt wirst du ein Selbstporträt über deine Erfahrungen erstellen. Denke über Folgendes nach: Was ist das Wichtigste an deiner Identität? Welche Erfahrungen haben deine Identität geprägt? Was liebst du an dir selbst? Wodurch fühlst du dich befähigt oder stark?

3. Benutze ein Foto, um dich auf dein Aquarellpapier zu zeichnen. Du kannst dich selbst aus der Beobachtung heraus zeichnen oder das ausgedruckte Foto verwenden und das Bild gemäß Anleitung auf Seite 22 übertragen. **Abb. 1**

4. Denke über die Nachdenkfragen aus Schritt 1 und 2 nach. Wie kannst du sie durch dein Porträt beantworten? **Abb. 2**

Mit meinem Porträt wollte ich zeigen, dass ich als indische Frau kürzeres Haar haben und meine Stimme nutzen kann, um für das einzutreten, woran ich glaube. Traditionell tragen indische Frauen ihr Haar lang. Manche Frauen schneiden es nur selten und lassen es so lang wachsen, dass es den Boden berührt. Ich trage einen schwarzen Kapuzenpulli, der ein gängiges Symbol im Kampf für Rassengerechtigkeit ist. Das Muster im Hintergrund zeigt eine erhobene Faust, die ein Symbol für Rasseneinheit und Macht ist. Diese Elemente zeigen meine Überzeugung, dass alle Menschen wertvoll sind und eine Stimme haben dürfen.

5. Verwende Farbe, um dein Porträt zu vervollständigen; siehe Aktivität 4, Seite 26: Unsere vielen Hauttöne. **Abb. 2**

6. Überlege dir, wie du dein Kunstwerk am besten mit anderen teilen oder ausstellen kannst, um die Gemeinschaft zu beeinflussen. Erwäge, es in den sozialen Medien zu veröffentlichen, öffentlich auszustellen oder an einem Kunstwettbewerb teilzunehmen. Wenn wir unsere Kunst nutzen, um die Vielschichtigkeit der Menschen und ihre Erfahrungen zu zeigen, hinterfragen wir Stereotype und fördern die individuelle Wertschätzung aller Menschen.

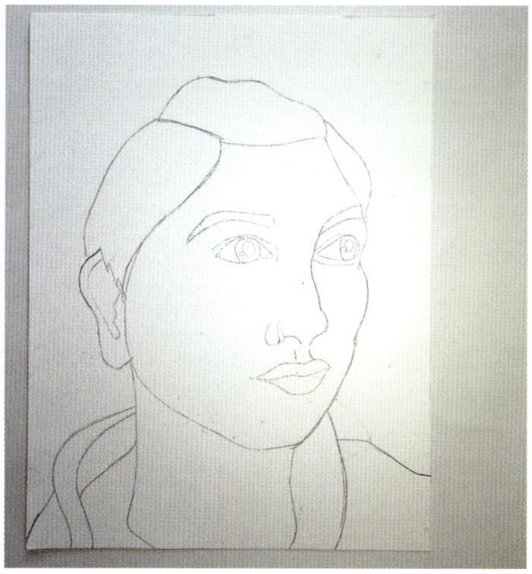

Abb. 1: Verwende ein Porträtfoto als Vorlage.

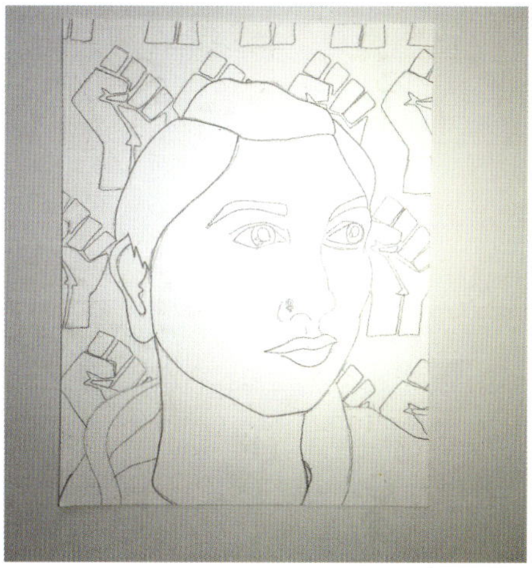

Abb. 2: Füge dem Porträt und dem Hintergrund Details hinzu.

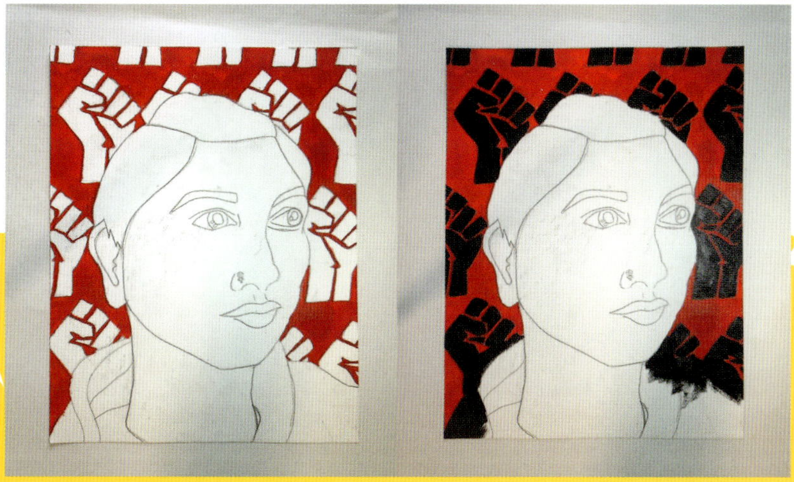

Abb. 3: Male dein Porträt aus.

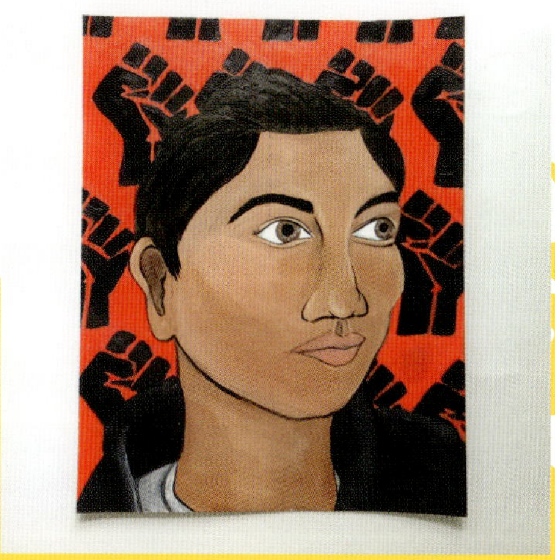

Abb. 4: Teile dein Kunstwerk.

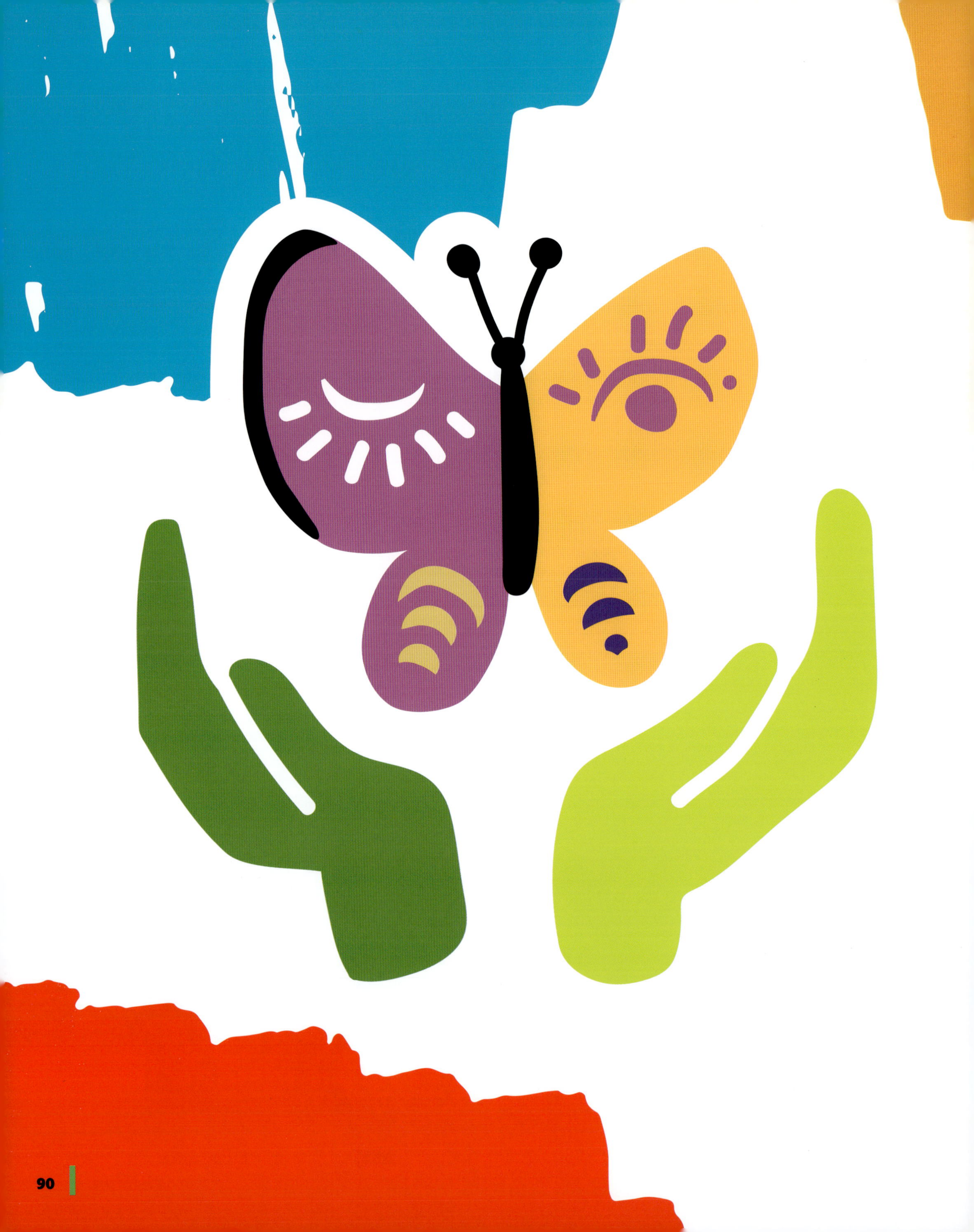

LEKTION 5

GERECHTIGKEIT

In diesem Kapitel wollen wir das Thema Gerechtigkeit näher unter die Lupe nehmen. Du wirst verschiedene Arten von Gerechtigkeit kennenlernen, wie zum Beispiel die punitive Justiz, die durch Gerichtsurteil festlegt, ob und wie eine Schuld zu bestrafen ist, die ausgleichende Gerechtigkeit, die statt Strafe Wiedergutmachung fordert und die transformative oder umgestaltende Gerechtigkeit, die darauf abzielt, dass gewaltausübende Personen Verantwortung für begangene Taten übernehmen.

Die folgenden Aktivitäten und Projekte wollen untersuchen, was fair und unfair ist. Du wirst verschiedene Beispiele von Gerechtigkeit und Ungerechtigkeit in der Geschichte und heute in Form von Gedanken, Worten, Überzeugungen, Regeln und Gesetzen ermitteln und erklären. Dies wird dich erfolgreich wappnen, um die anti-rassistischen Ansichten zu verstehen, die gestern wie heute die soziale Gerechtigkeit bestimmt haben und dies wohl auch in Zukunft weiter tun werden.

WAS IST GERECHTIGKEIT?

Gerechtigkeit heißt Fairness. Es ist auch immer eine Frage der kulturellen Sichtweise. Oft entscheiden Gemeinschaften, was für sie Gerechtigkeit bedeutet. Da Gerechtigkeit kulturell bedingt ist, gibt es verschiedene Arten von Gerechtigkeit. Hier sind einige davon.

PUNITIV BEDEUTET BESTRAFUNG

Manche Leute glauben an *punitive Gerechtigkeit*. Sie wollen wissen, wer Schaden angerichtet hat und fordern eine Strafe. Ein solches Justizsystem setzt Angst ein, um Menschen vor Straftaten abzuschrecken, hält sie aber nicht unbedingt davon ab, Regeln zu brechen oder kriminell zu werden.

AUSGLEICHEN HEISST, ETWAS WIEDERHERZUSTELLEN ODER WIEDERGUTZUMACHEN

Es gibt auch die *ausgleichende Gerechtigkeit*. Ihr Ziel ist es, den entstandenen Schaden wiedergutzumachen, indem der oder die Beschuldigte die Haftung übernimmt, um das Problem selbst zu beheben. Dies soll der geschädigten Person helfen und die Person, die den Schaden verursacht hat, dabei unterstützen, danach vernünftiger zu handeln.

TRANSFORMIEREN HEISST UMGESTALTEN

Es gibt auch die *umgestaltende Gerechtigkeit*. Ihr Ziel ist es, auf Gewalt nicht mit Gewalt zu reagieren, sondern mit gemeinschaftlichen Betreuungs- und Vorbeugeplänen. Es wird versucht, Menschen davon abzuhalten, dass sie die Regeln überhaupt erst brechen. Das bedeutet, dass ein Gemeinschaftssystem Menschen davon abhalten kann, etwas Ungerechtes zu tun. Umgestalten heißt das Übel an der Wurzel packen und der schadenbringenden Situation vorbeugen.

Denk über die Rechtssysteme in deinem Leben, in deinem näheren Umfeld oder in deinem Land nach. Funktionieren sie für alle?

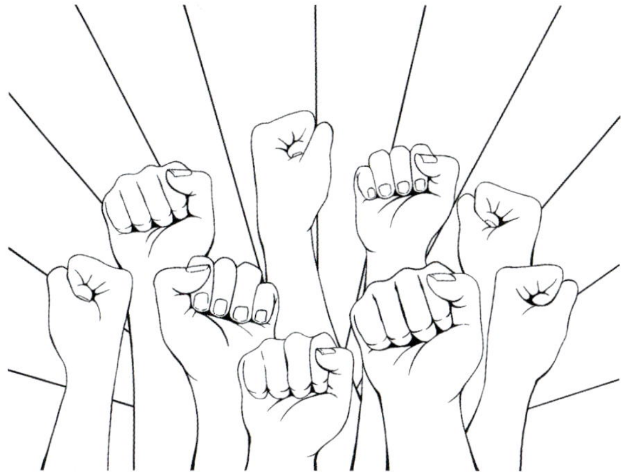

GERECHTIGKEIT NEU DENKEN

Wie kannst du in deinem engeren Umfeld dazu beitragen, ein Unterstützungssystem zu schaffen, das Menschen ermutigt, gerechter zu leben? Wie könnten wir eine Gemeinschaft gestalten, die sich um die Menschen kümmert und ihnen Erfolgschancen einräumt?

Schauen wir uns an, wie verschiedene Rechtssysteme auf jemanden reagieren, der Lebensmittel stiehlt, weil er hungert und keinen Zugang zur Tafel hat:

PUNITIVE Justiz fragt …	Was haben sie gestohlen? Wie können wir sie bestrafen?
AUSGLEICHENDE Justiz fragt …	Wie können sie den Schaden beheben, den sie durch den Mundraub verursacht haben? Wie können wir sie dabei unterstützen, sich nicht mehr als Diebe und Kriminelle zu sehen, sondern als positive Mitglieder der Gemeinschaft?
TRANSFORMATIVE Justiz fragt …	Warum sind sie hungrig? Wie können wir dafür sorgen, dass die Situation verbessert wird? Wie können wir unserer Gemeinschaft in Würde Zugang zu Lebensmitteln geben?

AKTIVITÄT 27

AKTIVIST*INNEN FEIERN

MATERIALIEN

+ Zeichen- oder Bastelpapier
+ Malstifte, Ölpastellkreiden, Marker etc.
+ Schere
+ Kleber
+ Schwarze Tinte, Temperafarben oder Acrylfarben
+ Holzgriffel

HIER LERNST DU,

Kunstwerke zu schaffen, die eine Aktivistin zum Vorbild machen.

WARUM DAS WICHTIG IST

Aktivist*innen bewegen etwas in der Welt, indem sie sich gegen Ungerechtigkeit aussprechen. Künstler*innen verwenden Bilder, um andere zu inspirieren, sich für wichtige Themen einzusetzen. Eine davon ist Faith Ringgold, die mit ihrer Protestkunst die Welt darauf aufmerksam gemacht hat, dass kunstschaffende Frauen und farbige Künstler*innen in der Minderheit sind. Faith und anderen verdanken wir heute eine größere Diversität in Museen.

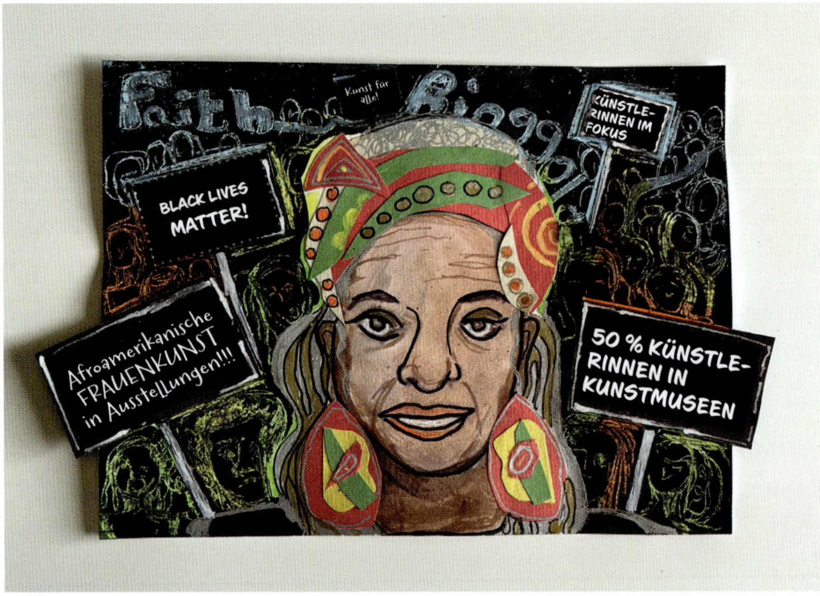

Abb. 5: Kratze nach dem Trocknen den Hintergrund frei.

UND LOS GEHT'S!

1. Denkt an eine*n Aktivist*in aus der Vergangenheit oder aus der Gegenwart, den oder die ihr gerne feiern würdet.

2. Finde Bilder des oder der Aktivist*in, die du als Referenz verwenden kannst. Wenn du Hilfe beim Zeichnen von Gesichtern brauchst, sieh dir die Vorlagen auf den Seiten 129–131 an. Du kannst entweder ein Ganz- oder Teilporträt zeichnen, aber zeichne es in deinem einzigartigen Stil und nicht wie ein Foto. **Abb. 1**

3. Füge dem Hintergrund Bilder und Text hinzu, die das darstellen, was für den oder die Aktivist*in am wichtigsten ist.

4. Füge Details mit Ölpastellkreide und Text hinzu, um mitzuteilen, was deinem oder deiner Aktivist*in wichtig ist. **Abb. 3**

Ich habe das gesamte weiße Papier mit Ölpastellkreiden bedeckt. Dann habe ich die Ölpastellkreiden mit schwarzer Tinte bedeckt. Man kann auch schwarze Acryl- oder Temperafarbe verwenden. Dann fügte ich den Plakaten und Schildern, die die Demonstranten hinter ihr hochhielten, Parolen hinzu. **Abb. 4**

5. Kratze mit einem Holzgriffel durch die Tinte, um die Ölpastellfarben im Hintergrund freizulegen und weitere Details oder ein Bild zu erstellen. In meinem Fall habe ich einzelne Personen gemalt, um eine Menschenmenge bei einer Demonstration darzustellen. **Abb. 5**

Wenn du fertig bist, hänge dein Kunstwerk öffentlich auf, damit andere etwas über deine*n Aktivist*in und die Sache, die ihm/ihr wichtig war, erfahren können.

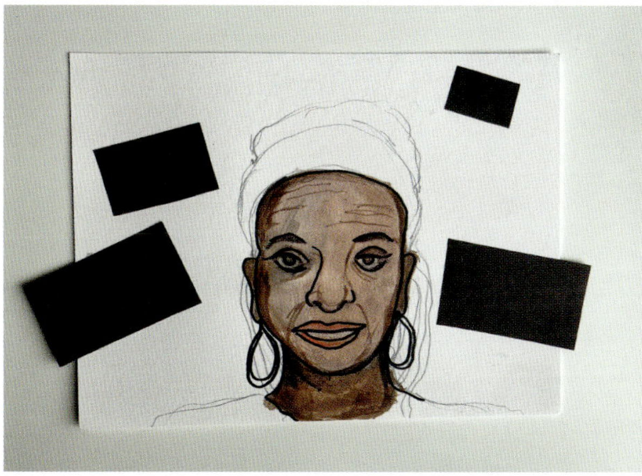

Abb. 1: Zeichne eine*n Held*in deiner Wahl.

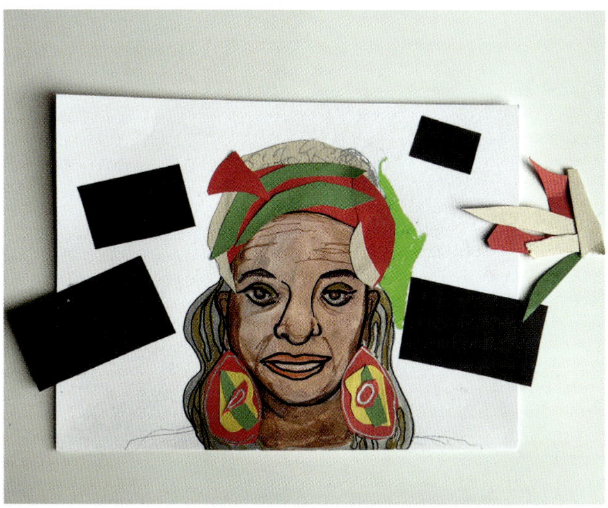

Abb. 2: Füge Details hinzu, die deine*n Aktivist*in einzigartig machen.

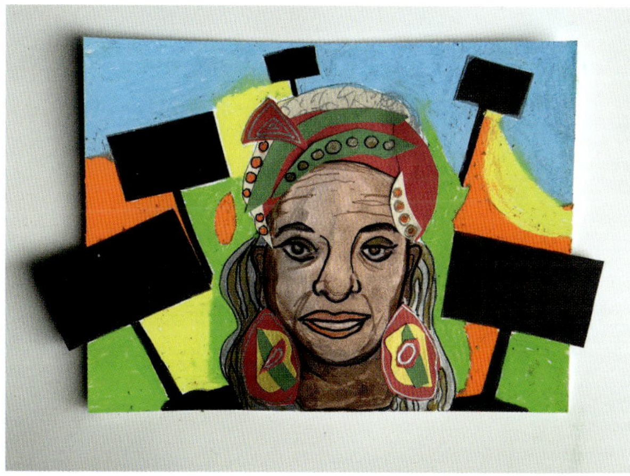

Abb. 3: Verwende Ölpastellkreide für den Hintergrund.

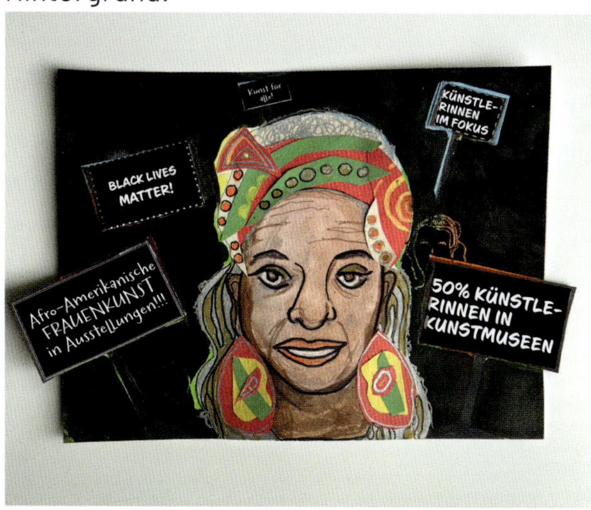

Abb. 4: Übermale die Ölpastellkreide mit schwarzer Tinte.

AKTIVITÄT 28

TEXTE IN DER KUNST

MATERIALIEN

+ Papier
+ Papier mit Text (Zeitungen, Zeitschriften, Bücher etc.)
+ Wasserfarben
+ Malpinsel
+ Becher mit Wasser
+ Malstifte, Buntstifte, Filzstifte etc.
+ Schablonen
+ Schere
+ Acrylfarben

HIER LERNST DU,

ein Kunstwerk zu schaffen, das mit Text eine starke Aussage macht.

WARUM DAS WICHTIG IST

Bilder können eine mächtige Wirkung haben, aber auch Worte! Sie können wie Bilder verwendet werden, um Ideen anders zu vermitteln. Manchmal ist es schwer, Worte zu finden, wenn wir von Ungerechtigkeit betroffen sind. Dann schwirrt uns der Kopf, aber deine Stimme ist wichtig, wenn es um Wandel geht. Heute kannst du eine Idee teilen, indem du ein Kunstwerk schaffst, das Texte kunstvoll hervorhebt.

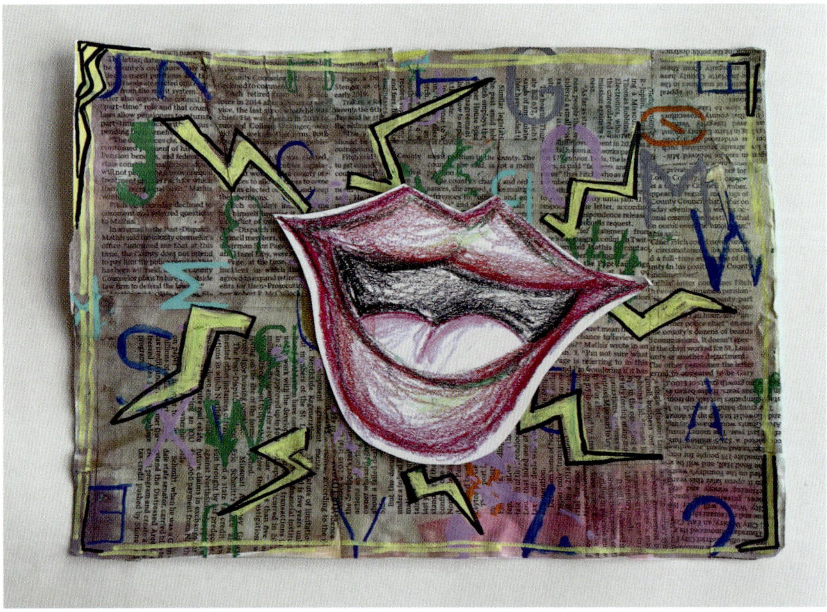

Abb. 5: Füge das Bild, das du gezeichnet hast, dem Texthintergrund hinzu, indem du es mittig aufklebst.

UND LOS GEHT'S!

1. Welche positive Veränderung wünschst du dir für die Welt? Wie kannst du die Öffentlichkeit über dieses Anliegen aufklären? Suche in Zeitungen, Magazinen oder Büchern nach inspirierenden Texten und schneide sie für eine Collage aus.

2. Klebe den Text mit einer Acrylfarbe auf ein Blatt Papier, um mit der Gestaltung deines Hintergrunds zu beginnen. **Abb. 1**

3. Verwende Aquarellfarbe, um deinem Text Farbe zu geben. Überlege, welche Farben deine Botschaft unterstützen. **Abb. 2**

4. Überlege, wie du die Idee, deine Stimme auch ohne Worte sprechen zu lassen, darstellen willst. Ich habe einen Mund gezeichnet, aber du kannst auch ein Megafon, Blitze oder Zickzacklinien wählen, die für das Sprechen stehen. **Abb. 3**

5. Verwende Zeichenmaterial und/oder Schablonen, um Buchstaben oder andere Symbole auf den Hintergrund zu malen. Diese können etwas ausdrücken. Du kannst aber auch mit durcheinandergewirbelten Buchstaben zeigen, dass uns manchmal Worte fehlen, um unsere Traurigkeit oder Frust auszudrücken. Dafür gibt es die Kunst! **Abb. 4**

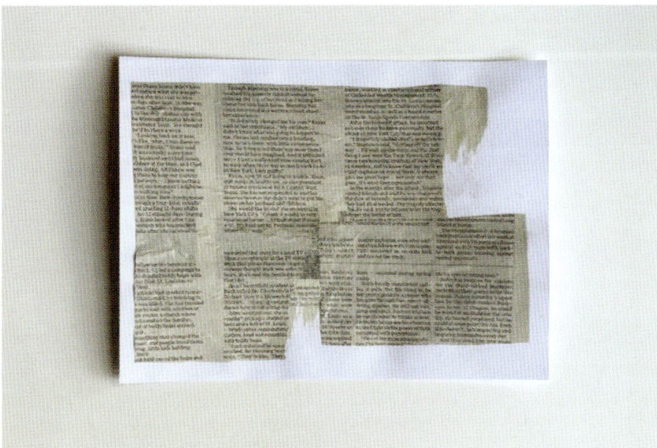

Abb. 1: Schneide das Papier mit dem Text aus und klebe es auf dein Papier.

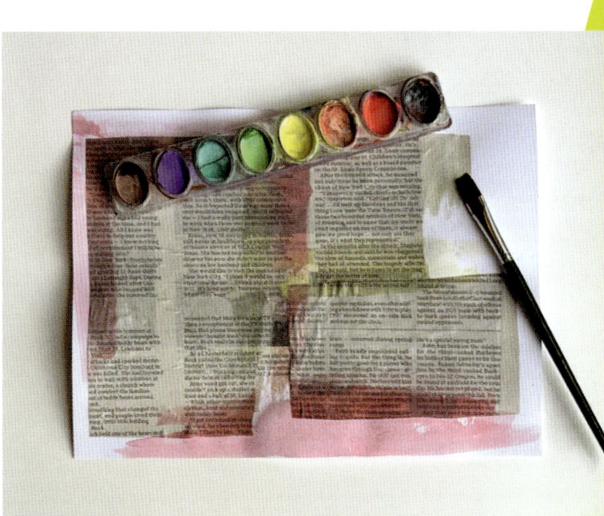

Abb. 2: Füge deinem Textbild Farbe hinzu.

6. Schneide dein Bild aus Schritt 4 aus und klebe es auf deinen Text. Denk daran, dass Text allein schon Kunst sein kann, du brauchst also kein Bild, um dein Wortkunstwerk zu vollenden. **Abb. 5**

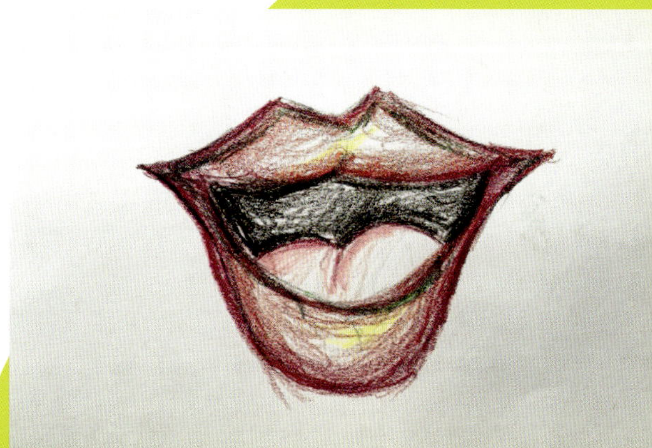

Abb. 3: Zeichne ein Bild, das zeigt, wie du deine Stimme einsetzen kannst.

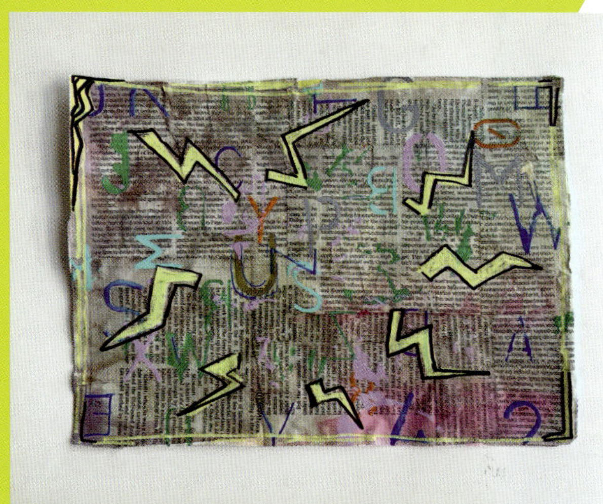

Abb. 4: Füge auffällige Buchstaben hinzu.

AKTIVITÄT 29

MINIATURPLAKATE

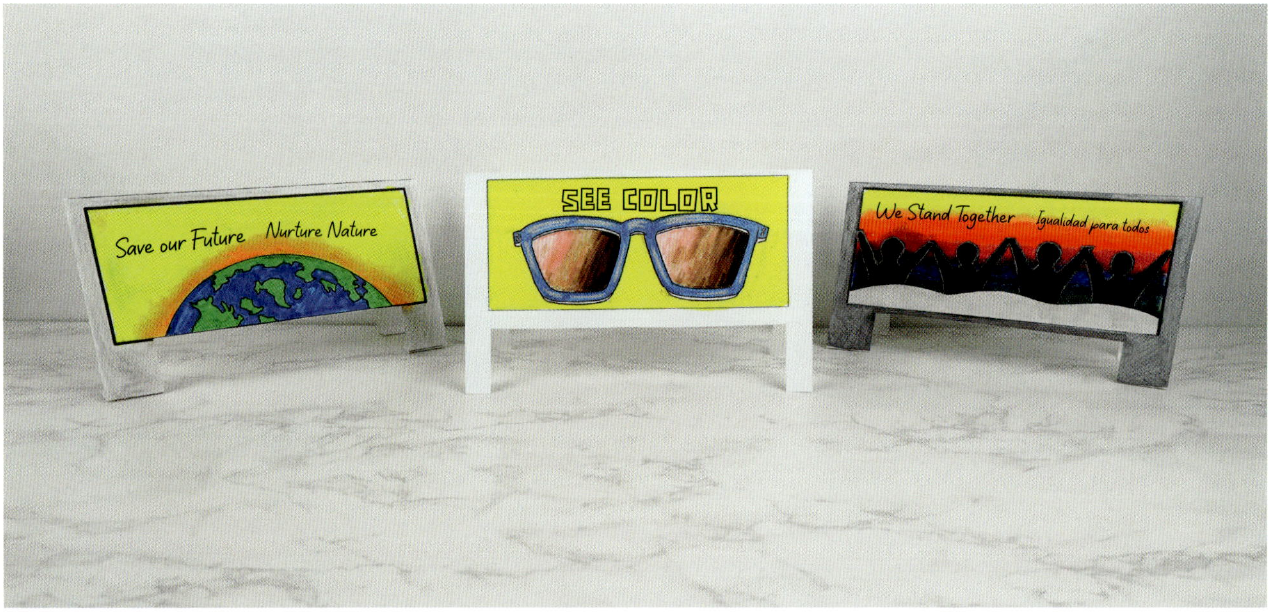

MATERIALIEN

- Bleistift
- Papier
- Lineal
- Malstifte, Buntstifte, Filzstifte etc.
- Schere

WARUM DAS WICHTIG IST

Ein Sozialkommentar ist, wenn man eine starke Meinung zu einem aktuellen gesellschaftlichen Thema hat und sie nutzt, um etwas zu bewegen, indem man die Öffentlichkeit informiert. Wir können Bilder und Texte verwenden, um unsere Ideen durch Kunst zu vertreten und Gerechtigkeit zu erreichen.

HIER LERNST DU,

ein Miniplakat zu gestalten, das sich zu einem sozialen Thema äußert.

UND LOS GEHT'S!

1. Denk an ein Problem in deinem Wohnort, das du gern anpacken würdest. Was ist das Problem und warum willst du es ändern?

2. Falte ein Stück Papier und schneide an der Unterseite ein Rechteck aus. Zeichne ein größeres Rechteck auf der Oberseite. **Abb. 1**

3. Skizziere dein Plakat mit Bildern und Worten, die das Problem beschreiben und den Gerechtigkeitssinn schärfen. **Abb. 2**

4. Verwende Malstifte, Bunt- oder Filzstifte, um dein Plakat farbig zu gestalten. **Abb. 3**

5. Teile dein Werk mit anderen! Reiche deinen Entwurf bei einem lokalen Plakatwettbewerb ein oder sammle Gelder, um deine Kunst in größerem Rahmen auszustellen. **Abb. 4**

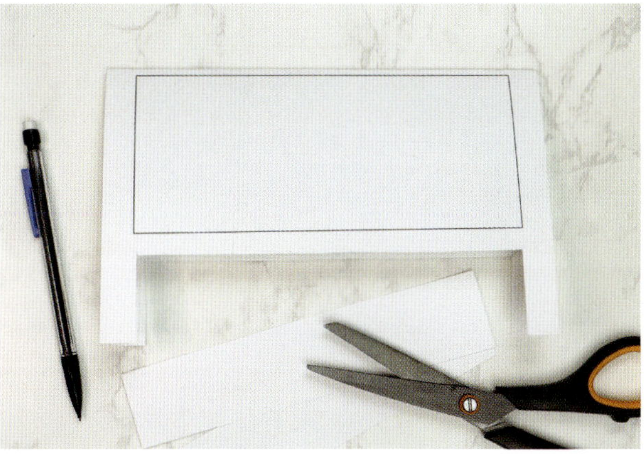

Abb. 1: Schneide dein Plakat aus.

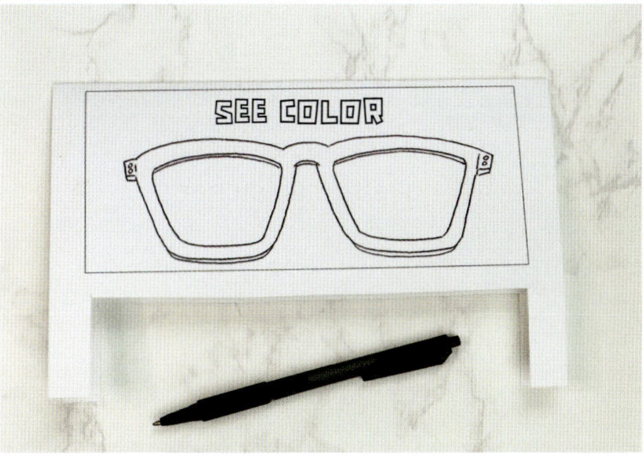

Abb. 2: Zeichne dein Plakatmotiv.

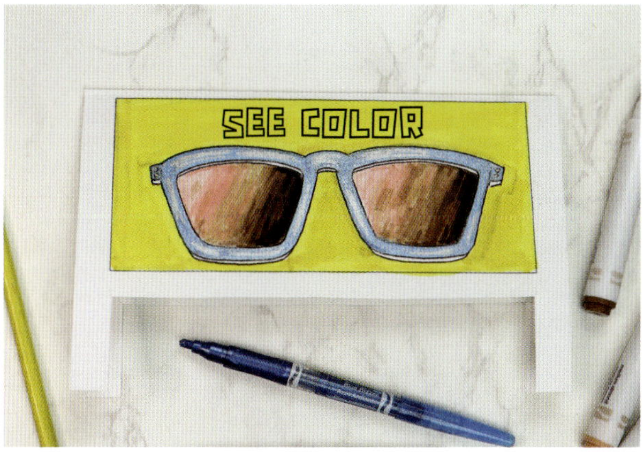

Abb. 3: Male es bunt aus.

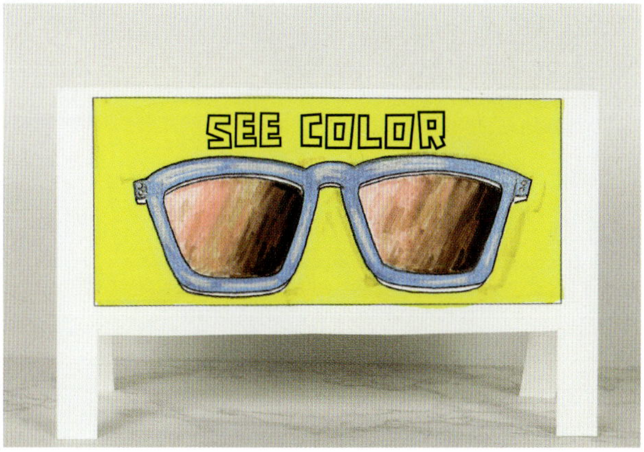

Abb. 4: Teile dein Kunstwerk!

AKTIVITÄT 30

SOZIALKRITISCHE WÄNDE

MATERIALIEN

- Papier
- Motivpaper (z. B. Backstein, Mauerwerk, gepunktet etc.)
- Kamera und Drucker (hilfreich, aber nicht notwendig)
- Bleistift
- Acrylfarben
- Filzstifte
- Schere

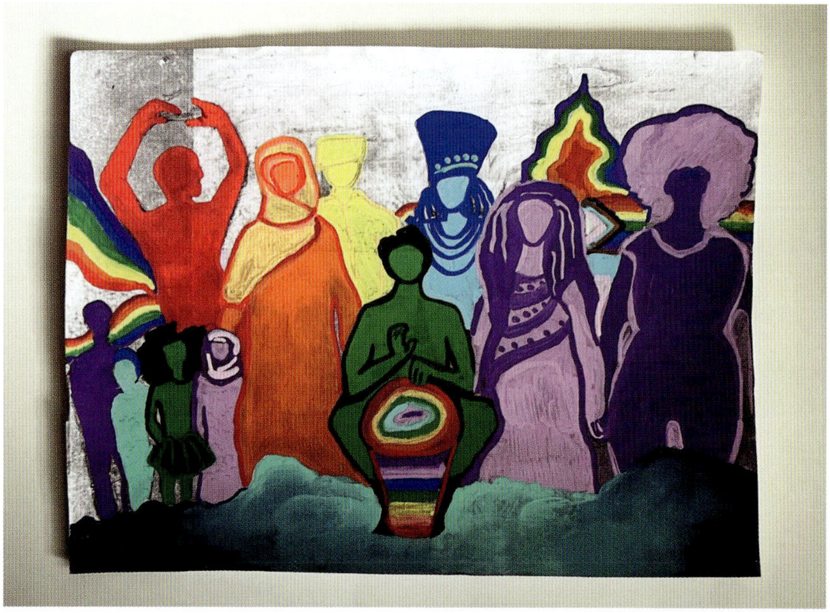

HIER LERNST DU,

ein Wandgemälde zu entwerfen, auf das du die Öffentlichkeit aufmerksam machen willst.

WARUM DAS WICHTIG IST

Öffentliche Kunstwerke werden für die breite Masse außerhalb eines Museums oder einer Galerie geschaffen. Sie können einen Ort verschönern und Gespräche über ein wichtiges Thema anregen. Kunst im öffentlichen Raum, die von allen gesehen werden kann, soll gleichzeitig auf wichtige Anliegen aufmerksam machen.

UND LOS GEHT'S!

1. Wenn ihr die Möglichkeit hättet, ein Wandbild zu gestalten, das auf ein Thema aufmerksam macht, das euch am Herzen liegt, was würde darauf stehen? Welche Bildsprache würde eure Ideen gut vermitteln? Notiert eure Gedanken oder skizziert sie.

2. Fotografiert strukturierte Flächen, die einer Wand ähneln z. B. Backstein, Asphalt, Steingemäuer, Gehwege u.a. **Abb. 1**

Druckt einige Fotos aus, schneidet sie zurecht und klebt sie so auf, dass sie euer ganzes Papier bedecken. Jetzt habt ihr eine Vorlage, die ihr für euer Wandbild verwenden könnt.

3. Zeichnet euren Entwurf mit einem Bleistift auf die Wandfläche. **Abb. 2**

4. Fügt Farbe hinzu, um euer Motiv lebendig zu gestalten. Wandbilder sollen die Aufmerksamkeit auf sich ziehen und die Umgebung verschönern, verwendet also kräftige Linien und Farben. Fügt ruhig Text ein. **Abb. 3**

Dieses Wandgemälde ermutigt zur Vielfalt und akzeptiert die Menschen so, wie sie sind und wie sie leben. Welche Botschaft sendet ihr an eure Gemeinschaft, um solidarisch zu sein?

Erweiterungsaktivität: Wendet euch an eine*n lokalen Künstler*in und fragt, ob es einen Raum gibt, wo ihr euer Bild auf eine große Wand malen könnt. Wandbilder fördern die Zusammenarbeit und ermöglichen Menschen, miteinander in Kontakt zu treten.

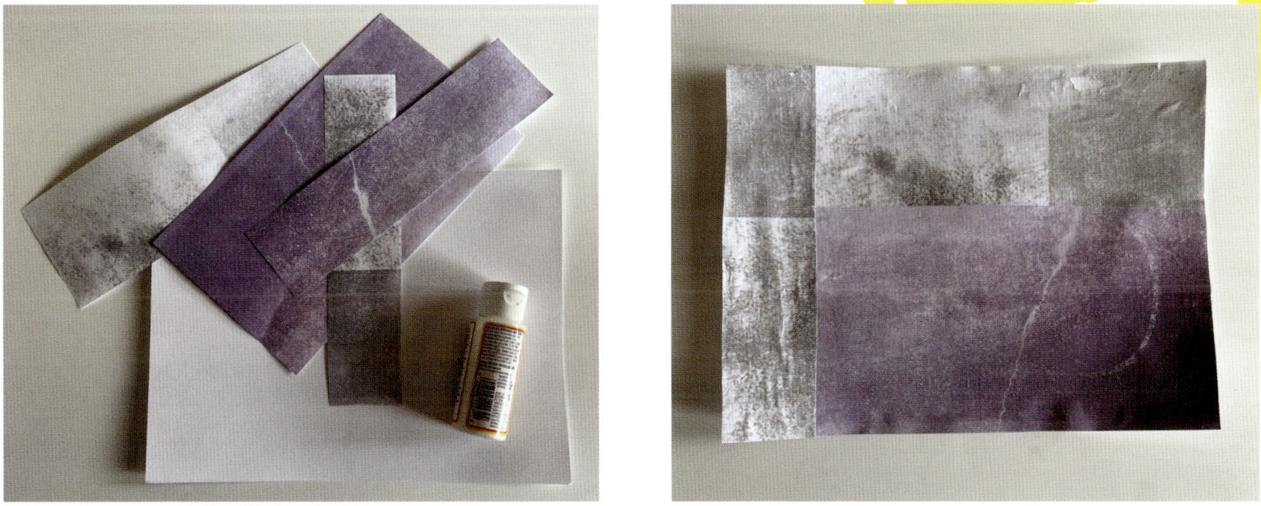

Abb. 1: Schneidet euer Foto einer strukturierten Oberfläche aus und klebt es mit Acrylfarbe auf euer Papier.

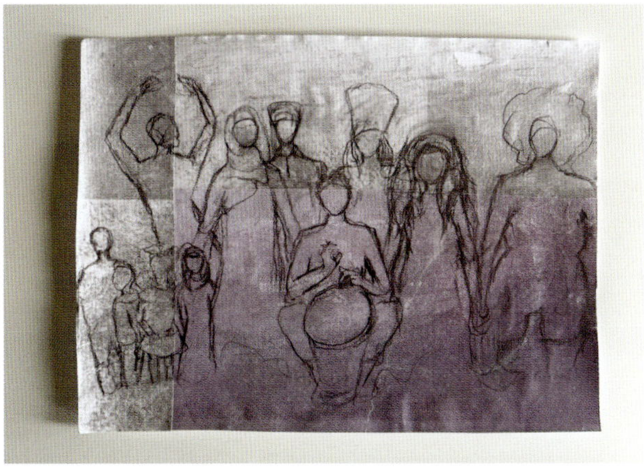

Abb. 2: Zeichnet euer Motiv mit Bleistift vor.

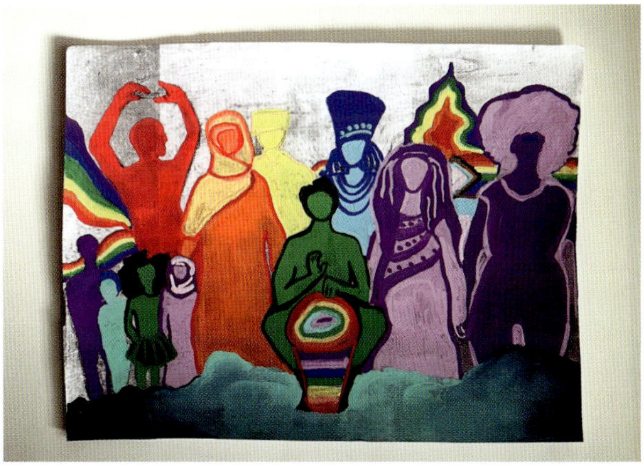

Abb. 3: Fügt Farbe und andere Details hinzu.

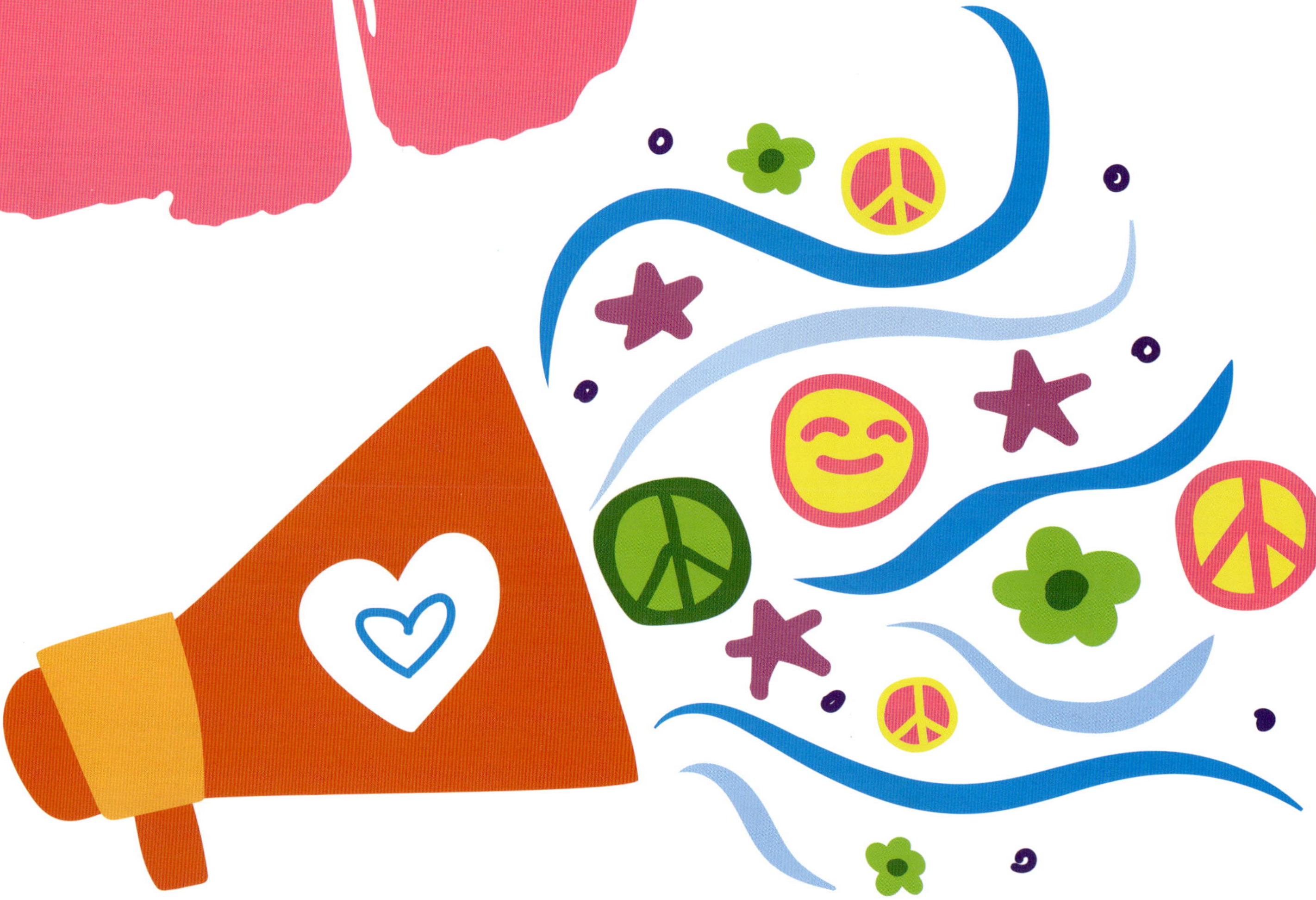

LEKTION 6

AKTIVISMUS

In diesem Kapitel befassen wir uns mit dem Thema Aktivismus. Die Welt kann manchmal ungerecht erscheinen und vielleicht siehst oder erlebst du Dinge, die du gerne ändern würdest. Zum Glück hast du die Macht, etwas zu bewegen! Aktivismus ist eine Möglichkeit, etwas zu tun, um eine Sache oder ein Thema zu unterstützen, das dir am Herzen liegt. Du wirst lernen, wie du für dich selbst eintreten und dich zum Wohl anderer verbünden kannst.

Die folgenden Aktivitäten und Projekte helfen Möglichkeiten erkunden, wie du dich am Aktivismus beteiligen kannst. So kannst du dich verantwortlich fühlen, deine Stimme erheben und gegen Ungerechtigkeit vorgehen. Die Aktivitäten in diesem Kapitel werden dir auch dabei helfen zu lernen, wie du deine Familie, deine Freund*innen und andere in deinem Lebensumfeld zusammenbringen kannst, um aktiv zu werden. Wir hoffen, dass diese Aktivitäten dir den Mut geben, ungerechte Gedanken, Worte, Handlungen, Regeln und Gesetze infragezustellen. Wir müssen für unsere Überzeugungen eintreten, auch wenn es sich schwierig anfühlt oder uns aufregt.

WAS IST AKTIVISMUS?

Aktivismus bedeutet, dass du durch dein Handeln etwas bewegst. Im Lauf der Geschichte haben Kinder wie du eine wichtige Rolle dabei gespielt, die Welt gerechter zu machen. Diese jungen Aktivist*innen haben unbeirrt das Bewusstsein geschärft und Politik, Regeln und Gesetze verändert.

KUNST+AKTIVISMUS = ARTIVISMUS

Kunst ist wichtig, weil wir uns durch sie eine bessere Zukunft erst vorstellen müssen, bevor wir sie schaffen können. Zu Beginn dieser Lektion solltest du überlegen, wie du deine Kunst und Aktionen nutzen kannst, um die Welt zu verändern, zum Beispiel durch ...

Lernen: Recherchiere ein Thema, das für dich wichtig ist. Sammle dazu Bilder und Worte. Finde heraus, wer Entscheidungen trifft für deine Schule, deine Stadt, deinen Staat oder dein Land, denn Wissen ist Macht.

Unterrichten: Informiere andere über das Thema. Halte eine öffentliche Rede, mache eine Ausstellung oder verteile selbsterstellte Broschüren und Flugblätter.

Eintreten: Tritt für Veränderungen ein, indem du einen Brief an Politiker*innen und Verantwortliche, die zu allen öffentlichen Belangen Entscheidungen treffen, schreibst.

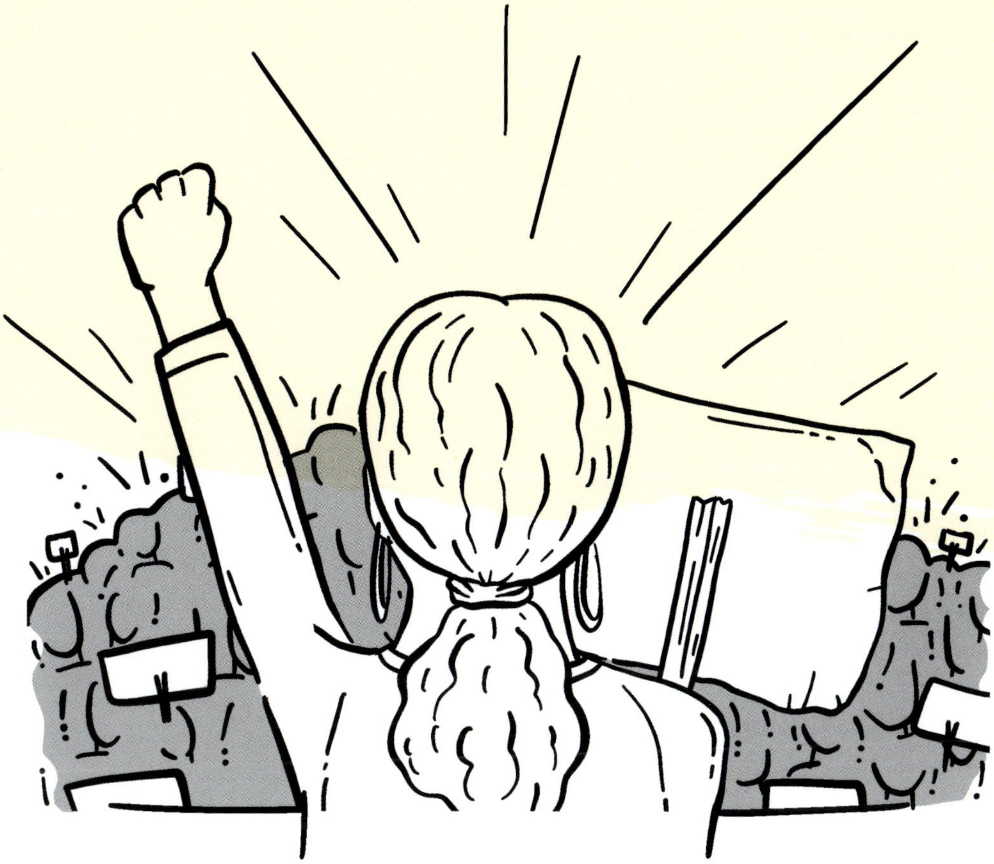

Protestieren: Setze dich für das ein, woran du glaubst. Gestalte Transparente und Plakate, die du bei einer Demo mitnehmen kannst.

Kampagnen: Kläre die Öffentlichkeit auf. Erstelle Online-Kunstwerke, die du über soziale Medien verbreiten kannst. Trage die Veränderungen, die du sehen willst, an lokale Nachrichtensender und Zeitungen heran.

Spenden: Treibe Geld oder Spenden auf. Du könntest auch deine Kunstwerke versteigern oder davon abgeleitete Gebrauchsgegenstände herstellen.

Organisieren: Finde andere, denen das Thema am Herzen liegt. Frage deine Lehrer*innen, ob du vor der Klasse über deine Ziele sprechen und Ideen vermitteln darfst.

Erschaffen: Stoße etwas Neues an! Starte eine Unterschriftensammlung, um Veränderungen zu fordern, organisiere eine Veranstaltung oder gründe eine gemeinnützige Organisation.

Denk daran, dass die Aktivitäten in diesem Buch nur ein Anfang sind. Deiner Fantasie sind keine Grenzen gesetzt und die Möglichkeiten sind endlos!

AKTIVISMUSTHEMEN ERKUNDEN

In dieser Lektion wirst du dich mit Fragen der sozialen Gerechtigkeit befassen, die für dich wichtig sind. Soziale Gerechtigkeit ist die Überzeugung und das Bestreben, dass alle Menschen Zugang zu dem haben sollten, was sie zum Überleben und für ihr Wachstum brauchen. Viele Aktivist*innen (genau wie du) setzen sich dafür ein, dass dies weltweit Wirklichkeit wird! Hier sind einige der Themen, die ihnen am Herzen liegen:

- Suchtbehandlung
- Altersdiskriminierung
- Tierschutz
- Kunsterziehung
- Mobbing
- Zensur
- Kinderbetreuung
- Bürgerrechte
- Klassenkampf
- Klimawandel
- Behindertengerechtigkeit
- Diskriminierung
- Bedrohte Tierarten
- Umweltverschmutzung
- Ernährungssicherheit
- Gleichstellung der Geschlechter
- Yuppisierung/ Wohnungspolitik
- Globale Erwärmung
- Waffengewalt
- Gesundheitsversorgung
- Obdachlosigkeit
- Einwanderungsreform
- LGBTQ+-Rechte
- Psychische Gesundheit
- Polizeireform
- Armutsbekämpfung
- Bildungswesen
- Rassengerechtigkeit
- Rechte von Flüchtlingen
- Religiöse Intoleranz
- Nachhaltigkeit
- Gewaltprävention
- Wahlrecht
- Arbeitnehmerrechte
- Weltfrieden

... und vieles mehr!

Einige der aufgeführten Themen sind vielleicht neu für dich. Nimm dir Zeit, zu recherchieren, tiefer einzutauchen und etwas herauszufinden, das dich interessiert. Bevor du mit der Arbeit beginnst, solltest du über die folgenden Fragen nachdenken:

WAS GENAU LIEGT DIR AM HERZEN UND WAS WÜRDEST DU GERNE ÄNDERN?

Du kannst etwas aus der Liste auf der gegenüberliegenden Seite auswählen oder deine eigenen Notizen machen. Warum beschäftigt dich dieses Thema? Wähle ein Thema, das für dich wichtig ist.

WARUM MÖCHTEST DU ES ÄNDERN?

Überlege, warum du etwas ändern willst und wie sich das positiv auf andere auswirken wird.

WAS KANNST DU TUN, UM ETWAS ZU VERÄNDERN?

Schreibe auf, was du tun kannst, um etwas zu verändern. Auf den Seiten 104 und 105 findest du weitere Ideen.

WIE KANNST DU DEINE KUNST DAFÜR NUTZEN?

Denk über kreative Möglichkeiten nach, wie du etwas verändern kannst.

WIE KANNST DU MIT LOKALEN GRUPPEN UND NATIONALEN ODER GLOBALEN ORGANISATIONEN IN VERBINDUNG TRETEN?

Um etwas zu bewegen, musst du mit anderen zusammenarbeiten. In der Menge liegt die Kraft! Wir können unsere gemeinsame Stimme, unsere Aktionen und unsere Kunst nutzen, um zu inspirieren und Wandel herbeizuführen. Gemeinsam können wir die Welt verändern!

AKTIVITÄT 31

ACHTSAME RÄUME SCHAFFEN

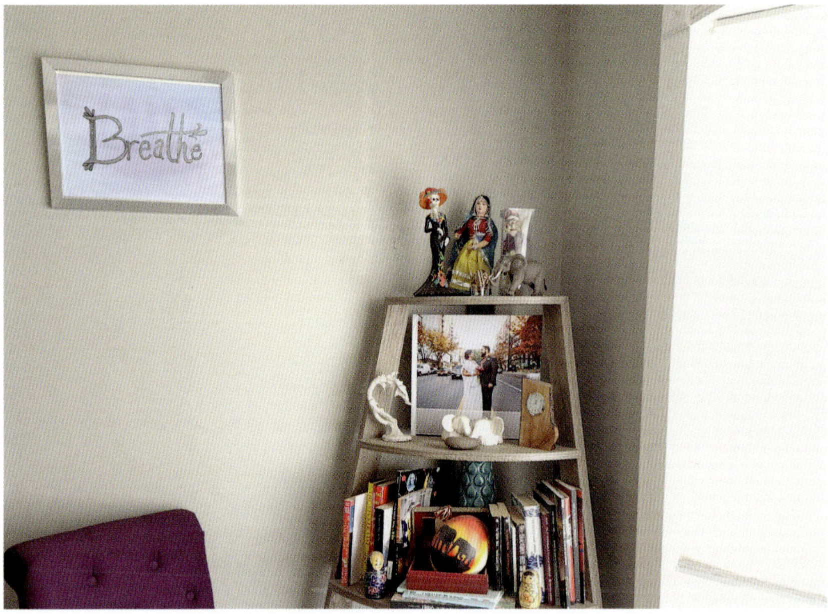

MATERIALIEN

+ Aquarellpapier
+ Wasserfarben
+ Aquarellpinsel
+ Becher mit Wasser
+ Filzstifte
+ Zeichenpapier
+ Bleistift
+ Lineal

HIER LERNST DU,

eine Zimmerecke umzugestalten, z. B. mit einem Aquarell, das den Raum achtsamer wirken lässt.

WARUM DAS WICHTIG IST

In unserem Leben passiert jeden Tag so viel, von der Schule bis zu Aktivitäten und dem Eintreten für das Richtige, dass wir uns oft besorgt, überwältigt und unter Druck fühlen. Manchmal stoßen wir dabei an unsere Grenzen, weil wir so oft herausgefordert werden, etwas zu tun. Es ist wichtig, dass wir uns Zeit und Raum nehmen, um uns zu entspannen, durchzuatmen und uns neu auszurichten.

LASST UNS ANFFANGEN!

1. Wähle eine geeignete Ecke aus. Ein achtsamer Raum ist ein Ort, an dem du dich entspannen, durchatmen und konzentrieren kannst. Spüre in dich hinein, wie du dich derzeit in diesem Raum fühlst. Was löst dieses Gefühl aus? Was kannst du an dem Raum ändern, um ihn einladender zu machen?

2. Skizziere auf dein Zeichenpapier, wie dieser Raum mit deinen Änderungen aussehen könnte. Gestalte einen Bereich neu, indem du z. B. ein selbstgemaltes Aquarell anbringst, um dein Raumgefühl zu verändern. **Abb. 1**

3. Beginne mit dem Malen eines Aquarells, das du deinem neu gestalteten und achtsamen Raum hinzufügst. Das Aquarellpapier zuerst mit Wasser bepinseln. Wähle dann zwei bis drei Farben aus, die du in verschiedenen Bereichen nass-in-nass aufträgst. So kannst du die Farben mischen. **Abb. 2**

4. Beobachte, wie sich die Farben miteinander vermischen. Du kannst in einem Bereich mehr Farbe auftragen, um den Sättigungsgrad zu erhöhen, sodass die Farben stärker leuchten. Atme durch und achte darauf, wie sich deine Stimmung womöglich verändert. **Abb. 3**

5. Während die Farbe trocknet, denk an ein Wort oder einen Satz, der dich ruhig werden lässt. Füge dann dieses Wort oder diesen Satz in dein Bild ein. Hänge es in deinem neu gestalteten Raum der Achtsamkeit auf. **Abb. 4**

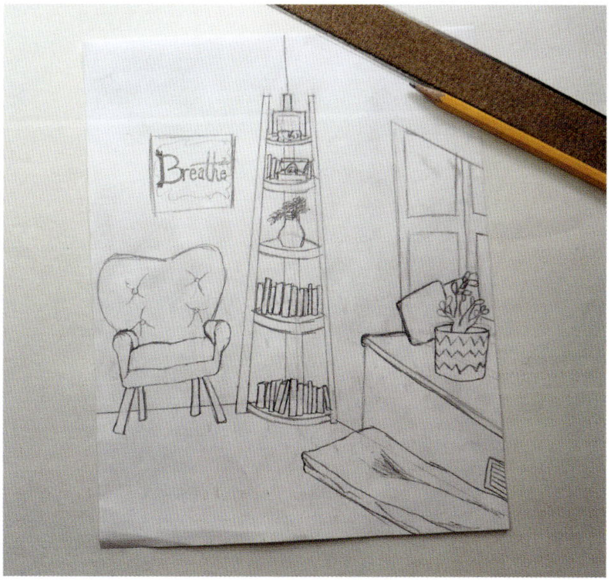

Abb. 1: Skizziere deinen achtsamen Raum.

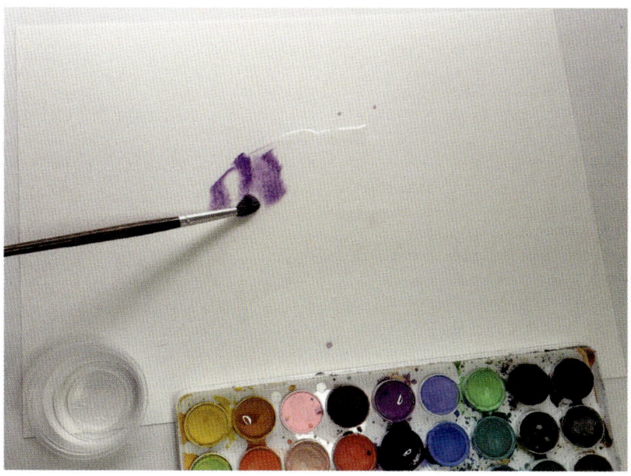

Abb. 2: Wende für den Hintergrund die Nass-in-nass-Technik an.

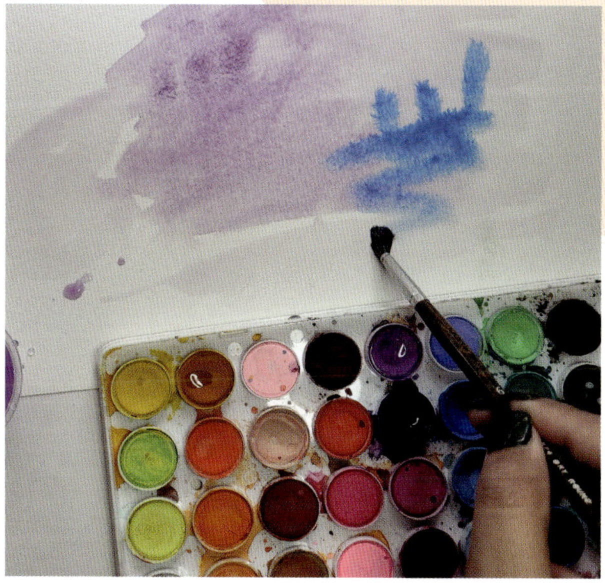

Abb. 3: Atme, während sich die Farben vermischen.

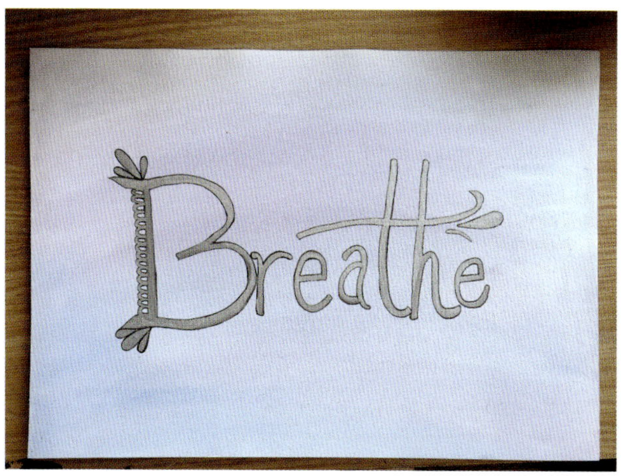

Abb. 4: Füge ein Wort oder einen Satz hinzu, das oder der dir innere Ruhe vermittelt.

AKTIVITÄT

32

WACHSENDES MITEINANDER

MATERIALIEN

+ Bastelkarton oder Pappschachtel
+ Filzstifte, Malstifte oder Farbe
+ Bleistift
+ Klarer Kleber
+ Schere
+ Samen
+ Holzstäbchen oder Farbrührer
+ Permanent Marker

HIER LERNST DU,

ein Gartenkunstwerk zu gestalten.

WARUM DAS WICHTIG IST

Wir sind alle in Wechselseitigkeit miteinander verbunden, wodurch wir uns gegenseitig unterstützen. Gemeinsames Gärtnern hilft uns dabei, unser Wir-Gefühl zu leben und unsere negativen Auswirkungen auf die Umwelt zu verringern. Durch einen Haus- oder Gemeinschaftsgarten verkleinern wir unseren ökologischen Fußabdruck.

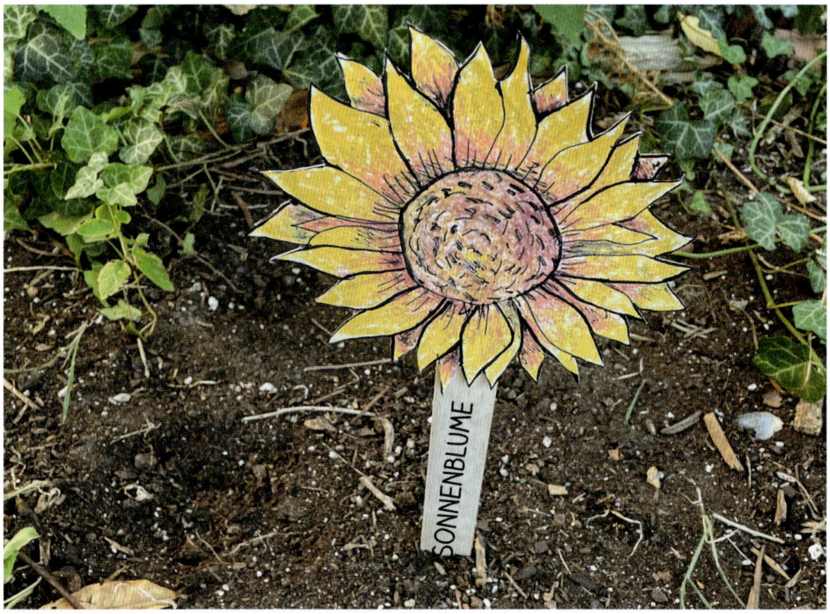

UND LOS GEHT'S!

1. Wenn wir die Geschichte der heimischen Pflanzen kennen, lernen wir auch etwas über unsere Welt von gestern und heute. Vielerorts wird immer noch nach alten Methoden angebaut. Welche Pflanzen brauchen welchen Standort, um zu gedeihen? Wofür wird diese Pflanze verwendet? Informiere dich über Pflanzen in deiner Umgebung. Sobald du all das erforscht hast, kannst du dich in Begleitung eine*s/r Erwachsenen auf die Suche nach einer heimischen Pflanze machen. Fotografiere sie und verwende das Foto als Bildvorlage **Abb. 1**

2. Zeichne die Pflanze auf Bastelkarton oder auf eine kleine Pappschachtel, z. B. eine Pausenbrotbox. **Abb. 2**

3. Schneide deine vorgezeichnete Pflanze aus. **Abb. 3**

4. Verwende Filzstifte, Malstifte oder Farbe, um deinem Pflanzenmotiv Farbe und Details hinzuzufügen. **Abb. 4**

5. Suche dir ein Holzstäbchen und klebe deine fertig gezeichnete Blume darauf. **Abb. 5**

6. Kaufe oder sammle Samen der Pflanze, die du gezeichnet hast. Klebe die Samen auf die Unterseite des Holzstäbchens. Beschrifte es mit dem Pflanzennamen. **Abb. 6**

7. Sähe deine Samen in deinem Garten aus und markiere die Saatstelle mit dem Holzstäbchen. Du kannst mehrere Blumen anfertigen, sie mit Freund*innen teilen oder an einen Gemeinschaftsgarten spenden. **Abb. 7**

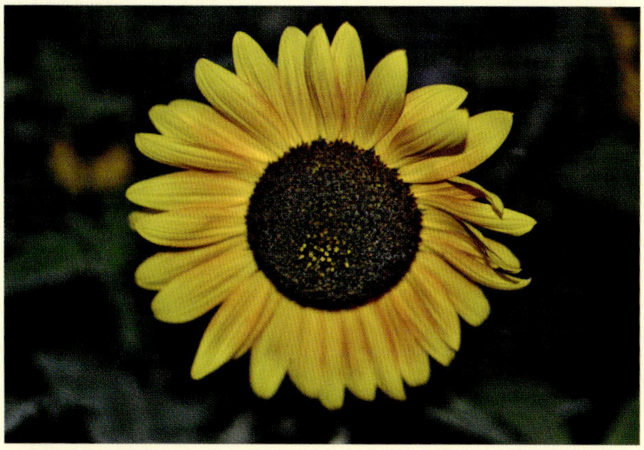

Abb. 1: Suche eine heimische Pflanze in deiner Umgebung und mache ein Foto.

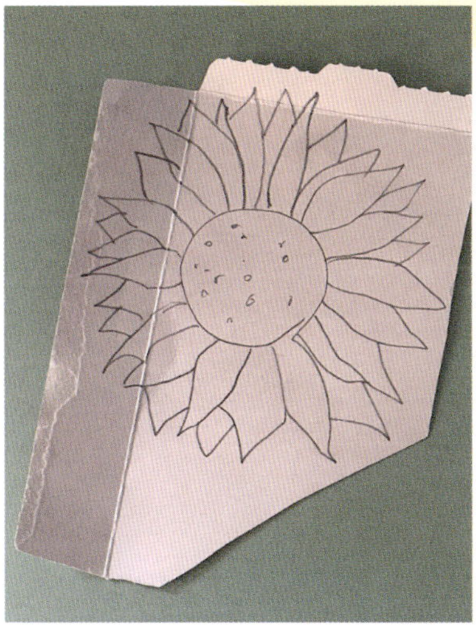

Abb. 2: Zeichne die Pflanzenform.

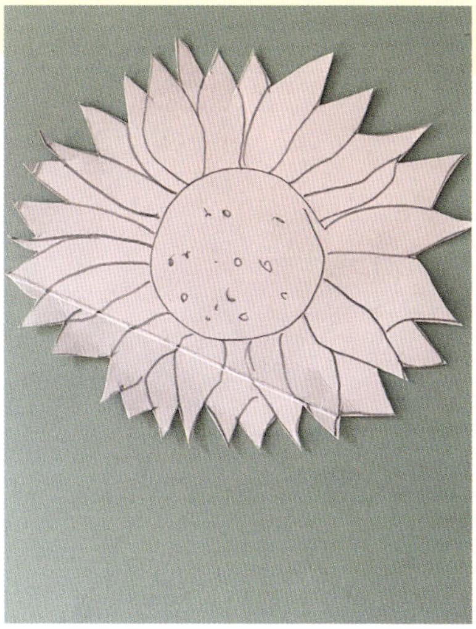

Abb. 3: Schneide die Form sauber aus.

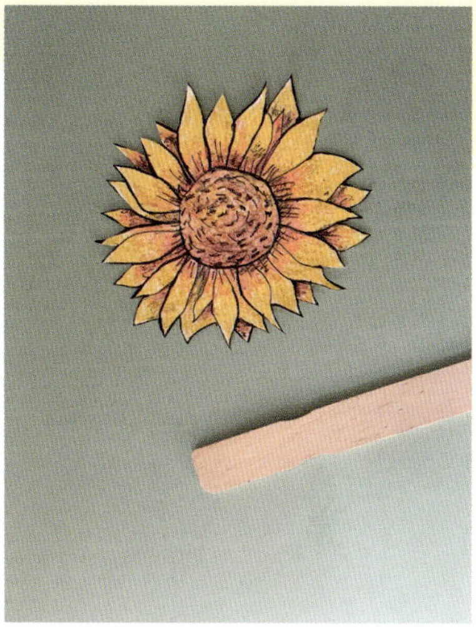

Abb. 4: Male die gezeichnete Sonnenblume im Detail aus.

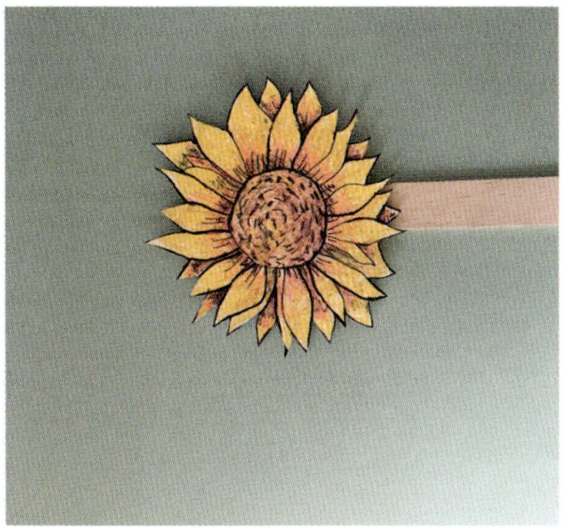

Abb. 5: Klebe deine Blume auf das Holzstäbchen.

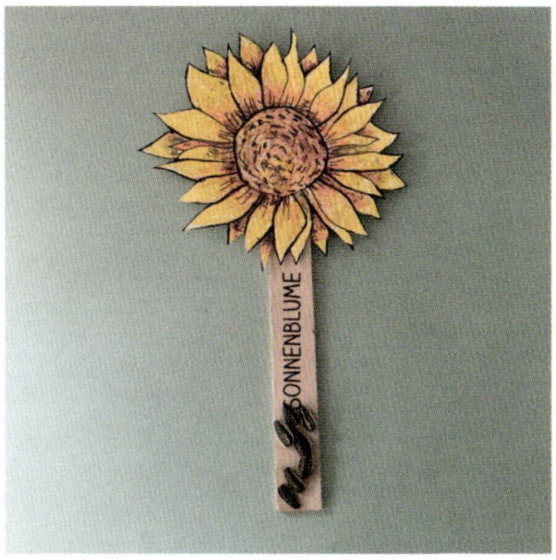

Abb. 6: Klebe ein paar Samen auf das Holzstäbchen.

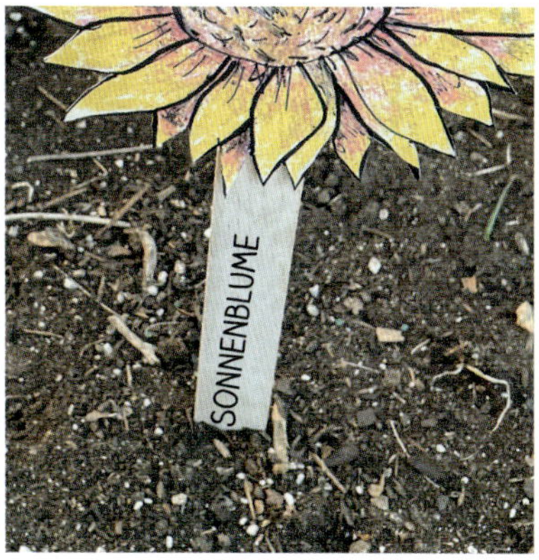

Abb. 7: Sähe die Samen aus und markiere die Saatstelle.

AKTIVITÄT

33

NACHHALTIGE MODE

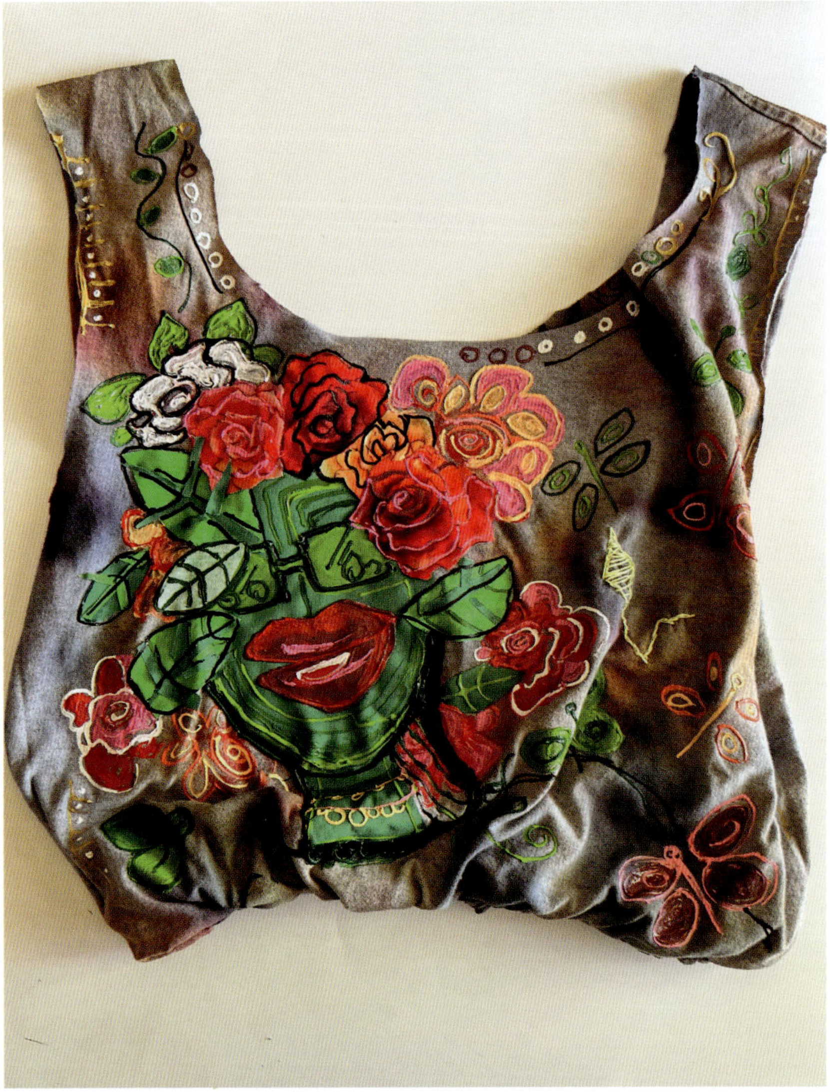

MATERIALIEN

+ Ein altes T-Shirt
+ Stofffarbe
+ Schere
+ Stoffkleber (wahlweise)
+ Färbemittel (wahlweise)
+ Stickgarn (wahlweise)
+ Nadeln (wahlweise)

HIER LERNST DU,

ein gebrauchtes T-Shirt in eine bunte Tasche umzuwandeln, um ihm neues Leben einzuhauchen.

WARUM DAS WICHTIG IST

Umweltbewusstes Handeln bedeutet, dass wir uns um die Umwelt kümmern müssen. Wir können die Umwelt schonen, indem wir unseren Abfall reduzieren, nachhaltige Produkte konsumieren und Waren recyceln und/oder wiederverwenden. Damit verringern wir letztlich unseren CO2-Fußabdruck.

UND LOS GEHT'S!

1. Wähle ein T-Shirt, das du wegwerfen möchtest. Vielleicht kann dieses T-Shirt nicht gespendet werden, weil es Löcher oder Flecken hat. Wandle es einfach zu einer Tasche um!

2. Mit Batik kannst du mehrere Farben verwenden und das Einfärben frei gestalten. Du könntest z. B. dein T-Shirt auch buntgefleckt machen. Probiere ruhig deine eigene Batik aus. Wenn du dich für die Batik-Technik entscheidest, wähle ein T-Shirt mit möglichst viel Baumwollanteil. **Abb. 1**

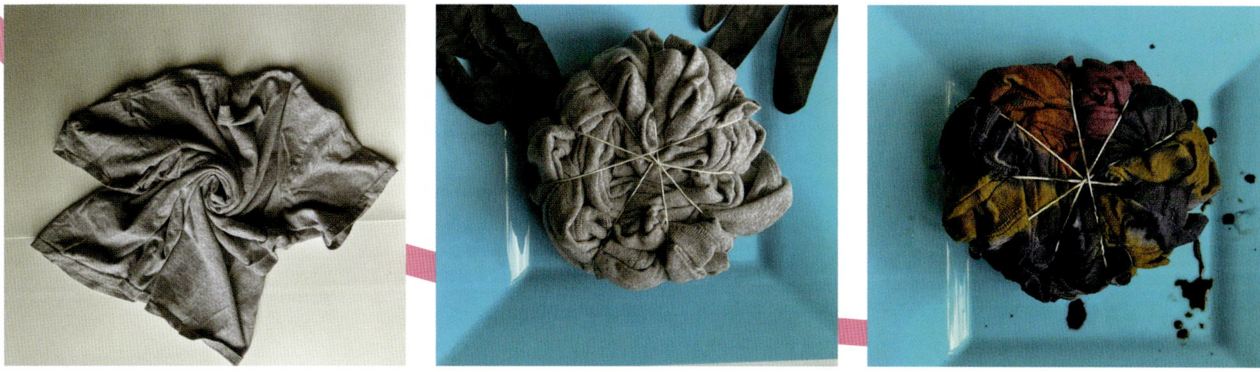

Abb. 1: Verwirble dein T-Shirt, binde es mit Gummibändern fest zusammen und färbe es ein.

(WEITER)

TIEFER GESCHÜRFT!

Menschen, die in wirtschaftsschwachen Gegenden leben, sind vom Klimawandel stark betroffen. Globale Erwärmung bedeutet, dass die Menschen mehr Geld ausgeben müssen, um ihre Räume zu heizen oder zu kühlen. Menschen, die auf Inseln oder an der Küste leben, leiden unter dem ansteigenden Meeresspiegel, der ihre Häuser zu fluten droht. Schwarze und braune Bevölkerungsgruppen sind häufiger von Asthma betroffen (eine Krankheit, die das Atmen erschwert), das durch Luftverschmutzung verursacht wird.

Anti-rassistisch zu sein bedeutet, dass wir uns auch um die Umwelt kümmern müssen. Diejenigen, die am meisten von der Umweltzerstörung betroffen sind, sind Menschen, die Diskriminierung erfahren. Umweltfreundlich sein bedeutet, dass wir uns um die natürliche Umwelt und um uns selbst kümmern. Wir müssen auch die Politik, Unternehmen und die Kolonisierung dafür verantwortlich machen, wie sie zur Klimakrise beigetragen haben und weiterhin beitragen.

Durch die Wiederverwendung eines T-Shirts vermeiden wir, dass es auf einer Müllhalde landet. Außerdem kaufen oder verbrauchen wir weniger Waren und verringern so unseren CO_2-Fußabdruck. Wir können die Umwelt retten, indem wir unsere Produkte mehr wiederverwenden, unseren CO_2-Fußabdruck verringern und denjenigen helfen, die vom Klimawandel stark betroffen sind.

3. Schneide die Ärmel und den Halsausschnitt deines T-Shirts so zu, dass ein Henkel für deine Tasche entsteht. Schneide Fransen von unten nach oben (mindestens 7,5 cm). Knüpfe Knoten zwischen den hinteren und vorderen Fransen, um die Tasche am unteren Ende des T-Shirts zu schließen. Drehe die Tasche anschließend auf links. **Abb. 2 bis Abb. 6**

4. Füge Bilder und Muster hinzu, um deine Tasche zum Leben zu erwecken. Du kannst Details mit Acryl- oder Stofffarbe hinzufügen, neuen Stoff aufnähen oder aufkleben oder auch etwas aufsticken.

Ich habe auf meiner Tasche ein Porträt angebracht. Es zeigt das Bild eines Drachens, das ich gestickt habe. Ich habe Stoffkleber verwendet, um kontrastierende Farben und Stoff-Texturen wie die Rosen hinzuzufügen. Mit Stoffmalfarbe habe ich zusätzliche Farbschichten und Texturen hinzugefügt.

Erweiterungsaktivität: Du kannst auch ein anderes Kleidungsstück umfunktionieren.

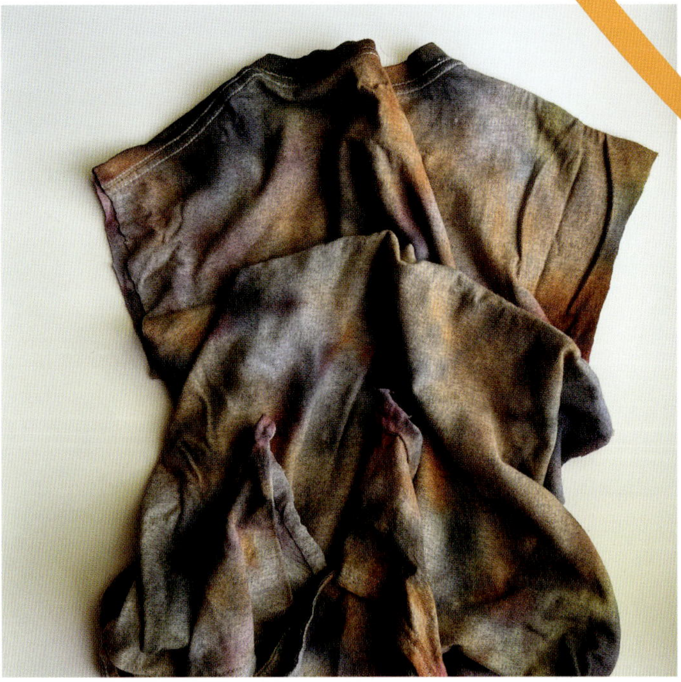

Abb. 2: Die Ärmel abschneiden.

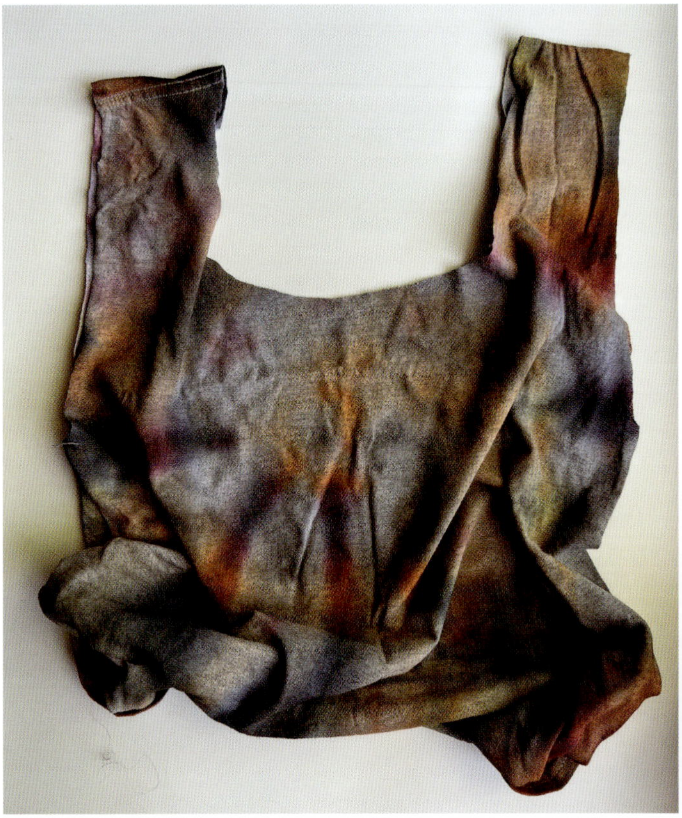

Abb. 3: Einen U-Ausschnitt zuschneiden.

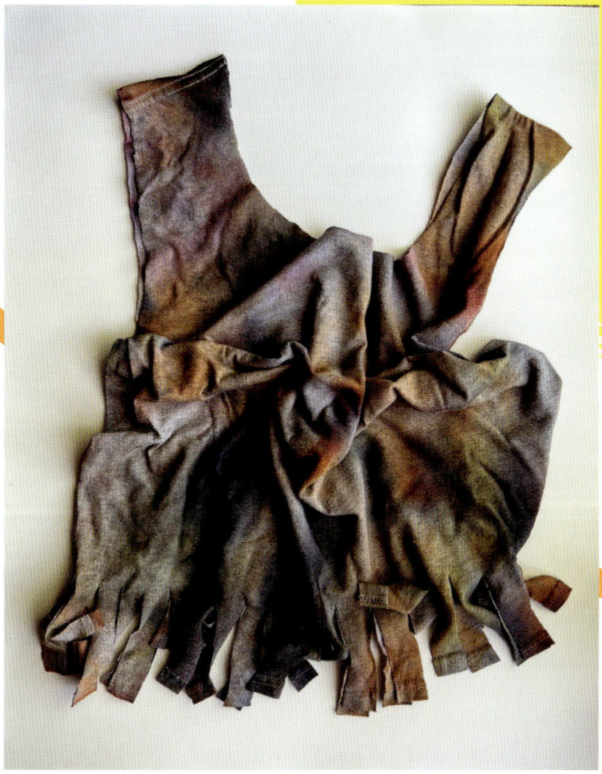

Abb. 4: Jeweils 7,5 cm vom unteren Rand her fransig schneiden.

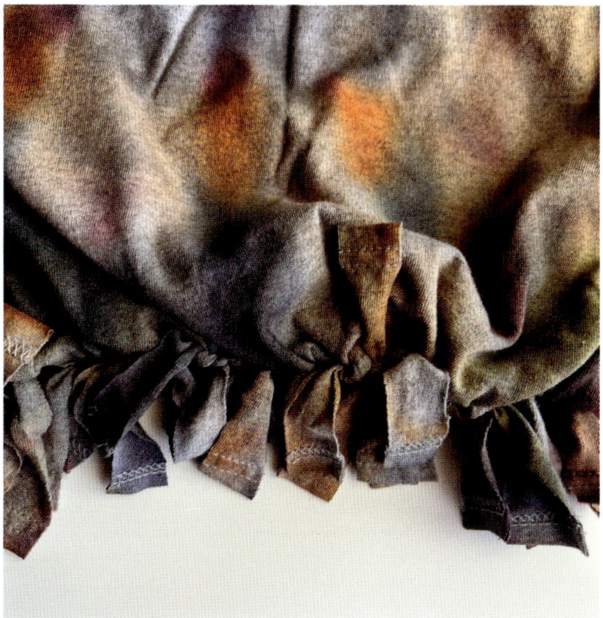

Abb. 5: Die Fransen miteinander verknüpfen.

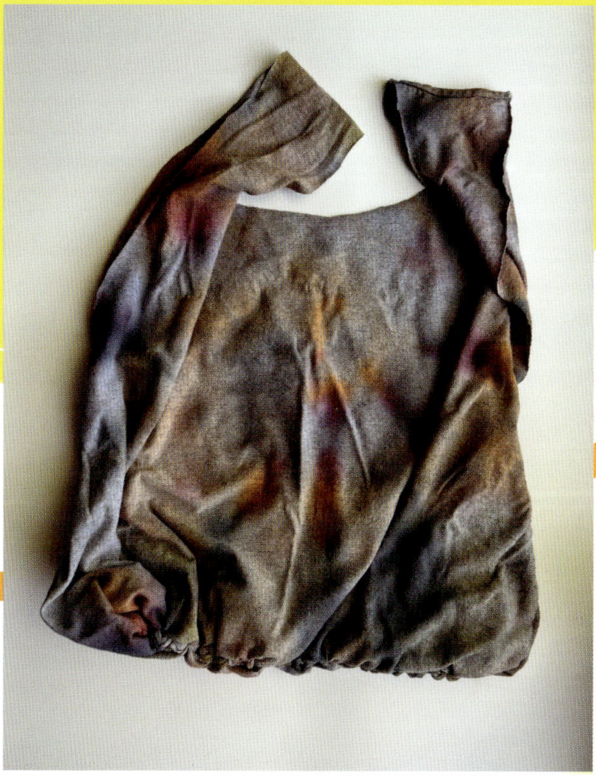

Abb. 6: Die Tasche auf links drehen oder auch den Taschenboden nach außen fransig lassen.

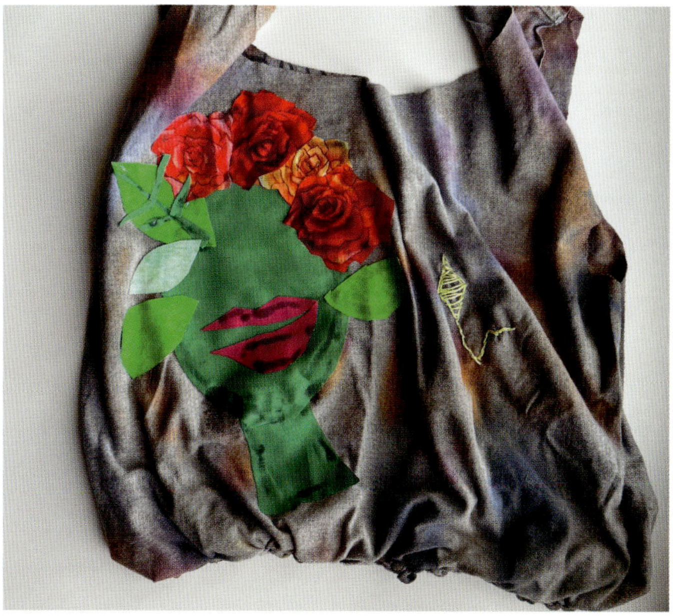

Abb. 7: Weitere Motive aufkleben.

AKTIVITÄT 34

WEHENDE HOFFNUNGSWIMPEL

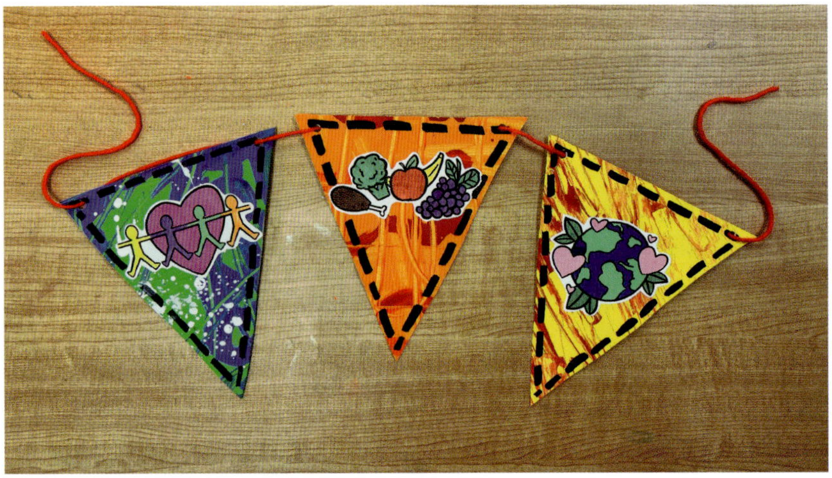

MATERIALIEN

+ Pappe
+ Schere
+ Bastel- oder Buntpapier
+ Weißes Zeichenpapier
+ Bleistift
+ Farbstifte, Malfarbe, Filzstifte oder Malstifte
+ Klebestick
+ Permanent Marker
+ Garn

HIER LERNST DU,

eine Wimpelgirlande zu erstellen, die dich und andere zum Handeln ermutigt.

WARUM DAS WICHTIG IST

Aktivismus bedeutet, dass wir durch unser Handeln etwas verändern können. Bevor wir etwas verändern, können wir uns verpflichten, aktiv zu werden. Wir können uns selbst zur Rechenschaft ziehen und andere zum Mitmachen ermutigen, indem wir einen Plan erstellen und Beispiele dafür geben, was wir tun können.

UND LOS GEHT'S!

1. Schneide ein Dreieck aus Pappe aus, um es als Vorlage für einen Wimpel zu verwenden. Zeichne mit der Vorlage drei Dreiecke auf ein Blatt Bastel- oder Malpapier.

2. Zeichne mit der Pappschablone drei weitere Dreiecke auf ein Blatt Zeichenpapier. Schneide alle sechs Dreiecke aus. **Abb. 1**

3. Fertige Wimpel an, indem du die Oberseite eines Dreiecks aus bemaltem Papier auf die Oberseite eines Dreiecks aus Zeichenpapier klebst. Sodann werden wir eine Botschaft daraufschreiben. **Abb. 2**

4. Sieh dir die Liste der sozialen Probleme auf Seite 106 an. Mangelnde Ernährungssicherheit, Klimawandel und Mobbing betreffen Menschen auf der ganzen Welt. Deswegen sollten wir überlegen, wie wir etwas verändern können. **Abb. 3**

Überlege, welche Maßnahmen du ergreifen kannst und wie du dich für Veränderungen einsetzen kannst. Zeichne auf einem Blatt Zeichenpapier Bilder, die diese Aktionen illustrieren. Erstelle insgesamt drei Bilder, eines für jeden Wimpel.

5. Schneide die Bilder aus und klebe sie in die Mitte jedes Wimpels. Verwende einen schwarzen Filzstift, um den Rand zu stricheln. Es sollte wie eine Naht aussehen. **Abb. 4**

6. Öffne jeden Wimpel und schreibe ein Versprechen für ein selbstgestecktes Ziel hinein. Teile mit, was du tun wirst, um eine positive Veränderung zu erreichen. **Abb. 5**

7. Stanze ein Loch in jede der beiden oberen Ecken. Schneide ein langes Stück Garn ab, um die Wimpel zu befestigen und deine Girlande zu gestalten. Webe das Garn mit der Rückseite nach oben durch die Löcher und lasse zwischen den Fähnchen etwas Platz. **Abb. 6**

Hänge deine Girlande auf und werde aktiv. Suche dir einen öffentlichen Ort, an dem du die sie aufhängen kannst und halte dich an dein Versprechen und ziehe andere mit.

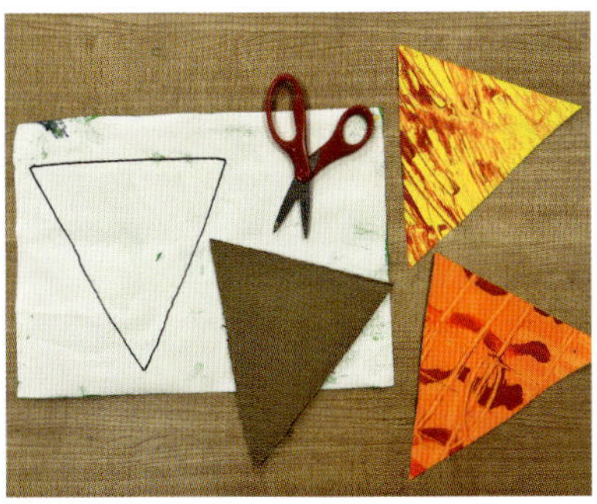

Abb. 1: Einige Dreiecke auf dem Papier vorzeichnen und die Wimpel ausschneiden.

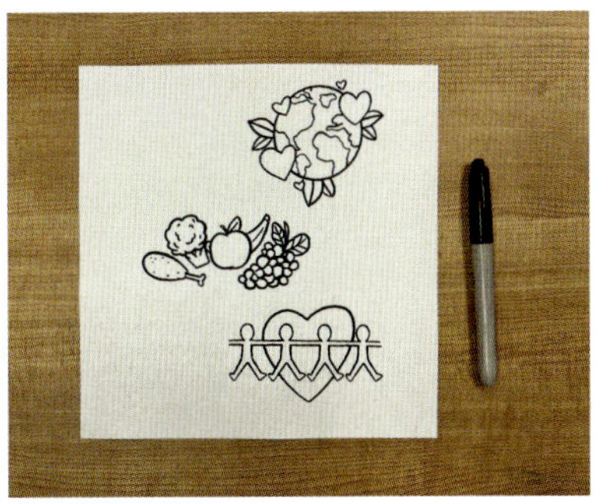

Abb. 3: Zeichne Bilder und male sie bunt aus.

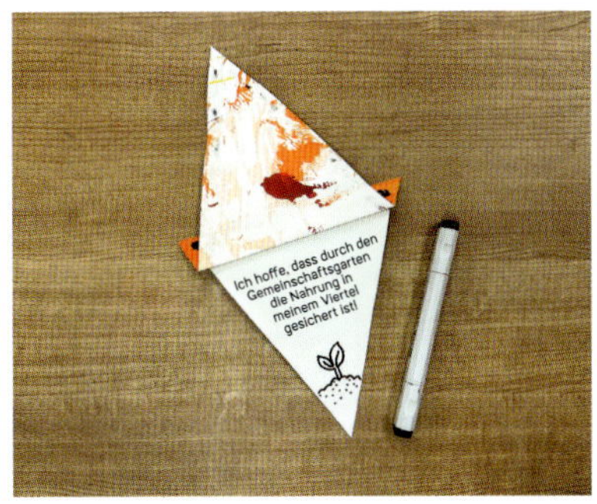

Abb. 5: Schreibe in jeden Wimpel ein Versprechen, das eine positive Veränderung beinhaltet.

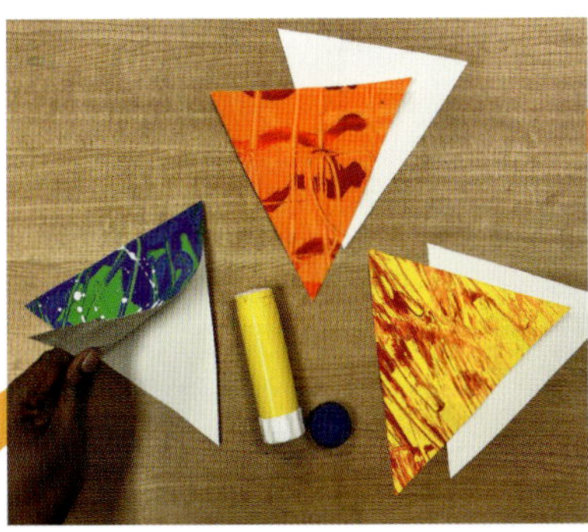

Abb. 2: Klebe je zwei Dreiecke zusammen.

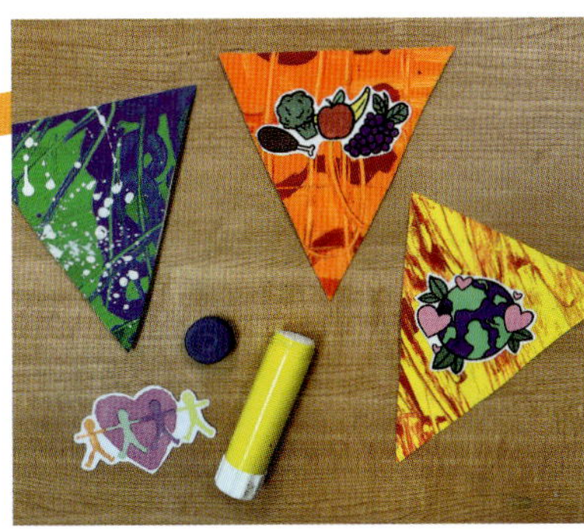

Abb. 4: Klebe die fertigen Motive auf die Wimpel auf.

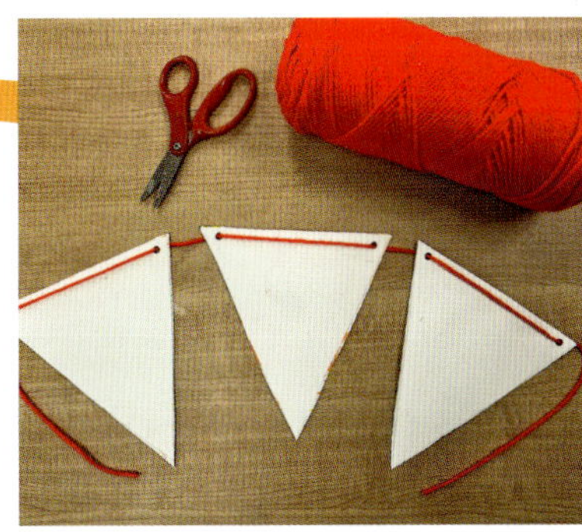

Abb. 6: Stanze Löcher in jeden Wimpel und ziehe eine Schnur durch.

AKTIVITÄT

35

LOBBY-WEBKUNSTWERK

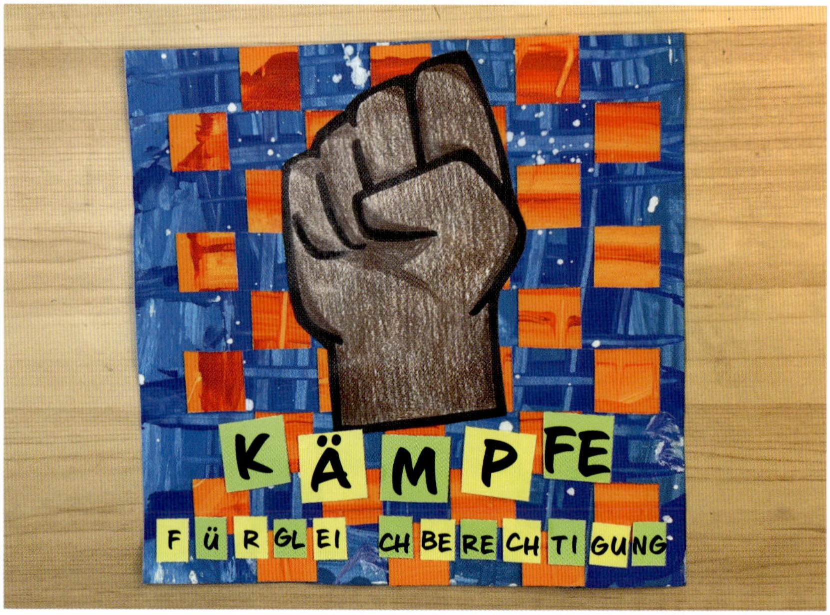

MATERIALIEN

- Bleistift
- Lineal
- Schere
- Zwei 23 × 23 cm große Stücke Bastel- oder Buntpapier
- Zeichenpapier
- Buntstifte, Malstifte oder Filzstifte
- Klebestick
- Magazine, Zeitungen oder Bücher Permanent Marker (wahlweise)

HIER LERNST DU,

ein Webkunstwerk zu erstellen, das eine Sache oder ein Thema darstellt, das dir wichtig ist.

WARUM DAS WICHTIG IST

Eine Lobby unterstützt eine Sache und empfiehlt Veränderungen. Wir müssen unsere Stimmen nutzen, um das zu einzufordern, was wir für fair und gerecht halten. Wenn wir unsere Stimme erheben und uns gegenseitig unterstützen, können wir gesellschaftlichen Zusammenhalt schaffen.

LASS UNS LOSLEGEN!

1. Falte ein quadratisches Stück Bastel- oder Malpapier in der Hälfte. Zeichne, beginnend am Falz, in gleichmäßigen Abständen Linien (2,5 cm), die 1 cm von der Oberseite entfernt enden. Schneide entlang der Linien. Du hast nun einen Papierwebstuhl hergestellt. Ein Webstuhl ist ein Gerät, das zum Weben verwendet wird. **Abb. 1**

2. Falte dein Papier auf und öffne deinen Webstuhl. Nimm ein weiteres Stück Bastelpapier und schneide 2,5 cm breite Streifen ab. Beginne am unteren Ende des Webstuhls mit einem Streifen und webe ihn über und unter jeden Schlitz. Als Nächstes einen weiteren Papierstreifen in umgekehrter Reihenfolge weben. Bis zum Schluss so fortfahren. **Abb. 2**

3. Überlege, wofür du dich mit deinem Webkunstwerk einsetzen willst. Welches Thema ist für dich wirklich wichtig? Schaue dir auf Seite 106 die Liste der sozialen Themen an. Diese Liste könnte dir helfen zu entscheiden, wofür du dich einsetzen möchtest. Entwirf ein Bild, das deine Überzeugungen veranschaulicht. **Abb. 3**

4. Die Illustration ausschneiden und in die Mitte kleben. Lass Platz für den Text. **Abb. 4**

5. Verwende Text aus einem alten Buch, einer Zeitschrift oder einer Zeitung. Schneide Buchstaben und Wörter aus, um eine Aussage zu bilden. Klebe die Buchstaben und Wörter auf dein Webkunstwerk. **Abb. 5**

6. Ein wichtiger Teil der Lobbyarbeit ist es, seine Überzeugungen mit anderen zu teilen und Veränderungen zu fordern. Finde Wege, um deine aussagekräftige Webkunst in deiner Gemeinschaft zu verbreiten.

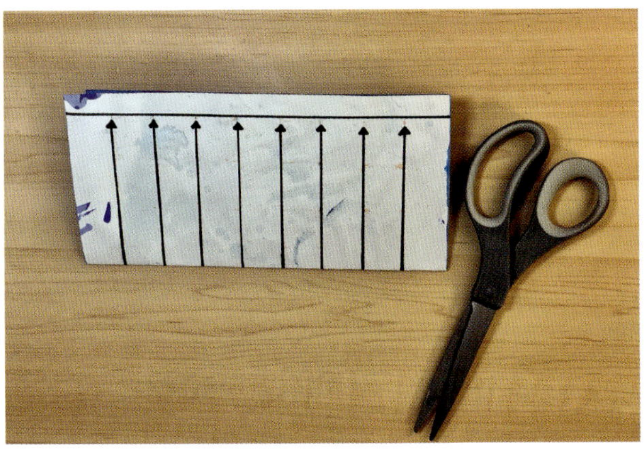

Abb. 1: Schneide den Papierwebstuhl zu.

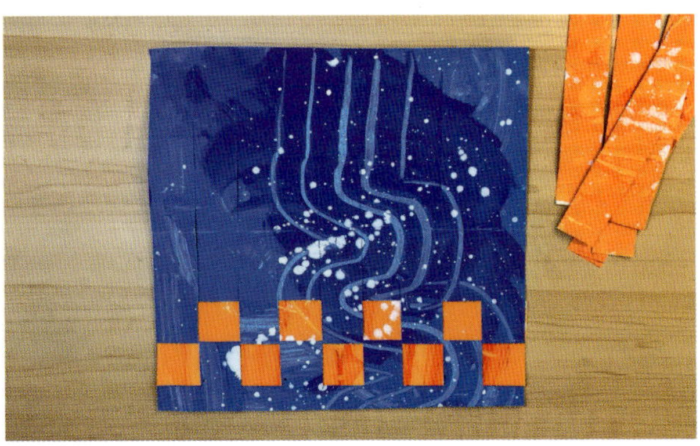

Abb. 2: Webe die Papierstreifen ein.

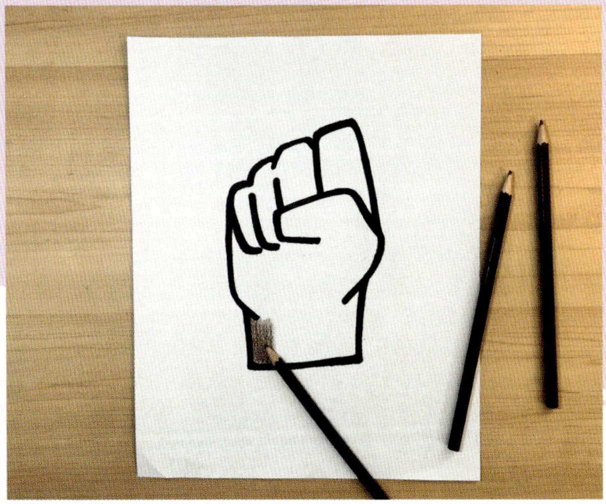

Abb. 3: Stelle deine Überzeugungen dar.

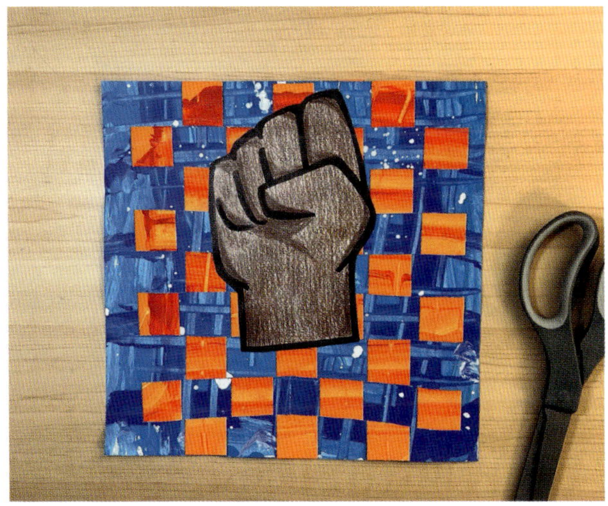

Abb. 4: Schneide dein Bild aus und klebe es auf.

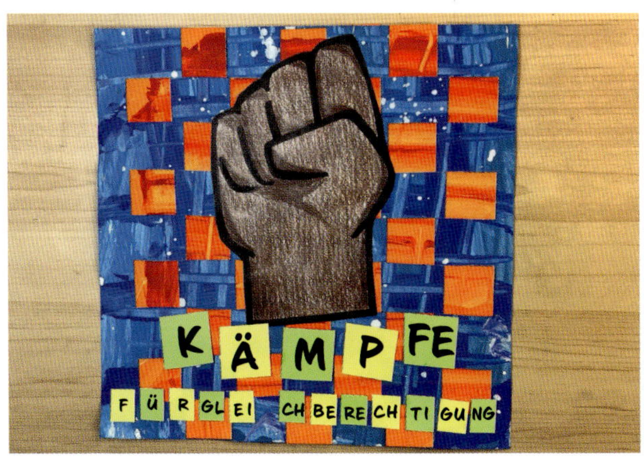

Abb. 5: Füge deinen Text hinzu.

AKTIVITÄT 36

PETITIONSPOSTKARTEN

MATERIALIEN

- 10 × 15 cm großes Tonpapier oder starkes Mischtechnik-Papier
- Buntstifte, Filzstifte, Wasserfarben etc.
- Schere
- Kleber
- Abdeckband (wahlweise)
- Briefmarke

HIER LERNST DU,

eine Postkarte an eine wichtige Person zu schreiben, z. B. an einen Politiker*in oder eine*n Abgeordnete*n, um sie davon zu überzeugen, dass sie sich dein Anliegen anhören soll.

WARUM DAS WICHTIG IST

Kunst ist ein mächtiges Kommunikationsmittel. Deshalb schaffen Künstler*innen Kunst, um Menschen über ihre Anliegen zu informieren. Wähle ein Thema, das dir am Herzen liegt, und gestalte eine Postkarte für ein Gesuch, die du an deine Lokal- und Landespolitiker*innen schickst. Überzeuge sie durch Bilder und Worte.

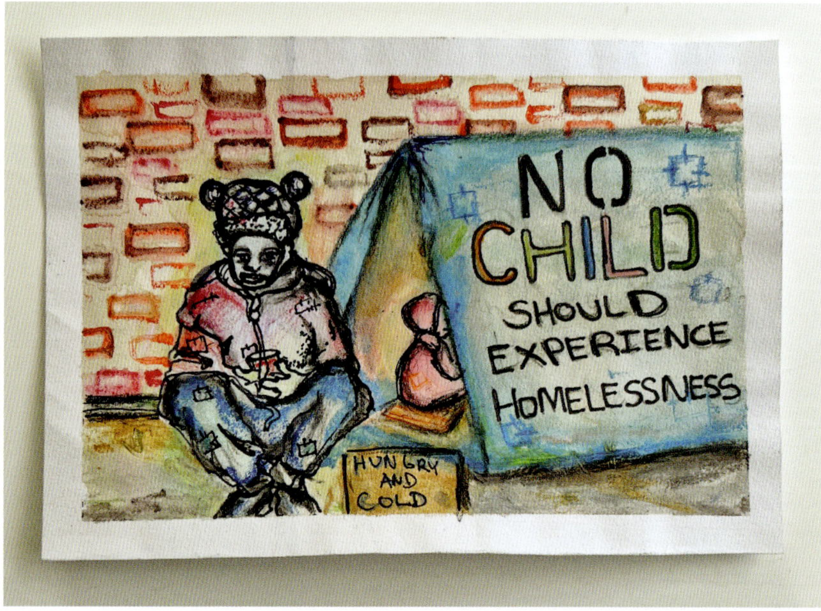

UND LOS GEHT'S!

1. Denke an ein Thema, das dir wichtig ist. Was macht dich traurig? Was möchtest du ändern? Recherchiere dein Thema und denk an Bilder, die damit zu tun haben. Wähle ein paar Bilder und/oder Symbole aus und skizziere deinen Plan.

2. Schneide ein weißes Blatt Papier auf 10 × 15 cm zu. Lasiere dein Bild oder deine Zeichnung. Diese Art der Untermalung bzw. Grundierung ermöglicht es dir, die Farben, die du verwenden möchtest, blasser darzustellen und dein Bild zu gestalten, bevor du dich an die Details machst. Du kannst eine Untermalung erstellen, indem du deine Farben mit Wasser vermalst, damit sie auf dem Papier sehr hell aussehen. Du musst dazu viel Wasser und weniger Farbe verwenden. **Abb. 1**

Tipp: Füge einen weißen Rand auf deiner Postkarte hinzu, indem du die Ränder mit Klebeband abklebst.

3. Beginne mit der Erstellung deines Bildes, indem du Linien über die Farben zeichnest, die du in deiner Untermalung aufgetragen hast. Vermittle deine Idee klar und deutlich, indem du dein Bild einfach und leicht verständlich gestaltest. **Abb. 2**

4. Füge dem Hintergrund Details hinzu. Du kannst dein Bild mit Buntstiften, Filzstiften oder anderen Materialien ausmalen. **Abb. 3**

5. Finde die Kontaktdaten deines oder deiner Kommunalpolitiker*in heraus. Du kannst sie zum Beispiel auf der Website deiner Lokalverwaltung suchen. Schreibe auf die Rückseite deiner Postkarte eine Nachricht, in der du dein Anliegen mitteilst. Frankiere deine Postkarte und schicke sie ab. **Abb. 4**

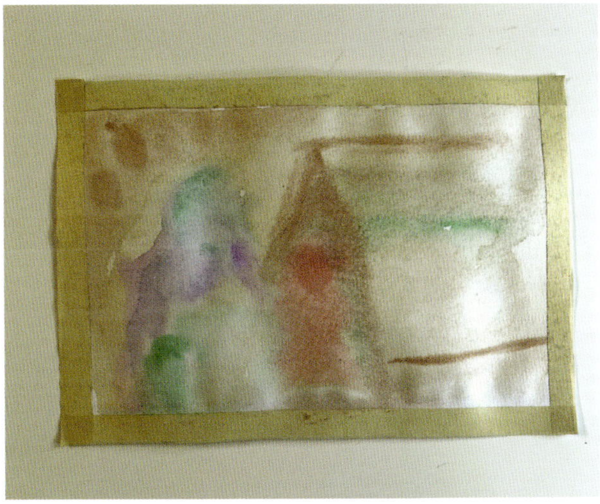

Abb. 1: Untermale dein Bild ganz leicht.

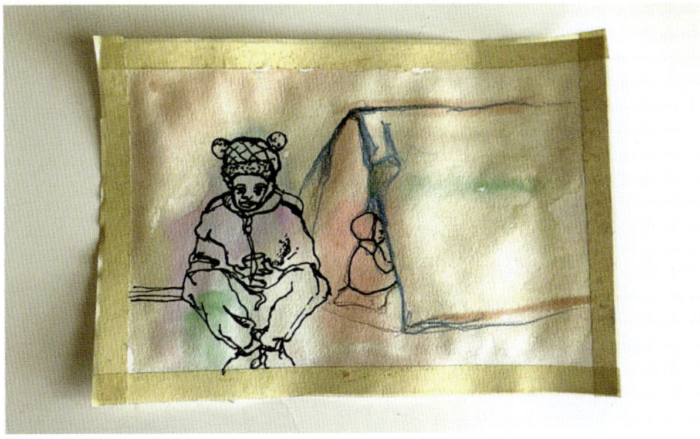

Abb. 2: Zeichne überzeugende Motive.

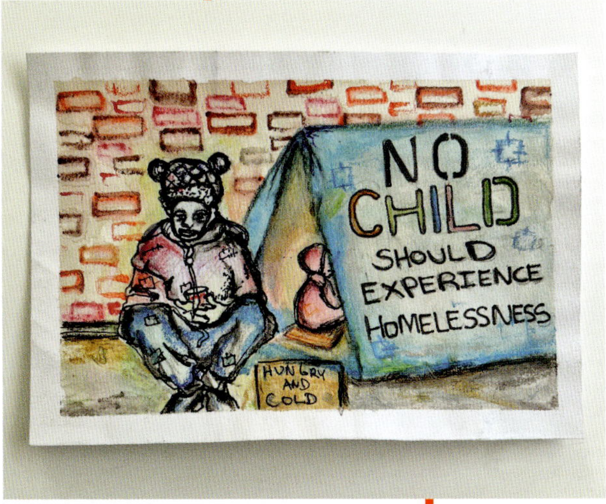

Abb. 3: Füge Farbe und Text hinzu.

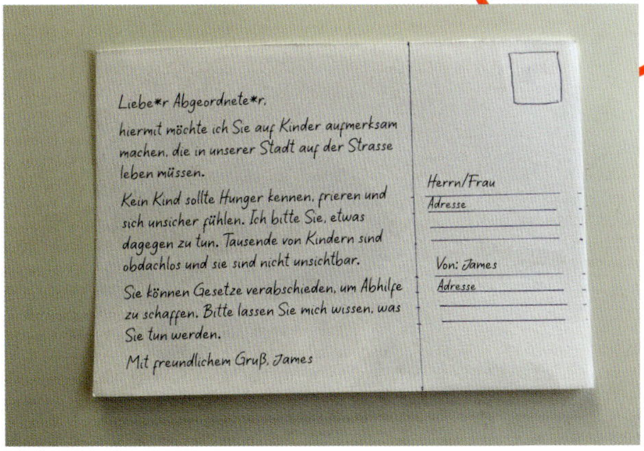

Abb. 4: Schreibe dein Anliegen auf die Rückseite und schicke deine Postkarte ab.

AKTIVITÄT

37

DIE EIGENE UTOPIE ZEICHNEN

MATERIALIEN

+ Schuhkarton oder Tempo-Box*
+ Schreibutensil
+ Seidenpapier
+ Bastelbogen
+ Modelliermasse
+ Eisstiele
+ Puppen, Legosteine oder Actionfiguren (wahlweise)
+ Malfarbe (wahlweise)
+ Malpinsel (wahlweise)

**auch mit einem Schuhkarton, Papier und einem Schreibgerät umsetzbar, wenn wenig Material vorhanden ist.*

HIER LERNST DU,

ein Diorama einer Utopie, frei von Ungerechtigkeit, zu erstellen.

WARUM DAS WICHTIG IST

Bevor wir etwas unternehmen, müssen wir von der Welt träumen, die wir uns wünschen: frei von Rassismus, Vorurteilen und Ungerechtigkeit. Indem wir uns vorstellen, wie diese Welt aussehen soll, können wir entscheiden, was wir tun können, um unseren Traum wahr werden zu lassen.

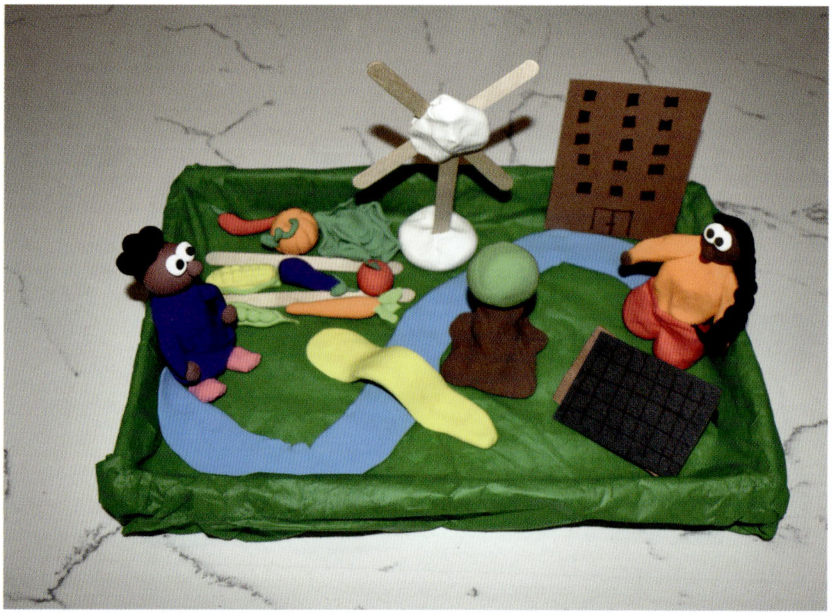

LASST UNS ANFANGEN!

1. Denkt über den folgenden Abschnitt nach:

Quilombos waren selbst versorgende Siedlungen von meist schwarzen Menschen und gehen auf entflohene und freigeborene afrikanische Sklaven zurück. Der erste Quilombo wurde in einem Gebiet namens Palmares im Nordosten Brasiliens gegründet. Er bestand etwa 100 Jahre lang. Quilombos waren wichtig, um das Überleben afrikanischer und indigener Völker in Brasilien während der europäischen Kolonisierung zu sichern.

Der Quilombo von Palmares wurde 1535 von zwei ehemaligen Sklaven aus Zentralafrika gegründet. Diese Menschen praktizierten Capoeira, eine brasilianische Kampfsportart, die Selbstverteidigung, Tanz, Akrobatik und Musik miteinander verbindet. Während ihrer Versklavung setzten sie Capoeira zur Selbstverteidigung ein, um der Sklaverei zu entkommen. Nach ihrer Flucht in ein Quilombo übten sie Capoeira, um ihre Macht zurückzuerobern und ihre Gemeinschaft zu verteidigen.

Palmares wuchs zu einer weitverzweigten unterirdischen Wohnsiedlung mit einer Fläche von etwa 1.000 km^2 an. In Palmares lebten einst 30.000 Menschen in elf Gemeinden! Die Bewohner praktizierten afrikanische politische und religiöse Bräuche und ernährten sich durch Landwirtschaft, Fischfang, Jagen, Sammeln und Handel.

2. Utopien sind erdachte Orte, an denen alles fantastisch ist. Quilombos, wie z. B. Palmares, waren Utopien insofern ähnlich, als sie sichere Orte waren, an denen versklavte Menschen eine Realität erträumten und schufen. Wie könntest du dein Utopia gestalten? Wie könnte deine ideale Welt aussehen und ticken?

Abb. 1: Wähle eine Schachtel oder auch nur einen Deckel.

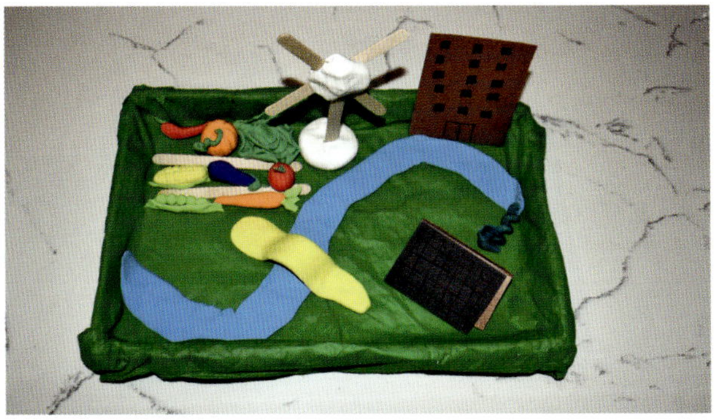

Abb. 2: Gestalte die Umgebung und den Hintergrund deiner Utopie.

3. Finde einen alten Schuhkarton oder eine Tempo-Box als Basis für dein Diorama. **Abb. 1**

4. Überlege dir, wie dein Utopia aussehen soll. Welche Art von Umgebung gibt es dort? Entscheide, ob es Boden, Schnee, Gras, Flüsse, Seen, Meere, Gebäude, Häuser, Dörfer usw. gibt. Verwende Farbe, Bastelpapier oder andere Materialien, um den Hintergrund zu gestalten. In meiner erträumten Idealwelt gibt es einen kostenlosen Gemüsegarten, erschwingliche Wohnungen, ein Windrad und Sonnenkollektoren. **Abb. 2**

5. Gibt es in deiner Utopie Tiere, Menschen oder Möbel? Benutze lufttrocknenden Ton oder andere Materialien, um Figuren, Möbel oder Modelle für deine Utopie zu basteln. Klebe sie auf, sobald du entschieden hast, wo alles hingehört.

6. Überlege dir, wie du deinen Traum in die Tat umsetzen kannst. Wähle einen Aspekt deines Dioramas und verbinde ihn mit einer aktivistischen Aktion, wie z. B. Boykott, Befürwortung, Proteste oder Kampagnen wie auf Seite 103 beschrieben. Schreibe einen Plan und fangt an, diese Utopie gemeinsam in die Tat umzusetzen. **Abb. 3**

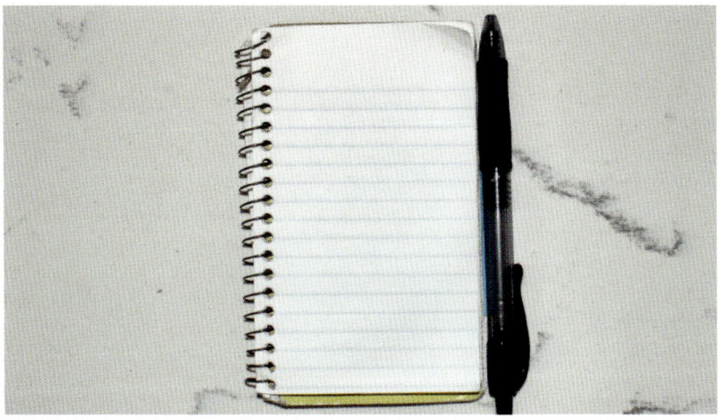

Abb. 3: Notiere Ideen für eine Aktion.

AKTIVITÄT

38

GEMEINSCHAFTSLOGO

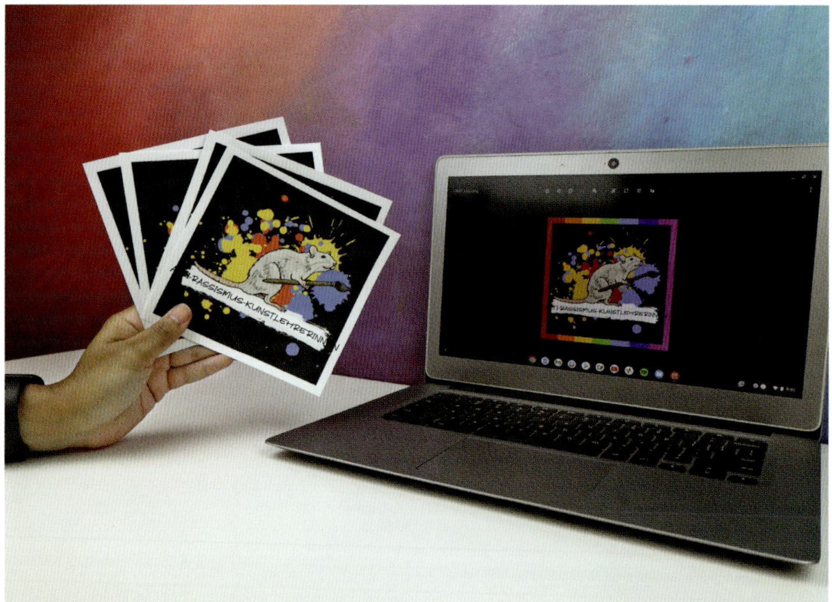

MATERIALIEN

+ Bleistift
+ Papier
+ Buntstifte, Malstifte, Filzstifte oder Wasserfarben
+ Computer

HIER LERNST DU,

ein Kollektiv zu organisieren und ein Logo für deine Aktions- und Themengruppe zu entwerfen.

WARUM DAS WICHTIG IST

Es ist wichtig, andere Menschen zu finden, die sich für Dinge engagieren, die dir wichtig sind. Ein Kollektiv ist eine Gruppe von Gleichgesinnten, um ein gemeinsames Ziel zu erreichen. Durch gemeinschaftliches Handeln haben die Menschen dauerhafte Veränderungen bewirkt. Im Laufe der Geschichte haben sich verschiedene Bewegungen formiert, um sich für Rassengerechtigkeit einzusetzen. Um für ihre Sache zu werben und neue Mitglieder zu gewinnen, wurden Logos verwendet, die den Bekanntheitsgrad steigern sollten. Einige davon beinhalten aussagekräftige Botschaften und sind weltweit bekannt.

FANGEN WIR AN!

1. Um anti-rassistische Arbeit zu leisten, musst du eine Gemeinschaft organisieren, die sich gegenseitig unterstützt und aufbaut. In der Zusammenarbeit haben Menschen mehr Macht, Kraft und Einfluss.

Finde zunächst Menschen, die sich für dieselbe Sache engagieren wie du. Das können Klassenkameraden, Nachbarn, Teamkollegen u. a. sein. Du kannst dich auch von lokalen Aktivist*innen und in den sozialen Medien inspirieren lassen und um Unterstützung bitten.

Lege eine Zeit und einen Ort für ein Treffen fest. Das kann auf dem Spielplatz nach der Schule, im Park am Wochenende oder auch nachmittags im Internet sein. Sobald du das festgelegt hast, fordere andere dazu auf, sich dir anzuschließen! Erstelle eine Reihe von Flugblättern, um sie in deiner Gemeinde und in den sozialen Medien zu verbreiten. **Abb. 1**

2. Entwickelt beim ersten Treffen einen Namen für eure Gruppe und formuliert eine Absichtserklärung. Was liegt euch am Herzen und was hofft ihr zu ändern? Versucht, die Erklärung kurz und einfach zu halten.

Für unser anti-rassistisches Kunstkollektiv A-RAT lautet die Absichtserklärung: »Inklusives Denken fördern, Vielfalt preisen und durch Kunsterziehung zum aktiven Umgestalten anregen.« **Abb. 2**

3. Formuliert ein bis drei Ziele, die ihr zu erreichen hofft. Diese Ziele können groß oder klein sein – das bleibt ganz euch überlassen! Hier sind einige Ideen für die Kontaktarbeit:

+ **Schreibt einen monatlichen Newsletter.**
+ **Gründet einen Buchclub zum regen Austausch.**
+ **Erstellt eine digitale Pinnwand.**

(WEITER)

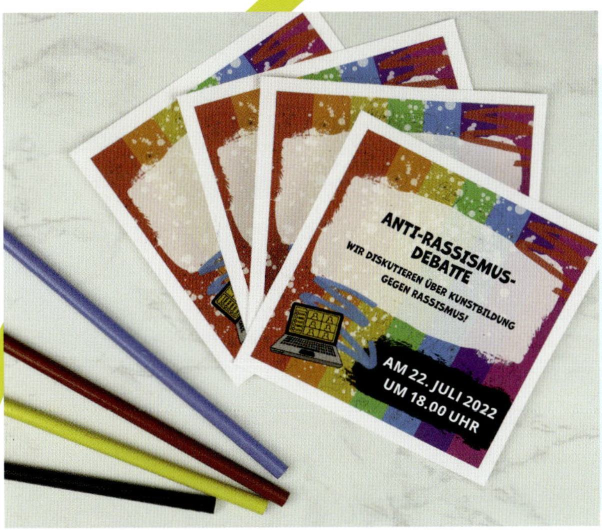

Abb. 1: Beginne mit dem Aufbau deines Kollektivs, indem du ein Treffen organisierst und Flugblätter erstellst, um andere für deine Sache zu gewinnen.

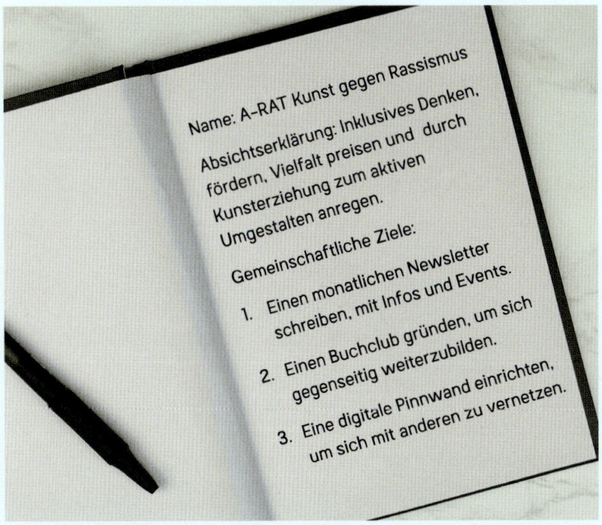

Abb. 2: Schreibt gemeinsam eine Absichtserklärung und formuliert eine Reihe von Zielen, die ihr erreichen wollt.

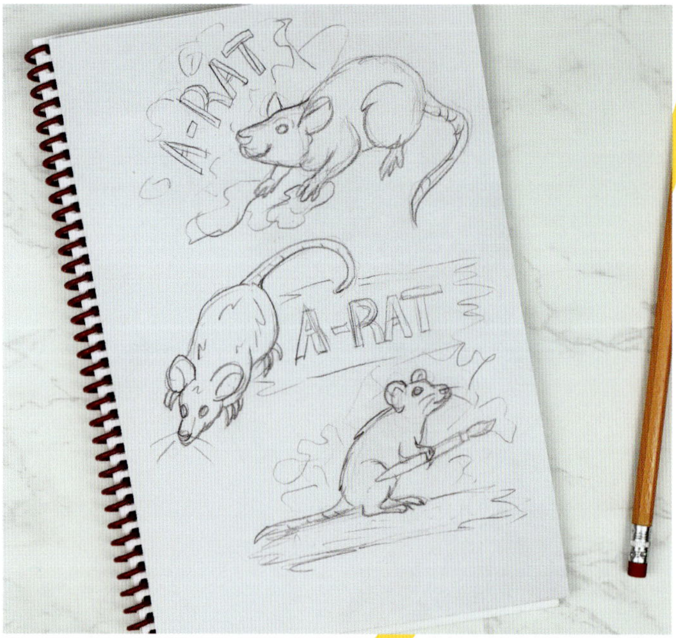

Abb. 3: Skizziert Ideen für ein Logo.

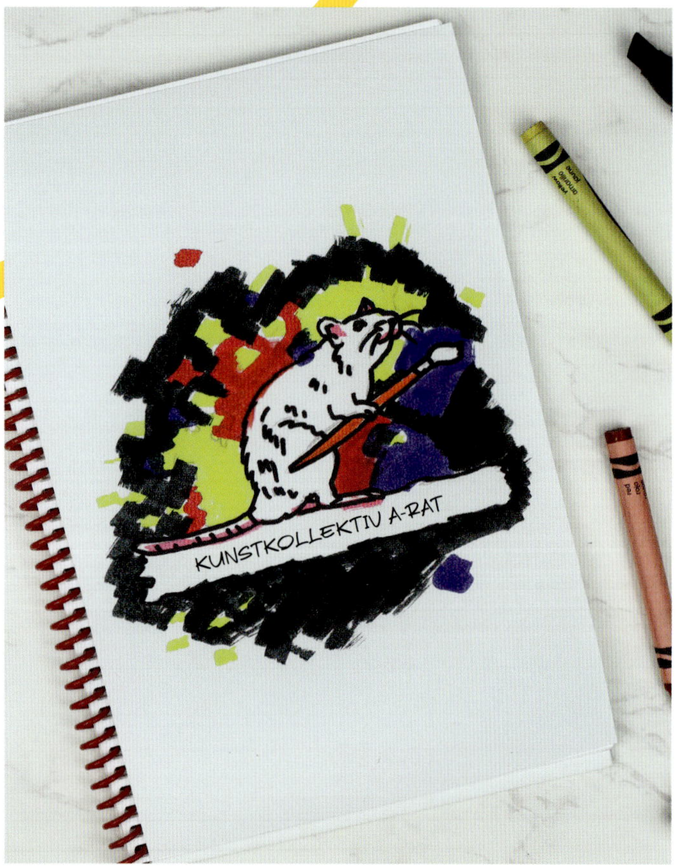

Abb. 4: Legt euch auf ein endgültiges Logo fest.

4. Macht am Ende eures Treffens ein Brainstorming zu einer Idee für ein Logo. In eurem Namen sollten sich Zweck und Ziele widerspiegeln. Ihr könnt eine Kombination aus Bildern und Worten verwenden. **Abb. 3**

Für A-RAT haben wir eine Ratte als Teil unseres Logos verwendet. Ratten sind Gemeinschaftstiere, die sich am besten entwickeln, wenn sie zusammenleben und -arbeiten. Außerdem sind sie unglaublich einfühlsame Wesen, die sich in der Not gegenseitig helfen. Diese Eigenschaften machen sie zu einem großartigen Symbol, das wir in unser Logo einbauen wollten. Da wir Kunstlehrerinnen sind, haben wir die Pfote der Ratte mit einem Pinsel versehen. Für den Hintergrund haben wir Grundfarben verwendet, weil man damit unendlich viele Farben erzeugen kann.

5. Wählt jemanden aus, der eure Logo-Ideen aufgreift und einen endgültigen Entwurf erstellt. Bevor ihr eure Sitzung beendet, beschließt, wann und wo ihr euch das nächste Mal treffen werdet.

6. Legt euch auf ein endgültiges Logo fest und malt es mit verschiedenen Farben und Stiften bunt aus. **Abb. 4**

7. Erstellt eine digitale Version eures Logos. Bild einscannen oder fotografieren und auf einen Computer hochladen. **Abb. 5**

8. Druckt euer Logo aus und macht euch bekannt! Startet eine Kampagne in den sozialen Medien, um euch mit anderen zu vernetzen und euer Kollektiv aufzubauen. **Abb. 6**

Seid euch bewusst, dass Veränderungen nicht über Nacht geschehen. Auf eurem Weg könnt ihr auf Hindernisse stoßen. Gebt nicht auf! Als Kollektiv musst ihr euch gegenseitig bestärken. Denkt euch bei euren Treffen immer wieder neue Schritte aus, um eure Sache voranzubringen! Euer Logo soll euch an den Sinn und Zweck eurer Arbeit erinnern. Nichts wird sich ändern, wenn ihr es nicht ändert. Gemeinsam können wir die Welt verändern!

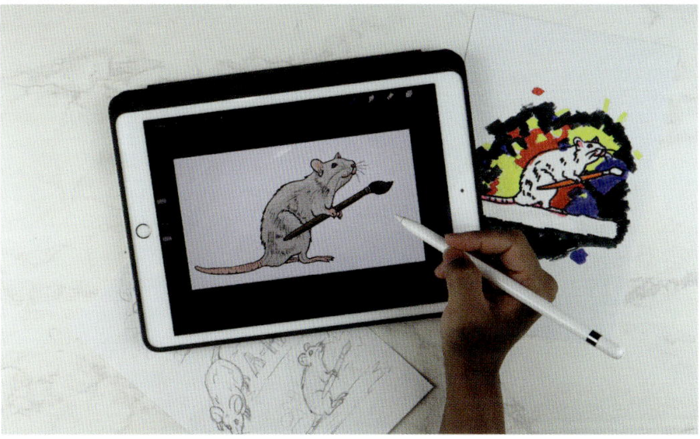

Abb. 5: Erstellt eine digitale Version des Logos.

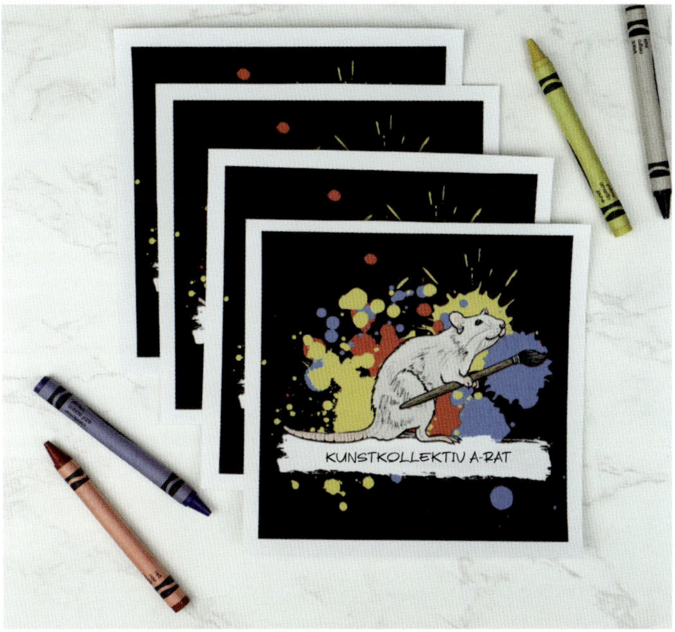

Abb. 6: Teilt euer Logo online mit anderen und baut Schritt für Schritt ein Kollektiv auf!

ZEICHEN-VORLAGEN

Die Ideen in diesem Buch sind das Ergebnis unserer Erfahrungen und Ausbildung und wurden von einer Vielzahl von Menschen und Ideen inspiriert. Mehr zu den Künstler*innen, Aktivist*innen, Büchern, Unterrichtsmaterialien und Forschungsarbeiten, die uns inspiriert haben, findet ihr auf antiracistartteachers.org.

AUGEN

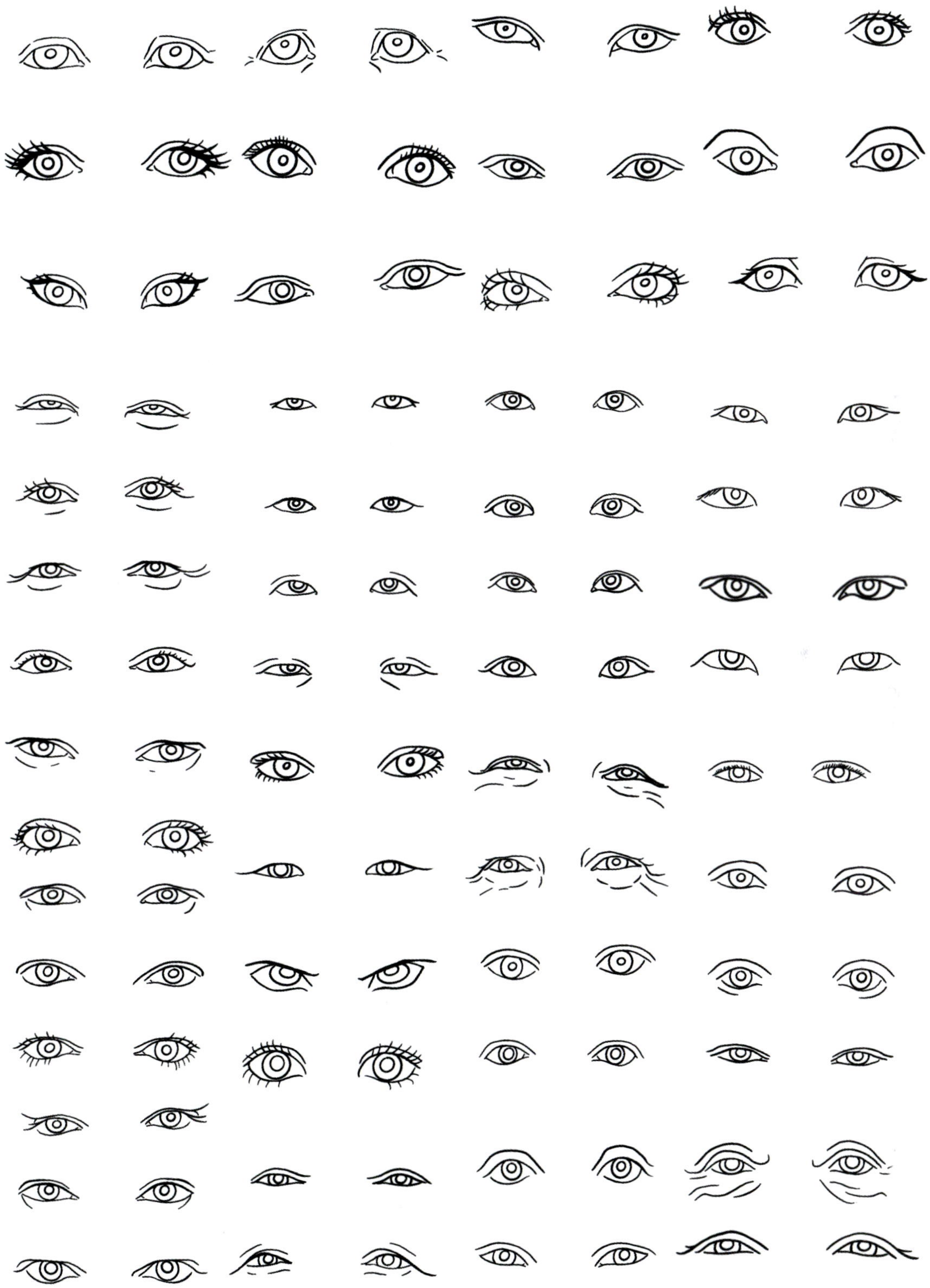

NASEN

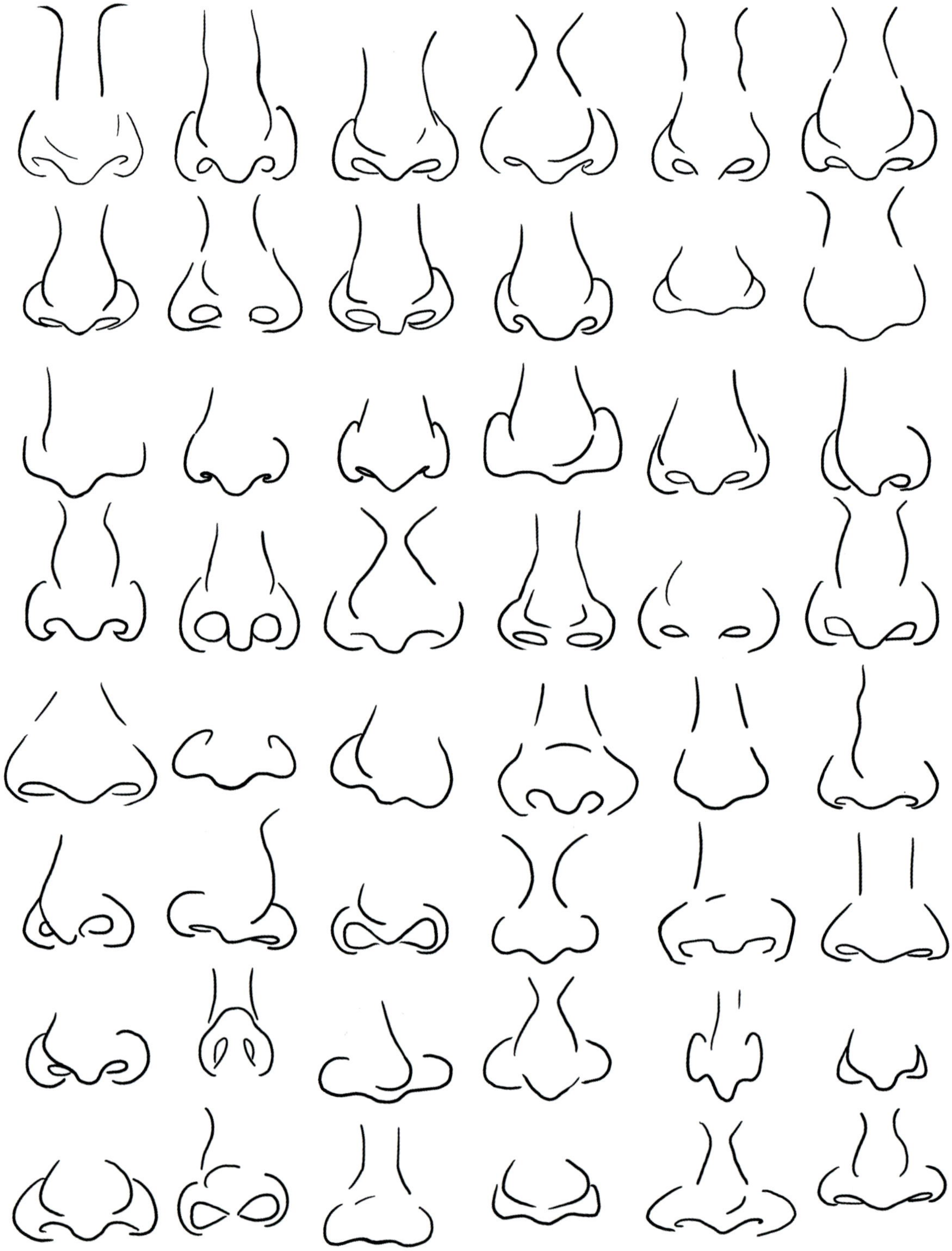

MÜNDER

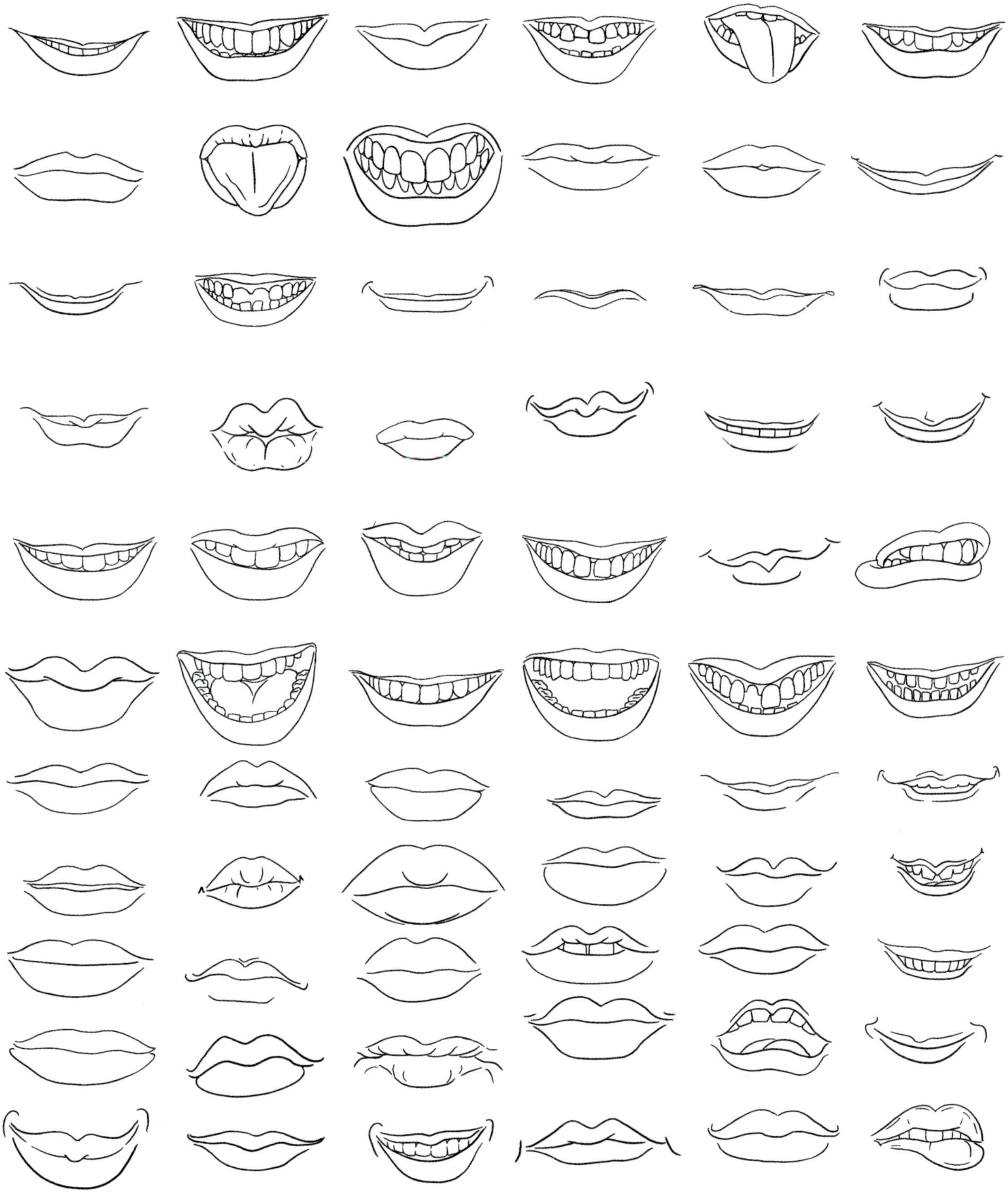

GLOSSAR

Achtsam: Wenn du dir deiner selbst bewusst bist, wie du dich fühlst und was dich dazu veranlasst hat, dich so zu fühlen.

Ästhetik: Die Kriterien, wonach wir Schönheit auslegen und wertschätzen.

Aktivismus: Ins eigene Handeln kommen, um Veränderungen herbeizuführen.

Aktivist*innen: Menschen, die für eine Sache ihre Stimme erheben und durch ihr Handeln Veränderungen bewirken.

Anti-Rassismus: Ein lebenslanges Engagement, gegen Rassismus vorzugehen. Wir tun dies durch Aufklärungsarbeit.

Anti-rassistisch: Eine Person, die sich gegen Rassismus ausspricht und für die Wertschätzung aller Völker einsetzt, ist anti-rassistisch oder auch woke.

Artivismus: Kunst und Aktionen nutzen, um eine Veränderung herbeizuführen.

Befürwortung: Eine Sache oder Mission unterstützen, indem man sich mit Worten, Taten und Kunst dafür einsetzt.

Diskriminierung: Die ungerechte Behandlung einer Gruppe von Menschen, in der Regel aufgrund ihrer Rasse, ethnischen Zugehörigkeit, ihrer Geschlechtsidentität, ihres Alters, ihrer Fähigkeiten, ihrer Köpergröße usw.

Diversität: Das Aufzeigen einer Vielzahl von unterschiedlichen Dingen; ein Zustand der Vielfalt.

Einverständnis: Erlaubnis für etwas.

Empathie: Verstehen und nachempfinden, was jemand anderes fühlt oder fühlen könnte; man spricht auch von Einfühlungsvermögen.

Ethnizität: Eine kulturelle Identität. Eine Gruppe von Menschen, die sich durch Ähnlichkeiten wie Geschichte, Kultur, Sprache, Abstammung usw. zugehörig fühlen.

Empathielücke: Weniger Einfühlungsvermögen für jemanden haben, weil man nicht dessen Identität oder ähnliche Erfahrungen teilt.

Kolonisierung: Wenn ein Land oder ein Imperium ein Gebiet übernimmt, das ihm nicht gehört, um Reichtum und Macht zu erlangen, und alles tut, um die Kontrolle zu übernehmen.

Kultur: Eine Lebensweise, die unter anderem Aspekte wie Essen, Trinken, Sprache, Kleidung, Frisuren, Kunst, Musik, Humor, Werte und Wissen, Traditionen, Feste, Geschichten, Erinnerungen, Werkzeuge und Technologien, Umgangsformen, Fähigkeiten, Werte und vieles mehr umfassen kann.

Kulturelle Aneignung: Die Übernahme von Dingen, Verhaltensweisen und Ausdrucksformen einer anderen Kultur, die ohne Erlaubnis und tieferes Verständnis für die betreffende Minderheitskultur zum eigenen Vorteil oder zur persönlichen Bereicherung genutzt werden.

Gemeinschaft: Eine Gruppe von Menschen, die etwas gemeinsam haben; dazu gehört auch oft eine Identitätsbezeichnung, wie z. B. die Zugehörigkeit zu einem bestimmten Gebiet oder zu einer speziellen Identitätsgruppe.

Gerechtigkeit: Fairness, die durch eine kulturelle Brille betrachtet wird. Oft entscheiden Gemeinschaften, was Gerechtigkeit für sie bedeutet. Da Gerechtigkeit kulturell bedingt ist, gibt es viele verschiedene Arten von Gerechtigkeit.

Geschlechtsidentität: Wie du dein Geschlecht erlebst. Du kannst dein Geschlecht durch deine Identität (Pronomen oder Fürwort), deinen Körper (Aussehen) und deinen Ausdruck (wie du dich verhältst und kleidest) erleben. Einige Geschlechtsidentitäten sind nichtbinär, d. h. jemand empfindet sich nicht ausschließlich als männlich oder weiblich.

Gleichheit: Fairness, d. h. sicherzustellen, dass die Menschen bekommen, was sie brauchen, anstatt allen die gleiche Menge oder Behandlung zukommen zu lassen.

Identität: Die verschiedenen Aspekte deiner Persönlichkeit, die dich zu dem machen, was du bist.

Stille Voreingenommenheit: Unbewusstes Urteilen über andere. Man steckt sie vorschnell in eine Schublade oder schätzt sie aufgrund ihrer Identität falsch ein.

Inklusion: Inklusion bedeutet, dass jeder Mensch ganz natürlich dazugehört, d. h. niemand wird ausgegrenzt.

Intersektionalität: Die Theorie der Intersektionalität geht auf die US-amerikanische Bürgerrechtlerin Kimberlé Crenshaw zurück. Gemeint ist die Überschneidung verschiedener Formen von Diskriminierung.

Macht: Die Fähigkeit, Dinge so geschehen zu lassen, wie man es will.

Melanin: Ein Pigment, das unsere Haut vor der Sonne schützt. Je mehr Melanin du hast, desto dunkler ist deine Haut. Je weniger Melanin du hast, desto heller ist sie.

Mitgefühl: Sich um die Bedürfnisse anderer kümmern und Maßnahmen ergreifen, um ihnen zu helfen.

Mutraum: Gemeinschaften, in denen sich Menschen gegenseitig respektieren und zur Verantwortung ziehen. Sie tolerieren keine Voreingenommenheit, keinen Rassismus oder irgendeine andere Form von Hass oder Vorurteil. Sie nehmen Unterschiede an und bieten die Möglichkeit, verschiedene Perspektiven zu verstehen und Verbindungen zu pflegen.

Nass-in-nass: Eine Aquarelltechnik, bei der vor dem Farbauftrag das Papier oder die Leinwand mit Wasser benetzt wird.

Privileg: Ein Vorrecht oder ein Vorteil, der nur einer bestimmten Person oder Gruppe zusteht.

Pronomen (Fürwort): Geschlechtspronomen können anstelle von Namen verwendet werden. Beispiele für Personalpronomen sind er/sie/es/ihr/ihm.

Rasse: Ein Versuch, Menschen aufgrund ihres Aussehens, ihrer Abstammung und ihrer kulturellen Bräuche zu bezeichnen. Der Begriff wurde von der Gesellschaft geprägt und hat sich im Lauf der Zeit verändert.

Rassenstereotyp: Wenn man Menschen aufgrund ihrer Rasse gruppiert und bezeichnet. DIese Bezeichnungen sind oft ungenau und zu vereinfacht.

Rassismus: Unfaire Gesetze, Regeln und Systeme, die von Menschen mit Macht und Vorurteilen gegenüber bestimmten rassischen Gruppen geschaffen wurden.

Reziprozität (Wechselseitigkeit): Wenn Menschen etwas untereinander austauschen, um sich gegenseitig zu helfen. Die Grundlage für ein soziales Miteinander und Wir-Gefühl.

Soziale Gerechtigkeit: Die Überzeugung und der Wille, dass alle Menschen Zugang zu dem haben sollten, was sie zum Überleben und für ihr persönliches Wachstum brauchen.

Sozialkommentar: Ein Sozialkommentar ist, wenn man eine starke Meinung zu einem aktuellen gesellschaftlichen Thema hat und sie nutzt, um etwas zu bewegen, indem man die Öffentlichkeit informiert.

Stereotyp: Ein starres und oft weitverbreitetes Vorstellungsbild von einem Menschen oder einer Gruppe. Diese Bezeichnung ist oft ungenau und zu vereinfacht. Im Gegensatz zu Klischees sind Stereotype rein auf Personen bezogen.

Textil: Ein anderes Wort für Stoff, das alle anderen Arten von Stoffen umfasst; von der Kleidung über Teppiche bis hin zu Kunstwerken.

Verbündete: Helfende, die sich für eine Gruppe einsetzen, obwohl sie ihr nicht angehören; diese nutzen dabei oft ihre Privilegiertheit.

Voreingenommenheit: Vorurteile gegenüber bestimmten Menschen und Ideen.

Vorurteil: Wenn jemand wenig oder gar nichts über eine Gruppe von Menschen weiß und sie trotzdem vorschnell verurteilt, dann hegt er ein Vorurteil gegenüber dieser Gruppe.

Weiße Vorherrschaft: Die falsche Vorstellung von der Überlegenheit der Weißen, die unsere Denkweise, Regeln und Gesetze beeinflussen.

Woke: In hohem Maße politisch wach und engagiert gegen jede Art von Diskriminierung.

ÜBER DIE AUTORINNEN

WOKE KUNST-LEHRERINNEN:

Anti-Racist Art Teachers, kurz A-RAT, ist ein Kollektiv von Pädagog*innen in den USA, die integratives Denken fördern, Vielfalt kultivieren und durch Kunsterziehung zu aktivem Umgestalten inspirieren.

Unser Ziel ist es, Betreuungspersonal und Ressourcen zur Verfügung zu stellen, um Konzepte für Kunst gegen Rassismus zu erforschen, die Kinder und Jugendliche in kritische Gespräche über Stimme, Macht, Vorurteile, Rasse, Gleichberechtigung, Vielfalt, Inklusion und Gerechtigkeit einbinden. Derzeit bietet unsere Website Informationsquellen zum Thema Vorurteilsbekämpfung und Rassismusbekämpfung, Ideen für Lehrpläne, Kunstschaffende und vieles mehr. Außerdem veranstalten wir virtuelle Buchclubs, Affinitätsräume und Gemeinschaftsgespräche, um Wissen auszutauschen und mit Pädagog*innen weltweit zusammenzuarbeiten.

A-RAT wurde von K-12-Schulen und Hochschulen als unschätzbare Ressource anerkannt und empfohlen, um vorurteilsfreie und anti-rassistische Kunst sowie unterschiedliche Künstler*innen im Unterricht vorzustellen. Wir haben Fortbildungsveranstaltungen für verschiedene Schulbezirke und staatliche Organisationen geleitet, die in ihrer Unterrichtspraxis mehr Gerechtigkeit und Inklusion anstreben. Darüber hinaus haben wir an zahlreichen Podcasts, Webinaren und anderen Veranstaltungen teilgenommen. 2022 wurden wir von HundrED (www.hundred.org) zu einer der 100 innovativsten Bildungsbewegungen gekürt. HundrED ist eine globale gemeinnützige Bildungsorganisation, deren Ziel es ist, die Bildung durch wirkungsvolle Innovationen zu verbessern.

Die Kunst bietet uns den Raum, eine gerechte Zukunft zu entwerfen, Gemeinschaften zu verändern und zu heilen, Ungerechtigkeiten zu beleuchten, andere aufzuklären und zum Handeln zu inspirieren. Gemeinsam können wir uns eine bessere Welt vorstellen und gestalten.

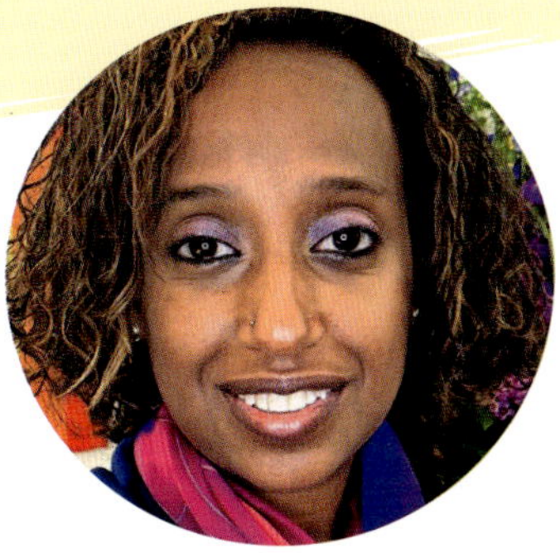

ABIGAIL BIRHANU: Abigail [a-buh-gale] ist Künstlerin und Kunstpädagogin und unterrichtet in der Sekundarstufe. Sie wurde in Äthiopien geboren und wuchs mit einer Wertschätzung nicht nur für ihre eigene Kultur, sondern für die Vielfalt der Kulturen und Erfahrungen auf. Abby ist Fulbright-Stipendiatin und hat in England unterrichtet. Sie reist gerne und hat bisher 21 Länder besucht. Sie engagiert sich für einen anti-rassistischen, vorurteilsfreien und kulturell ansprechenden Unterricht, der Verständnis und Wertschätzung für unsere vielfältige Wertegemeinschaft fördert.

ANJALI MADAN WELLS: Anjali [ahn- juh-lee] ist eine Kunstpädagogin aus Maryland, die anderen mit Leidenschaft beibringt, Kunst als Ventil zu nutzen. Sie ist der Meinung, dass jeder Mensch eine starke Stimme hat, die es verdient, gehört zu werden, und die sich kreativ ausdrücken kann. Um diese Mission zu teilen, hat sie das gemeinnützige Creative Outlets Arts Center gegründet. Erfahre mehr darüber, wie du Kunst als Ventil für dein Wohlbefinden nutzen kannst unter CreativeOutletsAC.com

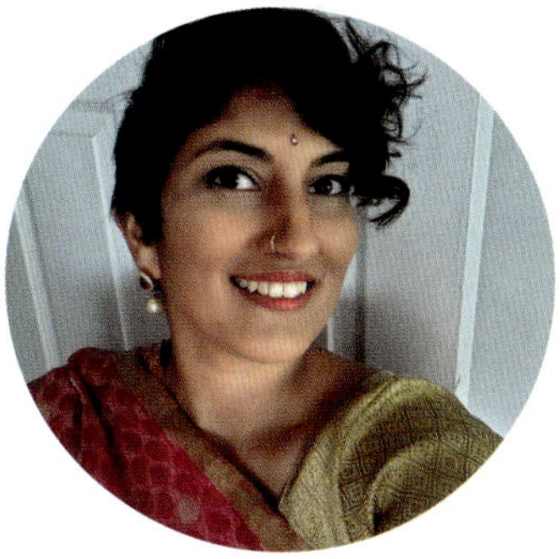

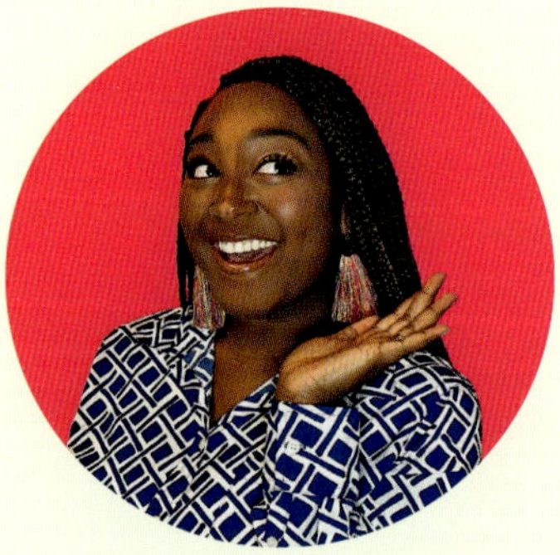

KHADESIA LATIMER: Khadesia [kuh-dee-shuh] ist eine Kunstpädagogin und Künstlerin aus South Carolina. Sie hat einen Masterabschluss in Pädagogik und einen Bachelorabschluss in Kunst mit einer Zertifizierung als Lehrerin für PK-12. Ihre Leidenschaft gilt der Kunst, die Empathie, kritisches Denken und Praktiken gegen Rassismus und Vorurteile fördert. Sie ist davon überzeugt, dass die Kunsterziehung das perfekte Ventil ist, um die Kreativität zu fördern und gleichzeitig die Entwicklung kulturell aufgeschlossener Kinder zu unterstützen. Sie möchte auch weiterhin Wege finden, sich für ihre Gemeinschaft zu engagieren. Khadesia strebt eine Karriere als Autorin und Illustratorin an, um das Bewusstsein für Fragen der sozialen Gerechtigkeit und des Anti-Rassismus zu schärfen. In ihrer Freizeit verbringt Khadesia gerne Zeit mit ihrer Familie, zeichnet und kocht. Folgt ihr auf Instagram unter @thebusybrushes.

PAULA LIZ: Paula Liz [pao-la-lees] ist Künstlerin, Aktivistin, Pädagogin und Autorin. Sie wurde in Puerto Rico geboren und besuchte das Maryland Institute of Art, wo sie einen Bachelor of Fine Arts in Malerei und einen Master in Kunsterziehung erwarb. Sie unterrichtete Kunst in New York, Texas, Washington DC, und Maryland, wo sie 2022 zur Kunstpädagogin des Jahres ernannt wurde. Ihre Leidenschaft für Gerechtigkeit, Gleichberechtigung, Vielfalt und Inklusion steht im Mittelpunkt ihres Unterrichts und geht über das Klassenzimmer hinaus. Paula Liz ist Mitglied der Equity, Diversity, and Inclusion Commission der National Art Education Association und Mitglied der ersten Kohorte des Anti-Rassismus-Bildungsministeriums von Maryland im Referat für Arts Learning Lab (A-REALL). Sie reist und läuft gerne und verbringt gern Zeit mit ihrem Mann und ihren zwei Hunden. Mehr über sie unter paulalizart.

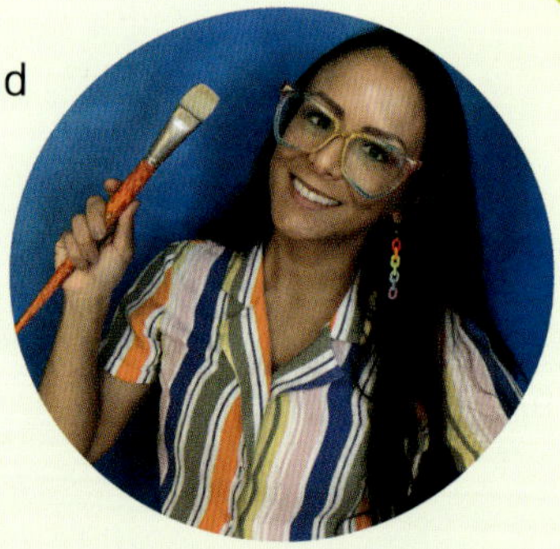

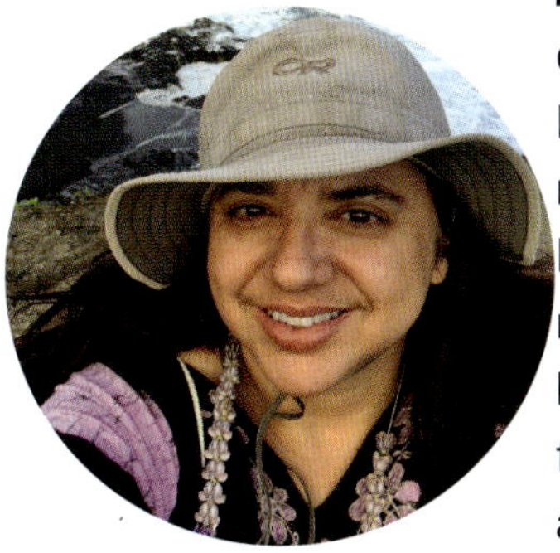

DR. LORI SANTOS: Lori [lor-ee]ist Professorin für Kunsterziehung und bringt Lernende durch Geschichten von Bewusstsein, Konversation, Transformation und Ermächtigung dazu, Kunst zu machen. Loris Stipendium ist eine Zusammenarbeit mit indigenen Künstler*innen und Gemeinschaften auf dem amerikanischen Kontinent. Als Gründerin des Puzzle Peace Pledge Project (4PEACE), einer kulturübergreifenden Kunstinitiative, unterstützt sie das Kunstschaffen als eine Aktion für soziale und ökologische Freundschaft. Sie ist aktives Mitglied des Nationalen Kunst- und Bildungsverbands, der US-Gesellschaft für Kunstpädagogik, des Nationalverbands für Multikulturelle Bildung und des Nationalen Bildungsverbands für die amerikanischen Ureinwohner. Neben ihrer künstlerischen Tätigkeit liest sie gerne, beobachtet Vögel, kümmert sich um ihren Garten und ihre Hunde und verbringt viel Zeit mit ihrer Familie und Freund*innen.

TAMARA SLADE: Tamara [tuh-mar-uh] wuchs in Kalifornien bei einer alleinerziehenden Mutter auf, die aus Brasilien eingewandert war. Tamara ist Afro-Latina, indigener Abstammung und aschkenasische Jüdin. Tamara hat ihren Master in Pädagogik an der University of California, Los Angeles, gemacht. Ihr lebenslanges Engagement für den Kampf um Gerechtigkeit beflügelt ihre Leidenschaft als Pädagogin. Sie unterrichtet farbige Studierende in Südkalifornien und seit fast sieben Jahren Grundschulkinder. Außerdem ist sie als Coach und Mentorin für Lehrer*innen und Lehramtsstudent*innen tätig. In ihrer Freizeit entwickelt sie Lehrpläne für soziale Gerechtigkeit und fördert die berufliche Weiterbildung in den Bereichen Bildung für soziale Gerechtigkeit, ethnische Studien, kognitiv geführter Mathematikunterricht und mehr. Sie liest und schreibt gerne, geht mit ihrem Hund spazieren und verreist mit ihrem Mann. Sie hofft, eines Tages selbst ein Kinderbuch zu veröffentlichen. Folgt ihrer Leidenschaft in den sozialen Medien: Tamara unterrichtet für eine bessere Zukunft auf Instagram und Twitter @teach4tamara.

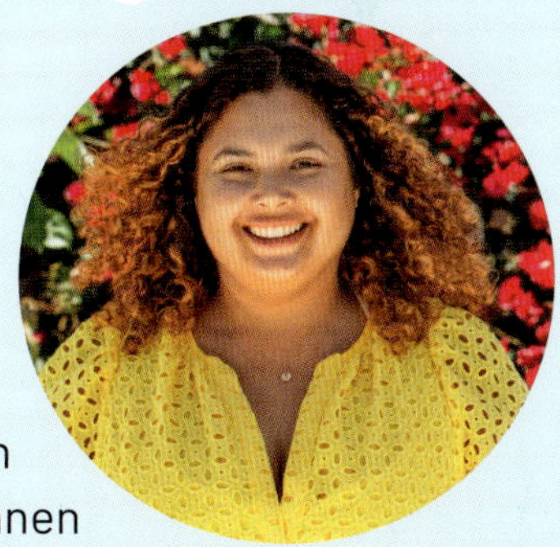

WIR SAGEN DANKE

Wir möchten uns bei allen bedanken, die Teil unseres anti-rassistischen Kunstlehrerkollektivs sind und waren, insbesondere unseren aktuellen Führungsmitgliedern, darunter Candido, Trinity und James. Wir danken Nylah, die uns geholfen hat, unsere Botschaft zu verbreiten und die Website zu entwickeln. Wir danken auch all den anderen Pädagog*innen, die an unseren monatlichen Treffen und Buchclubs teilnehmen. Gemeinsam haben wir daran gearbeitet, unseren Unterricht zu reflektieren und zu reformieren, um allen unseren Schüler*innen besser zu dienen. Wir möchten auch allen Pädagog*innen danken, die sich weiterhin zu Wort melden, aktiv werden und Gerechtigkeit in unseren Schulen fordern. Als Gemeinschaft haben wir die Macht, Veränderungen zu bewirken. Diese Arbeit ist eine gemeinschaftliche Anstrengung und wäre ohne euch alle nicht möglich!

Abschließend möchte ich dem Team von Quarry Books für seine Beratung und Unterstützung danken, insbesondere dem Akquisitionsredakteur Jonathan Simcosky und der künstlerischen Leiterin Heather Godin.

ABBY: Dieses Projekt wäre ohne die Unterstützung von Freund*innen und Familie nicht möglich gewesen. Ich bin meinem Mann Cody zutiefst dankbar, dass er unsere wunderbaren Babys betreut, damit ich meinen Leidenschaften nachgehen kann. Danke an meine Eltern und Schwiegereltern. Ich bin dankbar für alles, was ihr für uns tut. An meinen Bruder Nathan: Danke dafür, dass du mich immer wieder anspornst, etwas zu wagen, weil du an mich glaubst. Danke an Louis, Judy und Marty für eure Mentorenschaft und Freundschaft. Ihr habt mein Leben als Kunsterzieherin, Künstlerin und darüber hinaus geprägt. Danke an meine K-12-Kunstpädagog*innen, die mir die Liebe zur Kunst eingeflößt haben. Meinen Schülern, früheren und heutigen, ihr seid meine Inspiration. An alle meine Freunde und meine Familie, die ich nicht erwähnen konnte: Ihr seid immer in meinem Herzen. Danke für eure unermüdliche Unterstützung!

ANJALI: Ich möchte meiner Familie und meinem Freundeskreis dafür danken, dass ich durch sie zu der Künstlerin, Pädagogin und Person geworden bin, die ich heute bin. Mein besonderer Dank gilt meinen Kunstlehrerinnen Frau Runion und Frau Michaels, die mich in meiner künstlerischen Entwicklung gefördert und gefordert haben und die mich dazu inspiriert haben, Kunstpädagogin zu werden. Ich möchte auch meinen Professor*innen danken, vor allem Marya und Troy, die mich für Kunst gegen Rassismus begeistert haben. Und nicht zuletzt danke ich meinem Mann Nick, der mich immer unterstützt, und meinem Sohn Silas, der mich stets anspornt, die Welt zu einem besseren Ort zu machen.

KHADESIA: Ich bin meiner Familie und meinen Freund*innen, die mich in all den Jahren unterstützt haben, sehr dankbar. Mein besonderer Dank gilt meinem Mann Deion, der mich immer wieder ermutigt und unterstützt hat. Danke an meine Mutter Leverne, die sich für ihre Familie aufgeopfert hat. Danke an meine Tochter Ziyah, die mich dazu inspiriert hat, die Welt, in der sie gedeihen wird, zu verändern. Ich bin dankbar für die vielen Lehrer*innen, die mich dazu inspiriert haben, mich auf diese Art der Kunsterziehung einzulassen. Ihre ermutigenden Worte und ihre Unterstützung sind alles, was ich meinen Schüler*innen ebenfalls zu geben hoffe. Danke an die vielen Vorfahr*innen, die mir und meinen schwarzen Brüdern und Schwestern den Weg geebnet haben. Eure anti-rassistische Arbeit lässt euren Namen und eure Mühe hell leuchten und stärkt gleichzeitig unsere Arbeit.
Wir werden euch immer ehren.

LORI: Ich möchte meiner Familie, Freund*innen, Kolleg*innen, Pädagog*innen, Künstler*innen und Aktivist*innen in meinem Wirkungskreis danken. Ihr Mentoring, ihre Liebe und Unterstützung haben mir die Kraft gegeben, mein Wissen und meinen Mut zu erweitern, um im Laufe meiner Karriere und meines Lebens Kunst gegen Rassismus zu betreiben. Die anti-rassistischen Kunstlehrer*innen in diesem Kollektiv sind eine unglaubliche Quelle der Inspiration. Ich habe großen Respekt vor ihnen und anderen. Mögen wir alle Bewusstsein schaffen und unsere Kinder von heute und morgen befähigen, die Zukunft neu zu gestalten.

PAULA LIZ: Ich möchte meine tiefe Dankbarkeit gegenüber allen ausdrücken, die dieses Buch ermöglicht haben, insbesondere meiner Familie, meinen Freund*innen, Kolleg*innen und meinem Mann. Als Kind war Englisch nicht meine erste Sprache. In der Schule haben mir einige Lehrer*innen wiederholt gesagt, dass ich schlecht schreibe. Zum Glück hatte ich mehrere erstaunliche Kunstlehrer, die meine kreative Stimme förderten. Ich möchte auch meiner Mutter danken, die mir einen Sinn für Widerstand eingeflößt und mir die Kraft gegeben hat, meinen Träumen zu folgen. Heute bin ich dankbar, dass ich Kindern jeden Tag die Freude an der Kunst vermitteln darf. Ich fühle mich so glücklich, dass ich dieses Buch schreiben durfte, und es inspiriert junge Kunstbegabte dazu, ihre kreative Kraft und ihr Potenzial zu erkennen. Gemeinsam können wir die Welt verändern.

TAMARA: Ich möchte mich bei meiner Familie, meinen Freund*innen und Kolleg*innen bedanken, die mich dahin gebracht haben, wo ich heute bin. Meinem Mann danke ich für seine ständige Unterstützung. Ich bin unendlich dankbar dafür, einen Lebenspartner zu haben, der ebenfalls ein Pädagoge für soziale Gerechtigkeit ist. Danke an meine Mutter, die mir ein Leben voller Chancen ermöglicht hat. Danke an Melissa und andere Berater*innen, die mein Denken weiter anregen und mich mit Möglichkeiten in Verbindung bringen, um als Pädagogin für soziale Gerechtigkeit zu wachsen. Danke an meine Mentorinnen Julie, Yanin und Melissa, deren Ratschläge ich noch heute als Leitstern nutze. Vielen Dank an die beste Schulleiterin, Letitia, deren Mentoring ich sehr schätze. Danke an meine Kolleg*innen, insbesondere Lauren, die Teil einer Gemeinschaft von Pädagog*innen sind, die diese Arbeit zielstrebig fortsetzen. Danke an meine Großeltern, die mich immer ermutigt haben. Danke an meine Familie, deren Kampf für soziale Gerechtigkeit mich inspiriert hat. Und schließlich danke ich meinen Vorfahren, deren Kraft des Wandels, Freude, Unverwüstlichkeit und Widerstand meine Existenz und den Fortschritt der Gerechtigkeit ermöglichen.

REGISTER